21世纪经济管理新形态教材·工商管理系列

商业研究方法与应用

唐小飞　王庆涛　张全成　◎　主　编
蒋玉石　鲁平俊　王春国　◎　副主编

清华大学出版社
北京

内 容 简 介

本书系统介绍了商业研究的基本概念、基础方法和实战案例，共分为9章，主要包括商业研究、数据分析解读、消费者行为研究、新产品测试研究、定位研究、广告研究、商业研究报告的主要内容、商业研究报告撰写的流程、商业研究报告撰写的能力与要求等。比如，商业研究初步介绍了商业研究的基本问题，从目的、意义、环境、作用和误区等角度回答了关于商业计划书的基本问题。数据分析解读部分讲解了描述性统计分析、信度检验、效应检验、回归分析、t检验等相关统计指标的解读。消费者行为研究部分讲解了消费动机、人格特质、风险态度和跨文化消费态度等知识点。另外，各章节为了加深读者的理解，都有对应的案例供读者阅读与学习，为读者提供极具借鉴意义的分析模板，启发读者的创新思维，突出实用性。本书配有针对性的课后思考题，帮助读者巩固所学知识。

本书可作为大专生、本科生、研究生的教材，也可作为企业管理人员的参考书。

本书封面贴有清华大学出版社防伪标签，无标签者不得销售。
版权所有，侵权必究。侵权举报电话及邮箱：010-62782989，beiqinquan@tup.tsinghua.edu.cn

图书在版编目（CIP）数据

商业研究方法与应用/唐小飞，王庆涛，张全成主编.—北京：清华大学出版社，2024.5
21世纪经济管理新形态教材. 工商管理系列
ISBN 978-7-302-66150-4

Ⅰ. ①商… Ⅱ. ①唐… ②王… ③张… Ⅲ. ①商业–研究方法 Ⅳ. ①F7-3

中国国家版本馆 CIP 数据核字(2024)第 085677 号

责任编辑：付潭娇
封面设计：李伯骥
责任校对：王荣静
责任印制：丛怀宇

出版发行：清华大学出版社
网　　址：https://www.tup.com.cn，https://www.wqxuetang.com
地　　址：北京清华大学学研大厦 A 座　　邮　编：100084
社 总 机：010-83470000　　邮　购：010-62786544
投稿与读者服务：010-62776969，c-service@tup.tsinghua.edu.cn
质 量 反 馈：010-62772015，zhiliang@tup.tsinghua.edu.cn
课 件 下 载：https://www.tup.com.cn，010-83470332

印 装 者：定州启航印刷有限公司
经　　销：全国新华书店
开　　本：185mm×260mm　　印　张：15.5　　字　数：360 千字
版　　次：2024 年 7 月第 1 版　　印　次：2024 年 7 月第 1 次印刷
定　　价：55.00 元

产品编号：104460-01

1. 本书产生背景

"商业研究方法与应用"是一个重要的学术领域,涉及商业管理、市场营销、战略规划、消费行为等多个方面。在当前快速变化和竞争激烈的商业环境下,了解和应用有效的研究方法对于帮助企业作出准确的决策、解决实际问题至关重要。具体而言包括以下几方面。

(1) 市场竞争日趋激烈。全球化和数字化的发展使得市场竞争更加激烈,企业需要依靠科学的方法来了解市场需求、竞争对手和潜在机会,以制订有效的商业和战略计划。

(2) 新兴技术的应用。随着技术的不断进步,如大数据分析、人工智能和机器学习等,商业研究方法在应对大规模数据和复杂信息的分析、预测和优化方面扮演着重要角色。

(3) 消费者行为的变化。消费者行为不断发生变化,特别是在互联网和社交媒体的影响下。了解消费者需求、偏好和关注点,通过研究方法指导企业的产品研发和营销策略,对于提升企业竞争力而言至关重要。

(4) 可持续发展和社会责任。在可持续发展和社会责任方面,企业需要更多地关注与商业研究密切相关的问题,包括环境保护、社会公益、消费者权益等。

综上所述,商业研究方法与应用的选题背景涵盖了快速变化的商业环境、新兴技术的应用、消费者行为的变化以及可持续发展和社会责任等方面,为进行相关研究和应用提供了重要的学术和实践基础。

2. 主要内容

本书旨在为读者提供一种全面的、系统化的方法来理解和应用商业研究。无论是从学术研究的角度,还是从商业实践的角度,本书都致力于向读者呈现最新的研究进展和实践应用。

本书涵盖了商业研究的基础理论、研究设计、数据收集和分析方法,研究结果的解释和应用。通过深入讨论定性和定量研究方法,读者将学会如何设计调查问卷、开展实地观察、进行访谈和焦点小组讨论,如何运用统计分析方法来解读数据,以及如何撰写商业研究报告等。

除了传统的研究方法外,本书还特别强调数字营销和大数据分析在商业研究中的应用。读者将了解如何利用互联网、社交媒体和其他数字渠道来进行市场调研和数据收集,以及如何运用数据分析技术来揭示隐藏的市场趋势和消费者洞察情况。

本书不仅注重理论知识的传授,更关注实际应用的指导。每章都配有案例研究和实践技巧,帮助读者将所学知识应用于实际问题的解决。此外,本书还提供了实用的研究工具和资源,如问卷模板、调查分析软件的介绍和使用技巧,以帮助读者顺利完成研究项目。

无论是营销专业人士、研究人员,还是希望深入了解市场研究的学生,本书都将成为他们的宝贵指南。我们希望读者通过对本书的学习,能够有效地进行商业研究,洞察分析可靠的数据，为企业的发展和竞争提供全面支持。在迅速变化的市场环境中，商业研究的重要性不容忽视，而本书将成为读者不可或缺的合作伙伴。

3. 思政内容

当代社会，商业研究不仅仅是商业领域的一项技术和方法，更是一项具有深远意义的思政工作。商业研究的目标在于更好地满足人民群众日益增长的物质和精神需求，为经济发展和社会进步作出积极贡献。

首先，商业研究能够推动经济社会的可持续发展。通过对市场需求、产品创新与服务质量的研究与分析，可以为企业提供有效的发展策略，促进资源的优化配置和经济的有效运行，实现高质量发展的目标。这符合社会主义市场经济的基本要求，体现了社会主义"发展"和"共享"的价值理念。

其次，商业研究也关注消费者权益和社会公平正义。通过调查与分析消费者行为、需求和满意度，可以提供有针对性的产品和服务，满足民生需求。同时，市场竞争机制可以促进社会资源的合理配置，保护消费者权益，防止不合理定价、虚假宣传和垄断行为的发生，维护社会公平正义。

最后，商业研究还具备培养学生批判思维和创新精神的教育意义。在商业研究过程中，学生需要运用综合素质和专业知识，进行数据收集、分析和解读，培养批判性思维和创新能力。这与社会主义"创新""实践"和"求真"的精神要求相契合，有助于学生全面发展与自我实现。

综上所述，本书不仅是一本关于商业研究的专业学术著作，更是一本秉持社会主义核心价值观的思政读物。通过深入学习和应用本书所阐述的商业研究方法与理念，读者将能在思想政治教育中增强社会责任感、崇尚诚信，同时为社会和谐稳定、人民幸福生活等作出积极贡献。

本书将思政内容融入商业研究，着重强调以下几个方面。

（1）强调社会责任感。在进行商业研究和实践时，应重视企业的社会责任感和可持续发展。关注环境保护、消费者权益、社会公益等，积极推动企业作出符合社会主义核心价值观的贡献。

（2）强调服务社会的精神。商业研究不仅仅是为了满足市场需求和实现经济利益，更应该强调为社会服务的精神。通过提供高质量的产品和服务，满足人民群众日益增长的物质和精神需求，促进社会稳定发展，实现人民美好生活的需要。

（3）培养良好的职业道德。在商业研究和实践中，应注重培养学生的职业道德和商业伦理。倡导诚信经营、公平竞争、尊重消费者权益等价值观，以树立良好的企业形象并维护社会的公平正义。

（4）关注信息伦理和数据安全。随着数字化时代的到来，商业研究越来越依赖于数据和信息的收集与分析。因此，要重视信息伦理和数据安全的问题，合法、合规地运用和保护个人信息，避免信息被滥用和泄露，确保学术和商业研究的诚信性和可靠性。

通过在商业研究中加入思政内容，可以培养学生的社会责任感、职业道德和创新精神，使他们能够在市场经济中积极探索、创新和奉献，真正成为担当民族复兴大任的时代新人。

目录

第1章 商业研究 ································· 1
    1.1 商业研究概述 ····························· 3
    1.2 商业研究环境 ····························· 9
    1.3 商业研究的作用 ··························· 23
    1.4 商业研究中存在的误区 ······················ 25
    即测即练 ······································· 26

第2章 数据分析解读 ····························· 27
    2.1 描述性统计指标解读 ······················· 31
    2.2 信度与效度指标解读 ······················· 39
    2.3 相关分析 ································· 47
    2.4 方差分析 ································· 51
    2.5 回归分析法 ······························· 56
    2.6 对应分析 ································· 67
    2.7 t 检验 ··································· 73
    即测即练 ······································· 78

第3章 消费者行为研究 ··························· 79
    3.1 消费者行为研究的一般模式 ················· 81
    3.2 消费者动机研究 ··························· 90
    3.3 消费者人格特质研究 ······················· 97
    3.4 消费者风险态度研究 ······················· 102
    3.5 跨文化消费态度研究 ······················· 108
    即测即练 ······································· 113

第4章 新产品测试研究 ··························· 114
    4.1 新产品创新概念测试 ······················· 117
    4.2 新产品命名研究 ··························· 125
    4.3 新产品包装研究 ··························· 133
    4.4 新产品味觉研究 ··························· 138
    即测即练 ······································· 145

第 5 章 定位研究 ... 146

5.1 品牌定位研究概述 ... 148
5.2 品牌形象定位研究 ... 151
5.3 品牌渠道定位研究 ... 156
5.4 品牌全球化定位研究 ... 165
5.5 品牌至爱研究 ... 169
即测即练 ... 170

第 6 章 广告研究 ... 171

6.1 广告研究基础 ... 174
6.2 广告文案效果研究 ... 193
6.3 虚拟广告效果研究 ... 203
6.4 广告设计伦理与原则 ... 207
即测即练 ... 208

第 7 章 商业研究报告的主要内容 ... 209

7.1 封面、目录和附录 ... 210
7.2 摘要 ... 215
7.3 研究背景 ... 216
7.4 研究内容 ... 222
即测即练 ... 223

第 8 章 商业研究报告撰写的流程 ... 224

8.1 报告准备过程 ... 224
8.2 报告的撰写 ... 225
8.3 跟踪和反馈 ... 226
即测即练 ... 226

第 9 章 商业研究报告撰写的能力要求 ... 227

9.1 发现问题的敏锐眼光 ... 227
9.2 深入调查的实干手段 ... 229
9.3 分析问题的抽象思维能力 ... 232
9.4 建议措施的切实可行性 ... 233
9.5 语言表达准确恳切 ... 235
9.6 合理的取舍材料 ... 237
即测即练 ... 237

参考文献 ... 238

第1章 商业研究

 本章提要

本章对商业研究的定义，商业研究的环境，商业研究的作用等主要内容进行了讲解。本章置入大量的案例对相关概念进行针对性诠释并引导读者进行案例分析，重点对商业研究宏观环境中的技术环境和文化环境作了较为深入的分析与讨论。

 学习目的

1. 了解商业研究的基本概念；
2. 掌握商业研究的环境分析要素；
3. 了解商业研究的主要作用；
4. 了解市场研究中可能存在的误区。

 重点与难点

1. 对商业研究基本内容的理解；
2. 分析宏观环境对商业研究产生的影响。

 案例导读

"创业企业寿命不过五年"的诅咒

（案例来源：本案例由唐小飞教授编写）

1. 导入：从 M 公司说起

成都 M 公司的创始人，早在 2010 年就以极其敏锐的眼光抓住了中产阶级消费升级的市场风口，致力于打造一个在全国有影响力的有机食品全产业链平台公司。创始人以私域流量和圈层营销模式撬动市场，在短短的两三年时间里，发展成为区域性知名品牌，并成为省级重点培育的独角兽企业。

2015 年年底，M 公司突然陷入经营危机，产品供应断货、拖欠员工工资、管理不善和资金链断裂等负面信息的新闻满天飞，2016 年 7 月，公司宣布暂停运营。

"轰轰烈烈上马，凄凄惨惨收尾"，这正是中国创业企业生存和发展的普遍现象和基本规律，也被广大创业者称为"创业企业寿命不过 5 年的诅咒"。为什么会这样，究竟哪些因素是影响中小创业企业成功的关键因素?该公司创业失败的症结又在哪里?

2. 传说:中国"创业企业寿命不过 5 年"的诅咒

关于什么是诅咒,我们经常会在一些电影情节中看到,一些法师和巫师利用自己的神奇之力,在当下种下不幸的种子,在未来的某一天这种不幸就会发生在特定的人身上,这被称为诅咒之力。

为什么要把我国民营企业的寿命和诅咒联系在一起呢?

据美国《财富》杂志报道,近 20 年来,我国中小企业的平均寿命仅为 2.5 年,集团企业的平均寿命为 7~8 年,每年倒闭的企业有 100 万余家。不仅中小企业生命周期短,而且能做大做强的中小企业更是寥寥无几。所以,很多人就把我国的中小企业创业的寿命与诅咒这个词联系了起来。

3. 源起:M 公司开启创业并成长为创业明星企业

早在 2010 年,M 公司的创始人,以其敏锐的眼光,看到了中产阶层消费升级将赋予市场一些新的商机。他坚定地认为绿色、有机食品行业就是消费升级孕育出来的一个市场风口。他的执行力很强,说干就干。成立公司、搭班子、建团队、开辟渠道和品牌推广等一揽子活(如图 1-1 所示),被他弄得有声有色,并且很快就找到了一个与他自身资源匹配度较高的核心商业模式。这个核心商业模式就是以校友私域流量和圈层营销模式来撬动绿色、有机食品市场。在开始的两三年里,可以说,M 公司发展得顺风顺水,而且很快就培育出了自己的品牌,甚至还成为省级重点培育的独角兽企业。他个人也在 2014 年被评为了"中国十大 MBA 精英人物"。

图 1-1 有机食品生产过程(来源:百度图片)

4. 源灭:M 公司从创业明星沦为破产企业

但好景不长,到 2015 年年底,M 公司突然陷入了经营危机,产品供应断货、拖欠员工工资、管理不善和资金链断裂等负面信息的新闻满天飞。2016 年 7 月,M 公司宣布暂停运营。这个创业故事,似乎又应验了那句诅咒。

5. 机理:M 公司失败症结究竟在哪里

西南财经大学城市品牌战略研究所整合大量创业失败案例的分析结果,提炼出了保障我国中小企业创业保障四要素（图 1-2），包括创始人的创新意识、公司战略发展方向、持续盈利的商业模式和强有力的执行团队。

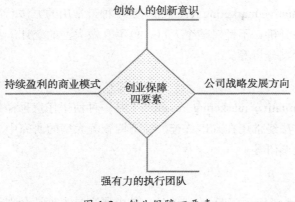

图 1-2　创业保障四要素

正如上文所述，作为 M 公司的创始人，早在 2010 年就意识到中产阶层消费升级将赋予市场新的商机，同时他还极力说服合伙投资人相信"有机食品产业很快就会成为中国市场的香饽饽"这一理念。果然，在他创业 5 年之后，即 2015 年瑞信咨询发布的"全球财富报告"指出，中国家庭财富总值已达 22.8 万亿美元，并且拥有全球最庞大的中产阶层人口，超越美国，是欧盟总人口的一半。由此可见，他的确是一个具有良好市场嗅觉和创新意识的创业者。如果对照创业保障四要素，那么，他已经具备了创业成功的前两个要素，即创始人的创新意识和公司战略发展方向。

在这里，回顾一下一个重要的经济学理论，叫木桶定律，什么意思呢？就是说"一只水桶能装多少水取决于它最短的那块木板"。那么，在构建起具有持续盈利的商业模式和培养强有力的执行团队，这两个方面是否同样具备优势呢？

思考题：
（1）创业面临的外部环境是什么，有什么影响？
（2）创业面临的内部环境是什么，有什么影响？
（3）从这个案例来看，商业研究的重要性体现在哪些方面？

1.1　商业研究概述

市场研究也被称为商业研究。国际商会（ICC）、全球市场研究者协会（ESOMAR）和中国市场研究协会（China Marketing Research Association）将商业研究定义为："为实现市场信息目的而进行研究的过程，包括将相应问题所需的信息具体化、设计信息收集的方法、管理并实施数据收集过程、分析研究结果、得出结论并确定其含义等。研究方法包括定性研究、定量研究、观察研究、实验研究等；研究对象包括目标用户研究、渠道研究、品牌研究、传播研究等。"值得注意的是：这个定义并不仅仅包含商业上的市场研究活动，还包括对少数民族和特殊群体的研究、民意调查及桌面研究等。

1. 定性研究

定性研究（qualitative marketing research）是一种最常用的方法。简单来说，就是从受访者的访谈回答中去分析，不针对整个人口，也不会做大型的统计。常见的例子有：集体座谈、深度访谈、专案分析等。

2. 定量研究

定量研究（quantitative marketing research）是一种使用任意采样并从样本数据来推断结果的方法。这种方法经常用在人口普查、经济调查等大型的研究中。常见的例子有：问卷调研、咨询表系统调研等。

3. 观察研究

观察研究（observational techniques）是一种由研究员观察社会现象，并自行设定"十字"的做法，即水平式比较（通常是指时间性的比较）和垂直式比较（与同时间不同社会或不同现象比较）的方法。常见的例子有：产品使用分析、浏览器的cookie分析。

4. 实验研究

实验研究（experimental techniques）是由研究员创造一个半人工的环境（例如，购买实验室、试销会场等）测试使用者。这个半人工的环境能够控制研究员想要对照的一些影响因子。实验研究又可分为情境实验和仪器实验。

市场调查研究员经常都是综合使用上面4种手法，他们可能先从第二手资料获得一些背景知识，然后举办目标消费者集体访谈（定性研究设计）来探索更多的问题，最后也许会因客户的具体要求而进一步做大范围的全国性调查（定量研究设计）。

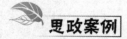

消费者非伦理行为形成过程：理论建构与机理探讨

（资料来源：曾伏娥. 消费者非伦理行为形成过程：理论构建与机理探讨[J]. 营销科学学报，2006, 2(4), 51-71.）

1. 研究背景

与社会公众对企业非伦理行为的态度不同，社会公众对消费者非伦理行为的态度相对要"宽容"得多。主要原因有3个：第一，相对于企业而言，消费者处于"弱者地位"，大多数人认为伦理问题更多的是与企业有关的；第二，认为消费者非伦理行为辐射范围有限，即使消费者作出某些非伦理行为，损害也不大，从而忽视对消费者非伦理行为的探讨；第三，从管理实践的角度看，消费者伦理问题不如企业伦理好控制，认为对其研究的现实意义不大。这些观点从表面上看也有道理，但透过现象分析还是存在一些问题：一是"弱者地位"本身并不说明其伦理问题可以被忽视，事实上随着消费者运动的兴起和消费权益保护法的制定，消费者"弱者霸权"现象屡见不鲜；二是消费者非伦理行为对社会的影响不可小视。从损害角度看，虽然消费者非伦理行为没有企业非伦理行为那么直接和尖锐，但是消费者非伦理行为的影响却更加隐性化和根本化；三是从管理实践角度看，消费者伦理问题不如企业伦理好控制，这其实只是一种误解。

2. 资料收集方法

在质化研究中，有许多资料收集的方法，如田野观察法（field observation）参与观察法（participant observation）、深度访谈法（in-depth interview）档案资料法（document）等。

本文采用深度访谈作为资料收集的主要方法，主要基于两点考虑：第一，深度访谈是一种互动性最强的调研方法，可以深入揭示隐藏在表面陈述下的真实感受和动机（Crabtree 和 Miller，1998）；第二，消费者（非）伦理行为牵涉到个人隐私，不易也不允许采用其他方法进行，而深度访谈则是在事先征询对方意见并取得对方同意的情况下进行的，因此可以避免这一问题。

深度访谈于 2005 年 10 月至 2006 年 2 月在湖北省各城市、乡镇及北京、上海、长沙、柳州等地陆续展开。

3. 研究对象

对消费者非伦理行为进行研究，规定受访对象必须符合 3 个条件：①属于消费场景中的消费者；②有过非伦理行为体验；③受访对象的非伦理行为必须是发生在与产品/服务提供者的互动之中，并且其非伦理行为是直接针对产品/服务提供者。

受访对象。战国时期著名思想家管仲就曾指出："仓廪实而知礼节，衣食足而知廉耻。"考虑到中国城乡消费者在收入方面存在较大的差异，为保证研究对象全面合理，受访对象来源于农村和城市。另外，考虑到其他人口统计学因素也可能是影响消费者非伦理行为的重要因素，将受访对象尽量分布在各个年龄层次、各种职业，并兼顾性别比例。受访对象的基本信息见原文。

4. 资料分析程序

通过对 71 位消费者进行深度访谈并收集到资料以后，利用扎根理论技术，分 6 个步骤对资料进行分析并形成理论。

第一，对原始资料进行切割、分解以形成若干个单位。根据研究主题和访谈内容，将受访者列举的每一种自己亲身体验过的消费者非伦理行为都看成一个单位，把受访者谈及的别人体验过的消费者非伦理行为也看成一个单位，共获取 132 个单位。

第二，对单位进行编号和命名。编号即为每一个单位被赋予的代码，其中 A 代表农村消费者，B 代表城市消费者，如 A01 代表农村消费者类别中编号为第 1 号的受访者，B07 代表城市消费者类别中编号为第 7 号的受访者。短横杠（—）后面的数字代表受访对象的来源，1 代表来源于亲朋好友；2 代表亲朋好友介绍的亲朋好友；3 代表同学及其父母；4 代表通过互联网受邀的受访对象；5 代表合作单位员工（绝大部分人都同时兼有产品/服务提供者和消费者双重角色）。短横杠（—）后面的英文字母为：a 代表受访者谈论的是个人的事例，b 代表受访者谈论的是别人的事例，如 A01—2a 即代表农村消费者类别中编号为第 1 号的受访者，属于亲朋好友介绍的亲朋好友，谈论的是自己体验过的消费者非伦理行为事例。

第三，把单位进一步分解成要素。根据原始资料，将单位进一步分解成对象、认知和动机、行为意图/行为、影响因素、情境、结果/后果、感受、未来行为倾向8个要素。

第四，采用扎根理论的研究方法，应用开放式编码，把各单位中性质与内容相近的要素聚合在一起，组成一个自然的类别，并将与消费者非伦理行为形成过程无关的类别删除。

第五，采取关联式编码方式，寻找各个类别之间的关联性，将相关类别置于相应的研究主题之中，得出最后的观点。

第六，理论构建。对各个研究主题进行核心式编码并形成理论。

5. 访谈结果与主题描述

对访谈获取的原始资料进行开放式编码和关联式编码之后发现，消费者非伦理行为形成过程中有4个主题比较明显：消费者非伦理行为的对象选择、消费者非伦理行为动机的形成与发展、消费者非伦理行为影响因素、消费者非伦理行为再犯与中止。

1）消费者非伦理行为的对象选择

访谈结果发现，消费者经常通过拟人化思想来看待与产品/服务提供者的交往，他们常常把产品/服务提供者等同于人，并且根据关系的亲疏远近来决定自己的行为选择。

（1）亲人产品/服务提供者：消费者非伦理行为的规避对象。

比如，林女士的回答："……当然我最喜欢带客人去我叔叔家的酒店，我觉得那里的氛围比较好，就连服务员也感觉顺眼一些……我觉得自己在那里就会表现得宽容一些，记得有一次服务员把菜上错了，我们本来没有点那盘菜，我当时没有发现，客人不知道，吃了。但是事后算账的时候，我还是把那盘菜给算进去了……碰巧的是，这种事情在其他酒店也遇到过，但多数情况下我是按原账单给钱的，有时我明知道上错了菜，我也不怎么说……"（B45-5a）。

那么，人们为什么不对亲人产品/服务提供者从事非伦理行为呢？林女士的回答点出了原因：

"他是我叔叔呀，如果要那样做的话，心理上接受不了……家里人肯定会骂我六亲不认……"（B45-5a）。

（2）熟人产品/服务提供者：消费者非伦理行为的可能对象。

对于熟人产品/服务提供者，多数受访者回答不会对他们实施消费者非伦理行为。

但是访谈结果同时发现，与对待生人产品/服务提供者不同，消费者当中也有一部分人选择对熟人产品/服务提供者从事非伦理行为，只是出现的频率相对较低。

陈先生在访谈中就说起了这样一件事情："我们村子里有一位姓姜的老婆婆，每次赶集的时候都喜欢顺手牵羊点东西，不过她拿东西的对象一般都是熟人。可能是年纪大不灵活的缘故，她经常被抓住，但她还是一样拿。大家看她年纪大，加之都认识，一般不对她怎么样……我和这个老婆婆的关系还可以，曾经问她为什么不去拿陌生人的东西，她说拿陌生人的东西害怕被抓住了挨打，但是熟人就不怕了……"（A15-2b）。

（3）生人产品/服务提供者：消费者非伦理行为的主要对象。

访谈结果发现，消费者非伦理行为的选择对象主要是生人产品/服务提供者，90%以上的消费者非伦理行为事例是发生在"生人关系"中。

曾女士谈起了一外地人（江苏商人）在湖北一小镇上新开的一家超市："大家都去超市里偷东西，我也去过几次……他是外地人嘛，反正大家都不认识（A17-1a）。"

2）消费者非伦理行为动机的形成与发展

访谈结果显示，消费者非伦理行为动机的形成与发展大体上经由3个步骤：认知—心理动机—行为意图。

（1）机会主义认知与消费者非伦理行为动机、意图。

访谈发现，"熟人关系"中也有不少人选择非伦理行为，追问其原因，主要是机会主义作怪。机会主义导致投机心理产生，进而导致消费者非伦理行为动机与意图的产生。前文列举的姜姓老婆婆就属于这种情况。

通过分析可以发现，在"熟人关系"中从事非伦理行为的消费者主要有两个目的：一是希望不劳而获；二是希望规避风险。

（2）公平认知与消费者非伦理行为动机、意图。

根据访谈资料发现，消费者公平认知与消费者非伦理行为动机、意图之间存在很强的相关性，不公平感倾向于增强消费者非伦理行为倾向。访谈资料显示5类不公平感比较明显：分配不公平感、程序不公平感、交往不公平感、信息不公平感和社会位势不对称感。

事例 B31-4a 反映了分配不公平感引发的消费者非伦理行为动机。

刘小姐："……高考前几天，我和另外几位同学被安排住招待所。那天我们去晚了一点，当我们就座的时候发现饭很硬很冷，而且桌上只有4个菜（本来有9个菜）。叫来服务员，服务员态度不好，就发生了争吵，气愤之余，我们把饭菜全部倒到地下……"

访谈员："为什么要这样做？"

刘小姐："……我们在外面住本来就比其他学校的学生要多交100多元钱，他们还这样对我们，太不公平了……"

访谈员："那你们把饭菜倒到地下又能得到什么？"

刘小组："……我们宁可不吃，但是我们要把他们的地弄脏，把他们的碗摔坏，不能让他们讨了好……"

事例 B33-4a 反映了交往不公平感引发的消费者非伦理行为动机（参考原文）。

事例 B25-2a 反映了信息不公平感引发的消费者非伦理行为动机（参考原文）。

事例 B04-2a 反映了社会位势不对称感引发的消费者非伦理行为意图（参考原文）。

通过对以上事例的分析可以发现，一旦消费者感知到不公平，就会产生一种强烈的不安协感，为了寻求平衡，就会产生各种非伦理行为动机和意图。根据访谈追问及资料分析可分为4种主要心理动机：弥补损失（补偿心理）、发泄怨恨（报复、放纵心理）、规避风险（探究心理）、劫富济贫（劫富心理）。

（3）利益认知与消费者非伦理行为动机、意图。

利益认知与公平认知不同，利益认知的出发点是，是否有利可图甚至唯利是图，而不管是否公平。

事例 B26-3a 属于主动获利一类，"省一次钱"，其心理动机是希望不劳而获（获利心理支配）。

"我们学校开水房，一壶水1毛钱。那一天我去打水的时候，我正要习惯性刷卡，忽然发现电脑旁边没人，里面也没有打开水的人，于是我就径直走进去了，没有刷卡。我当时的想法很简单，就是觉得可以省一次钱，没有其他想法，可能就是想贪点小便宜吧，呵呵。"

事例 B03-3b 属于逃避损失一类；"害怕惹祸上身"，其心理动机是逃避损失（自保心理支配）。

"看到商店行窃不吱声是很普遍的事，我想主要原因还是害怕惹祸上身。你想想看，你揭发一个小偷，你能得到什么？商场最多向你表示声谢谢，但是商场却不能保证你事后的安全，即使发生冲突，商场也不一定会坚决地保护你。人心隔肚皮，所以大家都多一事不如少一事……"

3）消费者非伦理行为影响因素

消费者非伦理行为意图的形成与消费者非伦理行为的产生同时还受多种因素的影响，从访谈获取的资料看，4类因素的作用比较明显：社会因素、学习因素、经验因素和情境知觉。

社会因素是一个提及率较高的因素，访谈显示亲人、恋人、同事、朋友、同学等人的意见和压力是一个重要的影响源，使他们对消费者非伦理行为意图和行为作出约束或支持。

李先生提供的事例就比较典型："那天我和两个同学乘中巴去图书城买书，1块钱1个人，我给了售票员20元，她找了我47元。当时我就想还给售票员，但被同学阻止，说我'苕'（湖北方言，意思是傻），还说什么可以拿这钱大家一块去吃饭……结果说得我心安理得，就不想还了……"（B17-2a）。

学习因素也是一个重要的影响因素，追问结果发现，消费者对非伦理行为的学习渠道主要有3个：家人、同学朋友和网络媒体。

钱小姐提供的事例（公汽投币）就说明了学习的作用："和同学出去的时候大家都投1块钱（本来要1.2元），司机问起来她们都说没零钱了。我本来是每次出门都带好零钱的，但看她们每次都没有麻烦，久而久之，我也只投1块钱了，没有感到什么不自在……"（B24-2a）。

经验因素的影响也很突出。在我们访谈的样本中，71%的受访者表示，在第一次作出自己列举的非伦理行为之前，都有过耳闻目睹他人作出类似行为的经历；35%的受访者表示自身不止一次作出非伦理行为。绝大多数多次作出非伦理行为的受访者表示，第二次以后再做该行为时，心理上的不安减少了，如果不受到提问，也不会再把这件事与不好的事情联系在一起（B27-1a，B38-1a，A08-2a，A18-1a，B04-2a）。

情境知觉也是一个重要的影响因素，它对消费者非伦理行为的最终形成起非常关键的作用（B40-1a）（参考原文）。

4）消费者非伦理行为再犯与中止

访谈结果显示，行为再犯与中止与很多因素有关，其中提及最多的因素归纳起来有3种：行为归因、行为的伦理性判断和行为后果的严重性评估。

行为归因。刘小姐提供的事例比较具有代表性："……上错了菜那是服务员的错，客人不知道，吃了，那得餐馆买单，我总不能为别人的错误来买单吧……"

行为的伦理判断。访谈结果发现，从事非伦理行为的消费者与没有从事非伦理行为的消费者相比，前者明显比后者更倾向于否认行为的非伦理性。对于同样没有从事非伦理行为的消费者而言，如果越倾向于认为自己在未来可能会从事该项消费者非伦理行为，则其越倾向于认为该行为的伦理性弱。

行为后果的严重性评估。以下是欧阳先生提供的事例。欧阳先生在访谈中谈起了自己频繁更换电话卡一事，较好地说明了对行为后果严重性评估不足所带来的行为再犯这一问题。

欧阳先生："……过去一年多的时间我换过 3 张电话卡，每张电话卡都是因为超支了……我经常用手机号在网上注册一些信息，不知怎么就被划去了一大笔钱，如果再用那张卡，我就得先补齐欠费，于是就干脆再换一张，反正现在换号又不用手续费……"

访谈员："你不怕电信局找你吗？你换号需要登记呀。"

欧阳先生："不会的，因为电话欠费不是太多，他们找来不划算。"

访谈员："你觉得这样做会不会给电信局带来严重的后果？"

欧阳先生："这怎么可能，钱又不多，而且他们平时不知赚了多少，他们不会在乎这一点钱……"（B15-2a）。

思考题：

（1）什么是定性研究方法，在什么情境下采用定性研究方法？

（2）请阐述本案例给你带来了哪些启示？

1.2 商业研究环境

在商业领域，环境分析是指对企业所处的竞争环境和市场环境进行分析，从而为企业的战略调整、市场营销等方面提供决策依据。最为常见的分析方法就是 PEST 分析法和 SWOT 分析法。

"PEST 分析法"是指宏观环境的分析，P 是政治（politics），E 是经济（economic），S 是社会（society），T 是技术（technology）。在分析一个企业集团所处的背景的时候，通常是通过这 4 个因素来分析企业集团所面临的状况的。

"SWOT 分析法"在环境分析中也经常被采用。"SWOT 分析法"是将对企业内部和外部条件各方面内容进行综合和概括，进而分析组织的优势与劣势、面临的机会和威胁的一种方法。其中，S 是优势（strengths），W 是劣势（weaknesses）主要分析企业自身的实力及与竞争对手的比较，而 O 是机会（opportunities）和 T 是威胁（threats）则将注意力放在外部环境的变化及企业可能受到的影响上。SWOT 分析法是用来确定企业自身的竞争优势、竞争劣势、机会和威胁，从而将公司的战略与公司内部资源、外部环境有机地结合起来的一种科学的分析方法。

1.2.1 政治环境

政治是影响企业营销的重要的宏观环境因素。政治因素像一只有形的手，调节着企业营销活动的方向。政治环境指企业所处的国家或地区的政治稳定状况。一个国家的政局稳定与否会给企业市场活动带来重大的影响。如果一个国家政局稳定，生产发展，人民安居乐业，就会给企业营造良好的市场环境。相反，如果政局不稳，社会矛盾尖锐，秩序混乱，那么不仅会影响经济发展和人民的购买力，而且对企业的市场心理也有重大的影响。战争、暴乱、罢工、政权更替等政治事件都可能对企业市场活动产生不利影响，能迅速改变企业环境。例如，一个国家的政权频繁更替，尤其是通过暴力改变政局，这种不稳定的政治环境，会给企业投资和营销带来极大的风险。因此，社会是否安定对企业的发展前景影响极大，特别是跨国品牌企业，一定要考虑东道国的政局变动和社会稳定情况可能造成的影响。像中东地区的一些国家，虽然有较大的市场潜力，但由于政治环境不稳定，如国内经常发生宗教冲突、派系冲突、恐怖活动、国家之间的战事等，这样的市场有较大的风险，需要认真评估。比如，最近几年由美国主导的俄美关系冲突、俄欧关系冲突、中美贸易冲突等就给市场带来了深刻的影响。

1.2.2 经济环境

经济环境是企业营销活动的外部社会经济条件，包括消费者的收入水平、消费者支出模式和消费结构、消费者储蓄和信贷、经济发展水平、经济体制地区和行业发展状况及城市化程度等多种因素。市场规模的大小，不仅取决于人口数量，还取决于有效的购买力。而购买力的大小要受到经济环境中各种因素的综合影响。

比如，"十四五"时期国民经济发展的重点任务将对全国的经济发展产生深远影响。

1. 以质量为导向的经济增长

作为经济发展的主要目标，"十四五"规划纲要将国内生产总值（gross domestic product, GDP）指标予以保留，同时将指标值设定为年均增长"经济运行保持在合理区间、各年度视情提出经济增长预期目标"，这种表述方式在五年规划史上是第一次。同时，对其他经济指标，如失业率、能耗强度和碳排放强度等给出了具体要求，说明今后在努力使经济增长保持一定速度的基础上，国民经济和社会发展的重点将转向以高质量发展为主要方向。由于我国社会的主要矛盾已经转化为人民日益增长的美好生活需要和不平衡不充分的发展之间的矛盾，所谓不平衡不充分就是发展的质量不高。为了满足人民日益增长的美好生活需要，必须推动经济高质量发展。未来不仅要重视量的发展，更要解决质的问题，只有在质的大幅度提升中实现量的有效增长，才能使人民群众的获得感、幸福感、安全感不断增加。

2. 以创新为驱动的产业发展

自党的十八届五中全会以来，以创新为驱动的产业发展已成为我国社会的高度共识。规划纲要指出：坚持把发展经济着力点放在实体经济上，推进新型工业化，加快建设制造强国、质量强国，促进先进制造业和现代服务业深度融合。同时要求，强化基础设施支撑引领作用，构建实体经济、科技创新、现代金融、人力资源协同发展的现代产业体系。这意味着未来我国创新发展实践，将着眼于培育先导性和支柱性产业，推动战略性新兴产业融合化、集群化、生态化发展。值得注意的是，规划纲要中特别提出了未来战略性新兴产业增加值占 GDP 比重超过 17% 的数字目标，为提升企业技术创新能力、激发人才创新活力和整合优化科技资源配置指明了方向。

3. 以内需为牵引的市场机制

为了更好地坚持和完善社会主义基本经济制度，充分发挥市场在资源配置中的决定性作用，更好地发挥政府作用，推动有效市场和有为政府更好结合。规划纲要提出"建设高标准市场体系，实施高标准市场体系建设行动，健全市场体系基础制度"。作为实施手段，规划纲要还要求在未来 5 年里"毫不动摇巩固和发展公有制经济，毫不动摇鼓励、支持、引导非公有制经济发展，培育更有活力、创造力和竞争力的市场主体"，即两大基本原则并重。这是对改革开放以来我国经济发展经验的高度凝练，将为建设开放有序、平等准入、高效规范、公平竞争的国内统一市场，全面促进消费、加快培育内需体系，拓展市场机制奠定坚实基础。

4. 以民生为核心的保障体系

规划纲要明确提出"制定促进共同富裕行动纲要，自觉主动缩小地区、城乡和收入差距，让发展成果更多更公平惠及全体人民"。其中，值得称赞的是，纲要中 20 个主要指标有 7 个是民生福祉类的，占比超过三分之一，是历次五年规划中民生指标数量最多的一次。这些指标覆盖了就业、收入、教育、医疗、养老、托育等各民生领域，体现了把改善民生福祉放在国民经济发展更加突出重要位置的新理念。同时，提出"通过加强普惠性、基础性、兜底性民生建设，健全基本公共服务体系""加快补齐基本公共服务短板，着力增强非基本公共服务弱项，努力提升公共服务质量和水平"等工作要求。这对于未来厘清我国公共服务事业发展方向、完善公共服务政策保障体系、创新公共服务提供方式乃至加快居民消费提档升级具有重要意义。

5. 以效能为基础的治理体制

针对未来经济社会发展调控和管理，规划纲要分别从宏观经济、区域协调、国土管理和社会治理 4 个维度提出整体要求。指出"完善宏观经济政策制定和执行机制，重视预期管理""健全风险预防、预警、处置、问责制度体系""逐步形成城市化地区、农产品主产区、生态功能区三大空间格局，优化重大生产力和公共资源布局""加强和创新市域社会治理，推进市域社会治理现代化"等，为确保宏观经济平稳运行、促进区域均衡发展、完善治理体制机制，建设以效能为基础、以和谐为终极目标，各类社会主体人人有责、人人尽责、人人享有的创新发展新格局，作出重要部署，成为规划纲要的又一个亮点。

值得注意的是，在今后一段时期内我国经济面临的风险、挑战、困难和压力是多方面的、复杂的。既要应对疫情防控、美国遏制围堵、世界经济增长放缓、高通货膨胀等诸多外部因素的挑战和可能对企业造成的冲击，也需要解决内需不足、预期转弱、风险累积等一些内在矛盾和问题。

小生意关注大环境：从投资母婴品牌店说起
（案例来源：本案例由唐小飞教授编写）

近几年，在消费升级和三胎政策等因素的助推下，母婴市场交易额得到了显著提升。

可以说，母婴行业将发展成为投资创业的蓝海市场。

2020年，杭州贝咖实业有限公司旗下的贝咖品牌成交总额突破50亿元，复合年增长率超过100%，首次进入了天猫的"亿元俱乐部"。

应该说，母婴行业已经成为公认的具有较好投资前景的行业。但是，对于大多数创业新人来说，面对能否在这个看似春意盎然的行业里创业的问题，仍是如临深渊、如履薄冰。比如，他们会想，母婴行业是否会像曾经的互联网金融行业、教培行业，以及地产行业一样风光一时，然后，突然又因某一触发事件成为国家政策限制性行业呢？再者，被大家看好的母婴行业，这块蛋糕被分割吸食又能持续多长时间呢？

1. 母婴行业投资热的兴起

"父母之爱子，则为之计深远。"这句话出自《战国策》之《触龙说赵太后》，它是道出天下父母爱子之深切的一句箴言。事实上，在新生命还未呱呱坠地的时候，爸爸妈妈、爷爷奶奶、外公外婆就已经忙得一团糟了。试问：哪一对奶爸奶妈不为了孩子的吃喝拉撒操碎了心呢？从第一口奶应该喝国产的还是国外的品牌，到穿什么材质的婴儿服和选什么牌子的尿不湿，再到该用哪个品牌的婴儿床等，可谓样样全面权衡，个个精挑细选。

显然，母婴行业是一个值得投资的价值洼地，是一个典型的刚需市场。

2. 保持对外部环境适度的敏锐性

然而，投资母婴行业对于大多数创业新人来说，仍然是如临深渊、如履薄冰。比如，母婴行业是否会像曾经的互联网金融行业、教培行业，以及地产行业等风光一时，然后，突然又因某一触发事件成为政策限制性行业呢？再如，被大家看好的母婴行业，这块蛋糕被分割吸食又能持续多长时间呢？这些问题都成了创业者面临的选择性难题。

有研究发现，在这个行业里边，存在着两种典型的创业心态。

一部分创业者，属于对宏观形势完全"脱敏"的人，他们认为这种小投资、小生意，根本就不需要关心外部环境对投资带来的影响，我就是一个小小的卖母婴产品的"蝼蚁"而已，只要认认真真做好管理，维护好客群关系，什么国家政治、社会经济、科技文化与我何干呢？

另一部分想要投资母婴产品的创业者，则对政治、经济、文化和技术等宏观形势超级敏感，对于是否投资母婴产品，迟迟不敢决断，生怕一脚进去就深陷泥潭。

不过，在全球化和网络化的社会里，万事万物互为关联，任何一门小生意、小投资都不可能独善其身、逍遥自得，蝴蝶效应更是频繁发生。因此，小生意也不得不关注大环境。当然，母婴品牌也不能例外。即便如此，我个人觉得对外部环境过度敏感也不利于投资决策，因此，保持适当的敏感性是极为重要的。

出自《管子·九守》的名句"以天下之目视，则无不见也；以天下之耳听，则无不闻也；以天下之心虑，则无不知也"。讲的就是，眼睛贵在辨别事物，耳朵贵在听觉灵敏，心智贵在思维敏捷。若能用天下人的眼睛观察事物，如利用今天的网络媒体，就没什么看不见的；用天下人的耳朵探听消息，就没有什么听不到的；用天下人的心智思考问题，就没有什么事情是不知道的。情报的来源丰富，像车轮的碾痕一样向中间汇集，作为创业者或是投资人的您就能明察一切，而不被蒙蔽。

就选择母婴产品的创业者而言，大环境不仅对短期的创业的绩效有影响，而且与长期发展的可持续性也有莫大的关联。

3. 基于 PEST 工具的机会与挑战

接下来，利用 PEST 工具，以投资母婴产品为例，对可能面临的机会和挑战做一个简要的分析。

1）政治环境分析

一方面，国家大力推行"普遍二孩"政策，以及相应的扶持和补贴计划，使母婴行业成为又一创业风口。另一方面，从经营的品牌选择来看，受新民族中心主义的兴起和国际贸易冲突，以及局部战争的影响，国外品牌代理存在断供、限供、成本增加等一系列风险。另外，国外对新冠疫情的放松管控带来的产品安全风险也不得不引起重视。

2）经济环境分析

一方面，中国国民收入与消费水平保持稳定增长，用于母婴产品的可支配收入比例也得到了显著提升；另一方面，母婴消费保障人群从传统的单纯依靠"父母"支撑，演变为"父母+爷爷+奶奶+外公+外婆"组成的消费团体共同支撑。

3）消费文化分析

"80/90 后"成为移动母婴市场消费主力。"高颜值、高品质、高安全"的母婴产品广受新生代父母的喜爱。传统包装和传统品牌受到了前所未有的挑战。以贝咖品牌为例，服务范围已超过 3000 万个家庭，拥有超 1000 多万人的会员注册量。贝咖品牌就是将"颜值"作为产品核心，并且以设计师设计的个性化品牌为卖点。

4）技术创新分析

渠道创新和产品创新层出不穷，使母婴行业的市场竞争进一步加强。比如，依托电商平台，高端母婴品牌不再是一二线城市的专属，高端母婴品牌在快速地向三四线城市下沉。再如，在消费技术升级的大背景下，各类资本加大对新品的研发投入，如婴幼儿液态奶、羊奶粉、有机奶粉等高端品类陆续投放市场。又如，以果泥、泡芙、肉松等品类为代表的有机概念辅食亦作为新的替代品类开始进入市场。

4. 投资的其他风险性问题

除此之外，值得注意的是，母婴行业现阶段还存在一系列共性的痛点问题。

第一，线下母婴店综合成本上涨，产品毛利润在不断下降。主要原因有 3 个方面，一是房租成本、人力资源成本的不断上涨；二是母婴行业已经由卖方市场转化为买方市场，业态处于供大于求的局面；三是新兴电商行业发展带来的冲击，导致高利润不复存在。

第二，价格主导的粗放式竞争，导致行业秩序较为混乱。目前，母婴行业集中度较低，竞争经营模式比较粗放，大多依靠价格战来抢占市场，服务内容相对简单，服务水平相对滞后。

第三，小型母婴店占比较高，行业缺乏统一的运营标准。虽然部分大型连锁母婴店有建立统一的标准，但大多数区域性质的小型连锁店，以及街边小店几乎没有对应的标准。

第四，加盟连锁品牌铺天盖地，成为行业发展的硬伤。

第五，资本推动市场洗牌，大鱼吃小鱼的戏码正在行业内上演。随着母婴产业风口的形成，行业洗牌加剧，大量跨界资本机构携带大量的资金、资源、人才，以及极强的商业运营力，强势切入母婴产业这一细分领域。这对现有的母婴品牌经销商而言无疑是一大挑战。

虽然，母婴行业在目前来看仍然是"朝阳行业"，但是，投资母婴行业既要看到优势，也要看到不足，要合理评估外部环境和自身能力，以便作出更加合理的创业决策，尽可能地降低投资风险。

思考题：

（1）为什么小生意也需要关注大环境？

（2）如果自己要经营一家母婴用品店，需要注意哪些环境因素？

1.2.3 技术环境

技术对企业经营的影响是多方面的，企业的技术进步将使社会对企业的产品或服务的需求发生变化，从而给企业提供有利的发展机会。然而，对于企业经营战略设计的另一个重要问题是：一项新技术的发明或应用可能又同时意味着"破坏"。因为一项新技术的发明和应用会带动一批新行业的兴起，从而也会损害甚至破坏另一些行业，如手机拍照功能的不断增强，使得照相机行业变得衰落。越是技术发展变革快的行业，这种技术变革就越应该作为环境分析的重要因素，如大数据行业、新能源汽车行业、人工智能行业等。

国际著名的德勤咨询发布了《2022 技术趋势（中文版）》报告，详细地阐述了影响企业发展的重要技术趋势。报告显示，六大关键技术趋势值得重视。

1. 大数据在企业中广泛应用

"大数据"，这个词相信我们并不陌生，尤其在互联网行业。在屏幕时代，营销的核心是传递品牌形象（以某个价值点去统一打广告）；在互联网门户时代，营销的核心是数字化媒介购买。而在以移动化，社会化为代表的互联网 3.0 时代，营销的核心是实现"大规模的个性化互动"，如每个人打开的淘宝界面都是不一样的，甚至看到的同一个品牌产品的广告都是不同的。每个时代的企业都需要数据，只不过如今以社交媒体为主的传播时代，数据对企业的作用会越来越大。数据化营销的核心不在于数据本身，而在于利用数据来帮助我们更好地服务顾客，给顾客创造更好的价值。这就是数据对企业起到一种赋能的作用。比如，你能够记住每位进店顾客的性格爱好、生日、消费习惯等信息，那就可以对每位顾客进行针对性营销。但是，该记录随着店铺和用户数量的增多，企业数据管理成本会大幅增加，不利于数据的存储和分析，无法发挥数据的优势。区块链的功能就是为数据提供了存储与分析计算的载体。

（1）治理大数据——宏观把控。未来即将进入数据治国时代。政府可以依据数据分析结果，科学地制定宏观政策，平衡各产业发展，避免产能过剩，提高社会生产效率。大数据在国家宏观治理方面将具有极大的发展潜力，为国家和社会带来的益处将不可估量。

（2）医疗大数据——筛选定制。医疗行业是最先把大数据分析技术发扬光大的传统行业之一。人类目前仍存在大量无法攻克的医疗难题和情况复杂的致病根源。这类患者的疾病确诊和治疗方案建立是非常困难的。医疗行业可以引入大数据平台收集并筛选海量病例和治疗方案，由此建立针对疾病特点的数据库。如果未来基因技术发展成熟，还可以根据病人的基因序列特点进行分类。医生可以依据患者的基因特点，调取数据库中有效治疗方案来参考制定患者的治疗方案。

（3）农牧大数据——量化生产。依据未来商业需求的预测来进行农牧产品生产，降低菜贱伤农事件的发生。精确预测未来的天气变化，帮助农牧民预防自然灾害。

（4）零售大数据——精准营销。零售行业的大数据应用主要有两个目的，一是可以了解客户的收入和喜好，精准营销，降低营销成本。二是依据客户购买行为，实现交叉销售，扩大销售额。不论是国际零售巨头，还是本土零售品牌，要想顶住日渐微薄的利润带来的压力，在这片红海中立于不败之地，就都需要拥抱大数据。今天，我们在地铁站、机场等候时，可以通过随处可见的数字屏幕广告来浏览产品信息，用手机扫描二维码下单感兴趣的商品，商家即可按要求配送。未来，商家可以通过顾客之前购买行为的大数据，赶在顾客产生购买行为之前，将商品送达。当你的沐浴露剩下最后一滴时，你中意的沐浴露就已送到你的手上。虽然顾客和商家从未谋面，但已如朋友般熟识。马云的菜鸟配送网络宣称24小时完成在中国境内的送货，未来京东将在15分钟内实现送货上门，这些都是基于客户消费习惯的大数据分析和预测。

随着互联网技术的快速发展及数字技术的不断成熟，大数据的应用和服务将持续深化。与此同时，市场对大数据基础设施的需求也在持续升高，我国大数据产业将迎来蓬勃发展阶段。据资料显示，我国目前涉及大数据领域的企业超过3000家，其中大部分的大数据企业为10~100人规模的小型企业，中小企业在产业蓬勃发展过程中发挥着重要作用。全球经济形势的变化和行业政策的实施将对大数据领域的中小企业面临的外部市场环境产生重要影响。

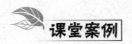
课堂案例

大数据在交通银行的应用

（资料来源：https://m.163.com/news/article/CA0UQBML00014SEH.html.）

交通银行首个以"用户全景画像"方式正式发布的用户大数据账单，可谓是国民消费"第一单"（如图1-3所示）。

早在2015年，交通银行信用卡就已推出"买单联盟"，这是银行业内首个大数据用户画像平台。交通银行的"买单联盟"，有着一套完整的大数据营销战略布局。

2014年，步入数据营销1.0时代——用户数据级：开始利用大数据了解用户谋求转型，但此时的数据还仅仅只是数据；

2015年，步入数据营销2.0时代——用户画像级：突破大数据原有的冰冷、枯燥的局限性，从"用户数据级"转向"用户画像级"，给信用卡账单里的用户贴上标签赋予形象，使其变得鲜活起来；

2016年，步入数据营销3.0时代——用户全景画像：精细化—数据分析变得更为精细；权益—数据分析从"标签化"到"权益化"，为用户提供更多权益指导；定制化—实现以大数据为基础的"服务私人定制"。

未来，交通银行信用卡通过场景和定制服务来形成用户画像生态圈，构建营销闭环，构建"用户—数据—营销—提升—用户"的营销生态链。

第1章　商业研究

商业研究方法与应用

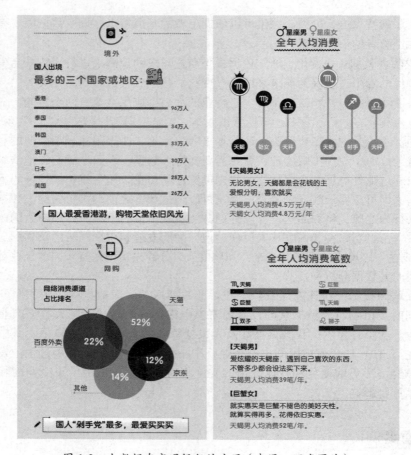

图 1-3　大数据在交通银行的应用（来源：百度图片）

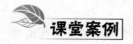

人工智能相亲平台

（案例来源：本案例由唐小飞教授编写）

Viola.AI 作为世界第一个人工智能相亲平台，如图 1-4 所示，具有如下功能。

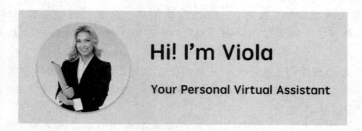

图 1-4　世界第一个人工智能相亲平台（来源：百度图片）

通过分析用户数据：高考成绩、学校表现、工作情况，预测用户未来会不会对社会稳定秩序造成威胁。听过的音乐、看过的电影、点赞的微博、教育经历、血型星座等众多数据都能成为网络人格的组成部分。由现实世界投射到网络世界，构成一个由众多网民组成的大数据名片，利用这一点，很多人接受了大数据的"包办"交友。

通过分析用户的信息及行为，给用户最好的选择建议。在双方建立恋爱关系甚至结婚后，系统也会更新为互动模式，为双方提供生活建议，如有效的沟通方式、避免冲突的技巧，有效地维护用户终生的婚恋关系。

约会是一个规范化程序，它承诺每一个用户最终都会找到完美的伴侣。每对夫妇都有一个系统算法预先确定这段关系的失效日期，它可能是几小时或几十年的时间。

（5）数据跨界共享更便捷。诸多新技术致力于在保护用户隐私的同时，简化组织内和组织间的数据共享机制。越来越多的组织开始大量借助以前没有权限获取的外部数据，不断挖掘自身敏感数据的价值，从而实现企业增长。这将带来全新的数据驱动机遇。

研究机构 Forrester Research 调查发现，全球70%以上的数据分析决策者都在不断扩大自身利用外部数据的能力。随着数据共享趋势的推进，报告预测会有更多组织参与"数据协作"，以应对共同的挑战。

比如，同一个生态系统或价值链内的安全数据共享将催生新的商业模式和产品。新冠疫情刚刚暴发时，很多平台共享了临床数据。研究人员、医疗机构和药企通过共享平台汇集临床医疗数据，加快了治疗方案的制定和疫苗的研发。而且，这些数据共享协议还帮助药企、政府机构、医院和药店协同行动，大范围地执行疫苗接种计划，在保护知识产权的同时确保效率和安全。

2. 云向垂直领域渗透

数字化转型的重心已经从满足任何行业组织的IT需求，转变为满足具体行业甚至细分行业的特殊战略和运营需求。随着这种趋势的发展，部署应用程序的过程将从创造（create）变成组装（assembly），这种转变可能会令整个价值链重新排序。业务流程将成为需要购买的战略商品，使组织可以将宝贵的发展资源集中在战略和竞争差异化的关键领域。

比如，超大规模云服务商和SaaS（软件即服务）供应商正与全球系统集成商和客户合作，提供模块化的、行业垂直的商业服务与加速器，这些服务和加速器易于被采用和部署，从而帮助组织打造自身独特的竞争优势。

3. 区块链：商业化应用启程

分布式账本技术（DLT）正改变业务经营性质，帮助公司重新设想如何管理有形资产及数字资产。事实上，区块链和DLT平台已经走出了技术成熟度曲线的低谷期，正转化为实际生产力。它们从根本上改变了跨组织开展业务的性质，帮助公司重新思考创建和管理身份、数据、品牌、来源、专业认证、版权等有形资产和数字资产的方式。技术的进步和新监管标准的制定，特别是在非公共网络和平台上的技术和标准，促使金融服务机构以外的企业逐渐采用区块链和DLT技术。

随着企业对区块链和DLT技术的适应，各行各业的创造性应用案例必将纷纷涌现。比如，按照我国法律规范从事经营活动的数字藏品交易平台总是占据媒体头条，激发公众想象力。

4. IT 的自我颠覆

那些着眼于未来的 IT 组织，已经开始对"IT 后台"进行现代化改造，以形成具有前瞻性的自主服务和工程自动化模式。

随着技术复杂性日益加剧，用户对稳定性和可用性的期望日益高涨，促使部分企业首席信息官（chief information officer，CIO）对其 IT 组织进行大刀阔斧的改革。他们怎么做呢？首先借鉴云服务供应商的经验。其次识别重复的人工流程，并综合运用工程、自动化和自助服务。这样可以缩短时间，加快价值传递，全面提高 IT 技术的有效性和稳定性。这种自我颠覆式的自动化预示了一个巨大的但仍未被充分认识到的机遇。以前的技术趋势，如 NoOps、零信任和 DevSecOps 拥有一个共同的主题，即将整个组织代码化。而未来的技术趋势将从人工管理向工程和自动化迁移，组织可以更有效地管理复杂系统，并通过提高可用性和弹性来改善客户体验。

5. 智能机器人技术的发展

随着创新者利用下一代深度学习技术来训练机器，识别和模仿人的魅力、情感等特征，未来十年，情感计算还将继续发展变化。而这些技术也将通过"符号化"和"连接主义"技术将演绎推理和逻辑推理能力嵌入人工智能和人工神经网络。很快，这些技术将能够像人脑一样揭示统计相关性，确定这种统计相关性是有意义的还是只是缺乏内在意义的支持数据的随机特征。换言之，机器将能像人类一样更好地欣赏世界，而不只是缺少上下文的 0 和 1 集合。

从最初的简单工业机器人到现在的集机械、控制、计算机、传感器、人工智能等多种先进技术于一体的现代制造业重要的自动化装备，机器人的技术在不断发展和完善。智能机器人是伴随着"人工智能"的提出而发展的，它的根本目的是让计算机模拟人的思维。人工智能（artificial intelligence，AI）是研究使计算机具有人类的某些行为特征的科学，包括知识、推理、常识、学习和决策制定等，涉及很多算法和模型，如线性判别分析法（LDA）、时间分解法（TDM）、迭代算法（Adaboost）等。

人工智能是智能机器人发展的必然趋势。由于人工智能技术取得突破性进展，类人智能机器人（humanoid intelligent robot，HIR）的出现已经成为商业领域最具戏剧性的变化之一。彭博社指出，由于这类机器人拥有像人类一样的言谈举止和情感，很容易让人产生共鸣，因此，企业可以创造出更积极的轰动效应。从机器人保姆，到使用机器人照顾老年人，甚至是提供性服务，使它们逐渐成为服务创新领域的代表。不仅如此，HIR 作为一个新兴的现实事物，将会越来越多地替代更多行业的人类服务。据国际机器人联合会预测，中国将与美国、欧盟、日本和韩国一起，跻身全球五大机器人单一市场之列。有统计数据显示，约 86% 的零售营销项目已经启动了投资人工智能的计划。

6. 元宇宙技术的广泛应用

按照百度百科的解释，元宇宙（metaverse）是利用科技手段进行链接与创造的，与现实世界映射与交互的虚拟世界，具备新型社会体系的数字生活空间。"元宇宙"这个词更多只是一个商业符号，它本身并没有什么新的技术，而是集成了一大批现有技术。从时空性来看，元宇宙是一个空间维度上虚拟而时间维度上真实的数字世界；从真实性来看，元宇宙中既有现实世界的数字化复制物，也有虚拟世界的创造物；从独立性来看，元宇宙是一个与外部真实世界既紧密相连，又高度独立的平行空间；从连接性来看，元宇宙是一个把网络、硬件终端和用户囊括进来的一个永续的、广覆盖的虚拟现实系统。准确地说，元宇宙不是一个新的概念，它更像是一个经典概念的重生，是在扩展现实（XR）、区块链、云计算、数字孪生等新技术下的概念具化。

比如，随着科技进步及元宇宙技术的出现，可以最终实现在健康元宇宙中全民健康的愿景。元宇宙和医疗保健结合所要做的就是去改变人与内容关系的本质，让用户体验内容而不是简单地与其交互。

元宇宙作为当前互联网领域最火爆的概念，让无数企业巨头砸下数十亿美元，去打造这个前所未有的虚拟世界。元宇宙的发展将带动 5G、6G、AR、VR 等技术及相关衍生产品的发展，有统计数据显示，元宇宙市场规模在 2024 年预计达 8000 亿美元，市场前景广阔。

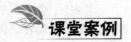
课堂案例

元宇宙：互联网下一个十年的市场风口

（资料来源：本案例由唐小飞教授编写）

最近，很多人被"元宇宙"这个比较抽象的概念洗脑了，元宇宙之所以这么火爆，我个人认为主要得益于以下两个原因，一是作为元宇宙的技术基础，5G、VR、AR、AI、区块链等技术进入高速发展期；二是由于新冠疫情的原因，多数高科技公司以此为契机开始重视虚拟场景的构造。很多人认为"元宇宙"将会是互联网下一个十年的风口。什么是"宇宙"，相信大家对这个科普概念都比较了解，但是，什么又是元宇宙呢？元宇宙在中国未来十年将获得什么样的发展机遇呢？希望通过本文的分享能够帮助大家找到自己想要的东西。

1. 元宇宙的概念界定

"元宇宙"是 2021 年国际十大热门词语之首，因此 2021 年又被称为"元宇宙元年"。"元宇宙"作为人类前沿科技领域的一个新生事物，目前不仅在概念界定上存在一定的争议，而且人们对其前世今生的关键特征和发展嬗变也有着迥然不同的看法。但是，据有关资料考证，目前全球公认的元宇宙思想源头是美国数学家、计算机专家兼赛博朋克流派科幻小说家弗诺·文奇。他在 1979 年完稿、1981 年出版的小说《真名实姓》中，创造性地构思了一个通过"脑机接口"进入并能获得感官体验的虚拟世界。因此，他可谓元宇宙的鼻祖。在这部小说出版之时，互联网技术才初露端倪。其后，美国作家威廉·吉布森在 1984 年完成的科幻小说《神经漫游者》，进一步推动了人类对元宇宙的构想。他在书中创造了"赛博空间"（又译"网络空间"）。而把"元宇宙"这个词真正推向高潮的，是尼尔·斯蒂芬森于 1992 年出版的小说《雪崩》，在这本小说中，作者专门对元宇宙这个词进行了定义，他认为 Metaverse 本身就是由 Meta（意即"超越""元"）和 verse（意即"宇宙 universe"）两个词构成的。其字面意思是一个超越宇宙的世界。后面，也有人将其译为"超宇宙""超元域""虚拟实境""虚拟世界"等。总之，这个"超越宇宙"的世界就是指计算机生成的未来世界。腾讯公司认为元宇宙是一个独立于现实世界的虚拟数字世界,用户进入这个世界之后就能用新身份开启全新的"全真"生活。

2. 元宇宙火爆成因的深度解读

"元宇宙"这个词早在1992年就已经被正式提出和定义了,为什么直到2021年才突然火爆起来呢?来自学习力网站的网络匿名作者在《什么是元宇宙》一文中,对此做了深度解读。他认为,元宇宙火爆最直接的原因是技术发展扩展了想象边界。作为元宇宙的技术基础,5G、VR、AR、AI、区块链等技术迎来爆发式发展。此外,由于疫情原因,大家也开始重视虚拟场景的构造。比如,2021年3月,VR游戏平台Roblox在纽交所上市,作为元宇宙产品第一股,首日股价即暴涨54.4%。仅一年时间,Roblox估值就从40亿美元翻至450亿美元。据悉,Roblox是首个将"元宇宙"写进招股说明书的公司,可以说Roblox开启了"元宇宙"的大门。

3. 元宇宙产业发展背后的陷阱

北京大学智能学院教授谭营在"人民论坛网"上发表的《风口上的"元宇宙",前景如何?》一文中指出,自2021年以来,元宇宙的热度一直在全球持续上升,公众对于该领域的关注度也不断提高。虽然元宇宙世界尚未到来,但与之相关的元宇宙培训、虚拟货币、元宇宙游戏的泡沫、骗局等乱象却频频出现。众所周知,每当一个新行业出现的时候,追逐商机的人们就会纷至沓来。尤其是"元宇宙区块链游戏""云挖矿"等名词的出现让人们对这种新兴的赚钱方式趋之若鹜。由于相关监管的缺乏,目前市面上很多虚拟货币公司以元宇宙为名,将大数据、区块链、人工智能、物联网等名词作为噱头,把"挖矿"、炒虚拟货币包装成了一系列全新项目,以此达到吸引更多投资者与消费者的目的。虽然目前市场上的确存在与元宇宙相关的金融行为,但这些项目具有很大比例的炒作成分,存在着巨大的风险。谭营在文章中强调,对于普通消费者,尤其是对行业知识知之甚少的消费者而言,要特别注意防止被新科技名词的冲击与媒体的宣传诱入消费陷阱;一些想在元宇宙兴起初期分得一杯羹的人,也要仔细甄别,不要掉入到不法分子设计的圈套之中。

谭营在文章中还指出,那么,元宇宙会不会是下一个互联网潮流,是不是代表着未来发展的方向呢?这很大程度上取决于元宇宙是否能带来社会生产力的极大提升和生产方式的改变。我们可以在过往的技术发展脉络中印证该观点。2015年,虚拟现实(VR)头戴式显示器HTC Vive的发布,引领了VR潮流。2016年,虚拟现实技术迅速发展,开启了虚拟现实新纪元,因此2016年也被称为"VR元年"。如今5年过去了,尽管有很多国内外厂商推出了自家的VR设备,谷歌也一度发力VR领域,然而VR产业的发展似乎并未达到人们的预期。究其原因,首先是技术的限制,目前的VR设备仍旧没有解决高分辨率、高帧率所带来的算力不足和延迟问题,使用体验很难满足消费者沉浸感的要求。更进一步,我们还可以深挖VR没能引领互联网发展趋势的内在原因。虽然,元宇宙的前景与发展存在众多的争议,但不可否认的是,"它是正在冉冉兴起的新兴产业"。

4. 元宇宙作为新兴产业兴起势不可当

中国社会科学院数量经济与技术经济研究所副研究员左鹏飞,于2022年1月在科技日报上发表的《元宇宙市场发展前景与产生的影响分析》一文中指出:

首先,从市场规模的前景来看,目前已有多个国际知名咨询机构公开表示看好元宇宙的未来市场规模，如普华永道预计，2030年元宇宙市场规模将达到1.5万亿美元；彭博行业则估计届时元宇宙市场规模可以达到2.5万亿美元；摩根士丹利预计，未来元宇宙潜在市场空间将超8万亿美元。不仅如此，元宇宙在其发展过程中，还将拉动壮大其他领域的市场规模。

其次，从产业创新的前景来看，元宇宙带来的产业创新前景包括两方面：元宇宙将打破我们所习惯的现实世界物理规则，以全新方式激发产业技术创新；此外，元宇宙将与不同产业深度融合，以新模式、新业态带动相关产业跃迁升级。

最后，从应用范围的前景来看，当前元宇宙的应用主要表现在游戏、娱乐等领域，其他领域应用相对较少。未来，伴随元宇宙技术和产业成熟度的持续提高，其应用范围将逐步扩大，并不断深入，如元宇宙或将在社会治理、公共服务等领域具有巨大的应用前景。

5. 我国各级政府正在积极布局元宇宙产业

2022年4月，信创咨询在"西部投资会"公众号上发布的《12省市元宇宙布局路线图》显示，我国各级政府都在积极布局元宇宙，并引领元宇宙产业的发展。

4月6日，广东省粤港澳大湾区出台了首个元宇宙专项扶持政策《广州市黄埔区、广州开发区促进元宇宙创新发展办法》，发展办法指出，对以元宇宙技术为基础入驻大湾区"专精特新"产业园的企业，将给予最高100万元租金补贴、最高500万元购置办公用房补贴。以期通过这项专项扶持政策，引领新一轮科技革命和产业变革，为广东省、广州市元宇宙领域产业发展提供试点经验和示范引领。

3月29日，安徽省经信厅发布的《安徽省"十四五"软件和信息服务业发展规划》，将元宇宙列为新兴业态创新工程之一，并明确提出，支持企业开展虚拟现实、增强现实、3D引擎、物联网等技术创新，引导企业积极布局元宇宙新兴业态，开展元宇宙平台建设，加速数字技术融合赋能实体经济等。

据悉，福建厦门、山东、浙江杭州、上海、北京、江苏无锡、四川成都、湖北武汉、海南海口、河北保定等地均出台了扶持元宇宙产业发展的专项政策。

思考题：

（1）元宇宙会不会是下一个互联网潮流，是不是代表着未来发展方向呢？

（2）我国各级政府正在积极布局元宇宙产业，从商业的角度来看有何战略意义？

1.2.4 文化环境

文化变迁是指一个社会或群体中的人与自然以及人与人关系的改变的过程。人类并不是简单而消极地适应环境，文化变迁的内在动因在于人类力求最大限度地满足自己的生存欲望的本性。但文化变迁在实际过程中会受到多种因素的影响，有的促进文化变迁的发展，有的则可能阻碍文化的进步。影响文化变迁的因素主要有自然环境、文化的内部矛盾、文化传播、文化情性等。其中，在人类早期文化的发展中，自然环境的变化是主要因素。因为人类早期改造自然的能力有限，所以必须适应自然环境的变化，因而也就要矫正自己的文化，创造新的文化。而在今天的现代社会中，人们已经很难找到没有人类干预的自然环境变化，人类的物质生产过程进入了一个恶性循环，人类不得不开始考虑和自然界和平共处。总之，人类文化的变迁始终要受到自然环境的影响。我们赖以生存的地球环境为人类文化的变迁规定了极限和范围。

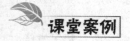

理解文化的坚持与变革

（案例来源：Paola Giuliano, Nathan Nunn.Understanding Cultural Persistence and Change[J]. IZA Discussion Papers, 2017.）

文化学者、文艺评论家解玺璋在《北京日报》上发表的《改革开放40年，中国大众文化变化大，经历过这几个变迁阶段》文章对中国影视文化的变化作了深刻的总结。

他说："放眼看去，今日中国已非往昔可比。其中一个很大的变化，即大众文化消费和大众消费文化获得了正当性与合法性，并取得了长足发展，成为民族文化不可或缺的一个组成部分。这非一日所得，值此纪念之期，探索其中的因果道理，找出它沿革变迁的线索，应是十分有益的。"

1. 20世纪六七十年代：电影和音乐显露大众文化潜质

40年前，中国人刚刚走出大一统样板文化的阴影，尚不知大众消费文化为何物。大众文化消费是以精英文化为代偿。这是因为，精英文化较为敏感，觉醒得更早，而此时的大众文化消费还只是一种潜流，只能借助精英文化来表达。比如，在文学方面，反思文学（其代表作为1977年11月发表的刘心武的《班主任》）、伤痕文学（其代表作为1978年8月11日发表于《文汇报》的卢新华的《伤痕》）、改革文学（其代表作为1979年2月发表的蒋子龙的《乔厂长上任记》），都曾在大众中广为流行。戏剧舞台在经历了最初的复排热潮之后，遂有了北京人艺的《丹心谱》（作者苏叔阳，1978年3月25日首演）和上海的《于无声处》（作者宗福先，1978年10月首演），也曾风靡大江南北。这一时期，电影已经显露出大众消费文化的潜质，《大众电影》的发行量和"百花奖"的投票量都曾达到八九百万；流行音乐成为改革开放初期大众文化消费最活跃的因素。20世纪70年代最初几年，《外国民歌二百首》和部分港台通俗歌曲已在一些青年中流行。1978年以来，《外婆的澎湖湾》《蜗牛与黄鹂鸟》等亦流行于大学校园。1980年的北京街头，已能看到穿着喇叭裤、戴着蛤蟆镜、提着录音机、跳迪斯科的青年。而李谷一的一首《乡恋》，更以惊世骇俗的"靡靡之音"和气声唱法，引发了长久的争论，在改革开放的历史上留下了浓重的一笔。

2. 20世纪八九十年代：电视剧和电影回归大众文化本性

20世纪八九十年代是大众文化消费的爆发期。电视剧影响力迅速上升，成为大众文化餐桌上的一道主菜。最初是靠引进以弥补节目的不足，从日本的《血疑》《姿三四郎》，巴西的《女奴》，到美国的《大西洋底来的人》《加里森敢死队》，再到中国香港的《上海滩》《戏说乾隆》之类。尽管有过许多争议和讨论，但不可否认的是，观众排遣寂寞时光、休闲娱乐，不能没有这样的消费方式。国内电视剧生产者很早就为电视剧的通俗化作出过努力，如《西游记》《红楼梦》《篱笆·女人和狗》《便衣警察》《月朦胧，鸟朦胧》《庄妃轶事》《唐明皇》《秋海棠》等众多作品，对长篇电视连续剧的讲述方式及题材的多样化做了有益的探索；而《渴望》《我爱我家》《编辑部的故事》等，则尝试了室内剧的生产方式，这些都大大推进了电视剧消费市场的形成。

电影对商业模式的尝试或探索，直到20世纪90年代中晚期才有了较为自觉的意识。冯小刚的贺岁片与张艺谋《英雄》式"大片"从不同的方向开启了电影商业化的进程，而市场机制的引进，加入WTO所带来的开放电影市场的巨大压力，以及传统电影发行体制逐渐被院线制所取代，给电影的商业化创造了机遇，提供了条件，电影因此回归大众文化的本性。

3. 20世纪末和21世纪初：网络文化的兴起

对通俗文学的真正改观，却是2000年后网络写作的兴起。据统计，网上发表的小说，一年已达百余万部，这在传统的文学生产体制中完全是不可想象的。就类型而言，则有玄幻、悬疑、盗墓、穿越、武侠、言情、商战、职场、官场、青春等。其中一部分作为图书出版之后，发行量动辄都在10万册以上，有些甚至达到数十万册、上百万册，这和我们一贯所推崇的精英文学或精英小说只有几千册或万把册的销量，形成了鲜明而强烈的对比。

实际上，网络写作从一开始就显示出一种强劲的势头。既然不被主流文学界认可和接纳，便以一种自我放逐、放任自流的方式生存和发展着。在资本和技术的支持下，全新的传播手段及阅读方式，给网络写作者提供了强大的动力，无论是作者、作品，还是读者的数量，都以几何级数增长，其规模常常令人叹为观止而又忧心忡忡。

无疑，网络写作的繁荣是大众文化在2000年后进入狂欢期的重要标志之一。而电影票房的爆炸式增长，亦成为大众文化消费在2000年后兴起的标志性事件。资本的大规模介入、新的消费群体的形成，以及网络写作所提供的内容支持，使得电影（包括电视剧和游戏）在短时间内获得了突飞猛进的发展。事实上，网络写作已成为最重要的影视、游戏的IP供应商，而影视、游戏作品亦反哺网络作者，形成一种相辅相成、相生相长的动态格局。同时，新兴的网剧、微剧、视频直播、短视频、抖音等更因传播、收视的便捷而吸引了大批青年观众。

1.3 商业研究的作用

俗话说："幸福的家庭都是相似的，不幸的家庭各有各的不幸。"绝大多数成功的公司都有一个共同点，就是进行充分的商业调研，这是获取成功的第一手信息。

商业调研对企业的市场营销管理的重要性主要表现在，第一，商业调研是市场营销活动的出发点。产品策略、价格策略、促销策略、流通策略等构成了市场营销活动的四大支柱。而商业调研是先导，产品策略、价格策略、促销策略、流通策略必须以商业调研为出发点，这说明了商业调研的重要性，同时也说明了只有商业调研能为产品策略、价格策略、促销策略、流通策略提供决策依据。第二，商业调研有助于企业营销管理目标的实现。市场营销管理的主要任务，就是要发现消费者的需求，捕捉市场机会，并制定与之相适应的营销策略和计划来满足消费者的需求。换句话说，商业调研就是发现营销问题和解决营销问题。而其成功与否，在很大程度上有赖于商业调研活动的开展是否充分。同时，以下因素的影响,使得商业调研的重要性更加突出。

首先,来自市场的因素。一方面市场将变得愈加成熟,增长空间变得愈加狭小。在很多行业、很多产品种类中,市场占有率的竞争越来越激烈,这在某种程度上将改变商业调研的方式与目的;另一方面市场的迅速变化发展,使企业进行更加快速的商业调研,商业调研计划也需更加完善。

其次,来自产品的因素。新产品更新换代的速度越来越快,在带来利润之前,新产品在上市后的3年内失败的可能性越来越大。因此,企业离开商业调研,就很难生存,尤其是处于正在成熟的市场中。此外,新产品失败的代价将会更高。这就迫使管理人员将通过调研来帮助减少日益增加的广告成本、开发成本、管理成本等。

最后,来自消费者的因素。消费者变得更加精明和富有经验,消费行为越来越多变。

随着企业竞争的加剧、消费者行为的多变,商业调研的重要性更加突出,也使得人们对信息的需求不断增大。而仅仅通过商业调研活动有可能使企业随波逐流,提供与其他企业相同的产品或服务。这就要求通过创造性的商业调研,满足多元化的信息需求,使企业准确地、及时地把握信息并制定相应的营销策略。

(1)通过了解分析市场提供的信息,可以避免企业在制定营销策略时发生错误,亦可以帮助营销决策者了解当前营销策略及营销活动的得失,以作适当建议。只有实际了解市场情况,才能有针对性地制定市场营销策略和企业经营发展策略。

(2)提供正确的市场信息,可以了解市场可能的变化趋势及消费者潜在购买动机和需求,有助于营销者识别最有利可图的市场机会,为企业提供发展新契机。

(3)有助于了解当前相关行业的发展状况和技术经验,为改进企业的经营活动提供经验。

(4)整体宣传策略需要,为企业市场地位和产品宣传等提供信息和支持。

(5)通过市场调查所获得的资料,除了可供了解市场的情况之外,还可以对市场变化趋势进行预测,从而可以提前计划和安排以应对和利用环境变化,从中谋求企业的利益。

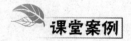
课堂案例

裕元工业为何不能自创品牌
(案例来源:本案例由唐小飞教授编写)

裕元工业是中国台湾宝成集团旗下一家实力雄厚的公司,于1992年在香港上市发行股票,是近年来香港联合交易所崭露头角的绩优上市公司。在中国大陆区下辖东莞、中山、珠海、黄江等生产基地,拥有182条生产线,近16万名员工,专业生产 NIKE(耐克)、ADIDAS(阿迪达斯)、REEBOK(锐步)等世界知名品牌运动鞋、休闲鞋和慢跑鞋,是世界最大的制鞋企业。用裕元工业公司一位负责人的话说,只要 NIKE、ADIDAS、REEBOK 告诉我们想要为哪一类消费群体生产鞋子,我们就能完成从设计、制模、生产、运输甚至到渠道等各个环节的工作,却很难创造一款属于裕元公司自主品牌的鞋。

思考题:

(1)裕元工业集团公司为什么只能赚取微薄的加工制造利润?

（2）能不能为产品起一个名称，用这个品牌名称销售运动鞋？
（3）裕元工业集团的品牌，能不能像阿迪达斯、耐克一样卖出高价？ 运用市场分析的方法加以解答。

1.4 商业研究中存在的误区

可以说，商业调研是企业最熟悉、最常用的调研手段，可是为什么有的商业调研会产生"对制定营销策略却没有什么实际帮助"的感受呢？总结起来，主要表现在以下几个方面。

1. 调研问题不明确

虽然调研的每一个步骤都十分重要，但是确定调研问题是最为重要的。"良好的开端是成功的一半"，只有确定了调研问题和调研的目的，才能进一步去设计与执行调查。否则，就只是漫无目的，徒劳无功。

确定调研问题，又称定义问题，即明确调研的主题。由企业单位或客户提出的调研主题大多存在范围较广泛、针对性不强等问题。市场调查是为了寻找企业本身市场运营上的症结，对症下药，以探寻正确答案，谋求发展途径。因此，为了使调研能获得正确的答案，必须先确定问题之所在。

明确调研的主题，需要决策者认真讨论，在调查的策划阶段对精通本问题的专家进行访问，分析二手资料。必要时还要作些定性研究，如小组座谈会等。一旦明确了调研主题，对问题进行了准确的定义，调研者就可以更好地设计和执行调查了。

2. 调研对象选择不当

原则上受访者必须具有代表性，这样才能确保商业调研的结果具有足够的价值，并为完成研究报告起到支撑作用，否则就是背道而驰。

以711为首的便利店在刚引进日本时，就曾做过商业调研，结论是日本超级市场林立，私家车普及，而且形成了周末全家一同购物的风气，这完全不利于便利店的经营。但是，目前便利店在日本却发展得相当好，原因何在？原来最初的商业调研是以家庭妇女为调研对象的，但便利商店的主要目标顾客却是以单身汉、学生、"夜猫子"为主的，调研对象的错误选择险些造成了对商机的误判。有些企业往往在内部甚至朋友、家人中进行调研，事实上，公司同事的工作内容、每天接触的信息基本上是类似的，朋友和家人的态度客观性、消费水平、个人偏好并不能代表一般消费者，而且调查的人数有限，样本数量明显不够，这种以偏概全的调研结论自然毫无意义。

3. 调研手法不当

对于同样目的的调研，调研手法却有多种，如果选择不当就会导致错误的结论。一个典型的案例是，1982年可口可乐公司推出"新可口可乐"，在此前曾花费400万美元进行商业调研，3年中有20万人尝试过新配方的可乐，反映都不错，可在实际推出后不到3个月就宣告失败了。

当时，可口可乐使用的调研方法是街头访问。如果可口可乐采用留置测试，把一瓶新可乐送至顾客家中实验,而不是只让顾客品尝一口呢?如果进行的不只是口味测试,同时进行消费者行为测试呢?如果采用试销实验,先在一两个城市试销判断顾客反应,然后再做全面更新呢?或许结果就完全不同了。

4. 调研程序混乱

调研需要遵循一定的流程,不可本末倒置。有些调研在目的、方向和方式还没确定时,调查问卷就已经拟好了;有些调研者先入为主,带着主观的想法设计问卷,调研时有意诱导消费者朝自己希望的方向回答问题。这种"伪调研"自然不可能带来真实的信息。

5. 调研问卷给消费者"出难题"

相当多的企业在设计调研问卷时犯下低级错误,常见的问题有:问卷过长过繁,消费者没耐心认真完成;问题不当或含糊不清,消费者难以正确理解,无法或不愿说出确切的信息;没有备选答案的主观题过多,消费者敷衍了事;调研人员不合格,如随便找几位销售人员或大学生,既不培训也不讲解,这样的调研纰漏很多,容易发生遗漏重要信息、问卷作假等问题。

6. 调研结果分析草率

企业最容易犯的错误是没有剔除不可靠、不准确及与调查目的无关的资料,如将访问者措辞不当、访问者无经验、被访问人不诚实等导致的明显错误还保留在统计结果中,以致影响整个结果的真实性。

调研的结果不是绝对真理,一定要通过我们的大脑"过滤"判断。在确定影响消费者购买的因素时,调研经常会列出质量、价格、渠道、推广和品牌 5 个要素,而且绝大多数调研结果都与这 5 个因素有关。

当下,消费者感性消费和冲动消费的比重越来越大,因此调研必须加入更多的感性因素研究,如有哪些购买现场的因素会随机改变消费者的购买决策?消费者究竟为了什么而购买该类产品或服务?要采用多种手法全面了解消费者的感觉和感受。

思考题:

(1)什么是商业研究?谈谈你的理解。
(2)影响商业研究的主要因素有哪些?
(3)商业研究的作用是什么?
(4)管理决策问题与商业研究问题之间有什么区别?

即测即练

自学自测　扫描此码

第2章

数据分析解读

 本章提要

解读研究数据在调研中是一项非常重要且令人兴奋的事情。当你从客户那里获得数据,帮助你了解已知或未知的现象,可以为你提供事实依据。通过对数据的深入分析,大量的数据可以帮助你更深入地了解被调研对象并引导你作出有利的决定。

在二手数据收集过程中,我们发现越来越多的学术研究和实践结合得更加紧密,因此,二手数据开始成为学术研究成果的一个重要来源,其权威性比一般的报告、报纸、杂志等更强。然而,由于很多从事数据分析的工作人员不知道如何解读学术研究中的数据,这些成果不能被有效利用。

本节我们将以系列数据分析为例,教会你如何读懂一些常用的研究数据,包括描述性统计数据、信度和效度判别数据、相关分析数据、回归分析数据、方差分析数据和聚类分析数据等。

 学习目的

1. 了解描述性统计分析的相关指标含义及判断标准;
2. 了解信度和效度分析的相关指标含义及判断标准;
3. 了解相关分析的相关指标含义及判断标准;
4. 了解方差分析的相关指标含义及判断标准;
5. 了解 A 检验的相关指标含义及判断标准;
6. 了解回归分析的相关指标含义及判断标准;
7. 了解对应分析的相关指标含义及判断标准;
8. 了解聚类分析的相关指标含义及判断标准。

 重点与难点

1. 相关指标的含义与判断标准;
2. 相关指标的应用场景;
3. 相关指标的解读与描述。

案例导读

在线印象管理视角：创新动机与创新绩效研究

（资料来源：唐小飞，周磐，苏浩玄. 在线印象管理视角：创新动机与创新绩效研究[J]. 科研管理，2020, 41(6): 9.）

1. 研究背景

戴尔创意风暴社区、小米社区和海尔"众创意"平台等虚拟品牌创新社区以高效率、低成本的方式将数量庞大的用户纳入创新体系，取得了显著的创新成效。基于互联网协作而形成的虚拟品牌创新社区（OUIC）是指企业以产品研发和改进为目标，以社区成员为创新源而运营的在线社区，目前已成为企业吸引用户参与产品研发创新的重要平台，成为开放式创新的典范。用户参与虚拟品牌创新社区知识创造不但会影响企业的产品创新绩效，而且会影响企业在市场中的核心竞争力。但是，虚拟品牌创新社区具有匿名、全时、非见面和极少约束等特点，相对来说有能力和动力参与社区创新的成员更是极少数，因此，企业想通过经营虚拟品牌创新社区，获取产品使用体验、改进建议和新创意等丰富且有价值的信息并非易事。据严建援等人的研究，在1000多家建立了虚拟品牌创新社区的企业中，超过一半的没有给企业带来所期望的经济收益和回报。因此，要成功吸引并激励用户持续参与产品创新，有必要深刻了解用户参与虚拟品牌创新社区共创价值的影响因素。

印象管理行为分为获得性印象管理（AIM）和保护性印象管理（DIM）。获得性印象管理是让他人积极看待自己的努力，旨在通过呈现自我的积极方面来寻求认可；而保护性印象管理旨在通过弱化自己的不足避免别人消极看待自己。在虚拟品牌创新社区中，用户也可能在意自己的印象：当出现消极事件时采取保护性印象管理策略，尽可能地弱化自己的不足或避免他人消极看待自己，如否认、辩解、道歉、补偿、改正、删帖等；当希望声誉修复或声誉提升时采取获得性印象管理策略，如积极承担社区任务、积极参与发帖、展现个人能力等。

2. 构建概念模型

研究的概念模型，如图2-1所示。

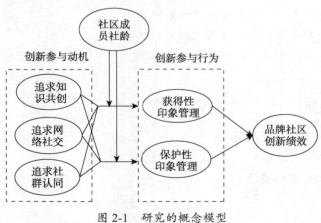

图2-1　研究的概念模型

3. 构建研究假设

假设1：追求知识共创动机的社区成员，采用获得性印象管理行为的可能性要显著大于保护性印象管理行为。

假设2：追求网络社交动机的社区成员，采用获得性印象管理行为的可能性要显著大于保护性印象管理行为。

假设3：追求社群认同动机的社区成员，采用保护性印象管理行为的可能性要显著大于获得性印象管理行为。

假设4：创新社区成员的社龄越长，保护性印象管理行为越强。

假设5：创新社区成员的社龄越短，获得性印象管理行为越强。

假设6：获得性印象管理行为较保护性印象管理行为对品牌社区的创新绩效有更正面的影响。

4. 确定研究样本

要验证研究假设，就要收集一手数据，该研究的调研对象为国内各虚拟品牌创新社区活跃的、对创新有影响力的研发及管理人员。首先在问卷星上生成问卷，将其发布到目标成员聚集的微信群中，并提供百分百中奖、金额随机分配的奖励。在2018年10—12月，总共回收了310份问卷，其中有效问卷286份，有效率92.3%。男女样本占比分别为53.90%和46.10%；年龄样本25岁以下、25~35岁、36~45岁、45岁以上，占比分别为30.77%、42.66%、24.82%、1.75%；学历样本大专及以下、本科、研究生及以上，占比分别为20.98%、57.69%、21.33%；职位样本普通职员、基层管理者、中层管理者、高层管理者占比分别为28.32%、23.08%、34.27%、14.33%。

5. 信度与效度检验

本文采用SPSS24.0对样本数据进行信度检验，判断量表的可靠性、稳定性（表2-1）。结果显示各变量Cronbach's α系数均大于0.8，表明量表具有较好的内部一致性。各变量均通过KMO样本测度和Bartlett球体检验，适合进行验证性因子分析。因子分析结果显示，量表中同一变量下属的各测量问项均分布于同一因子，最小因子载荷均为0.681，全部超过可接受的临界值0.5。

表2-1 验证性因子分析结果

变量	最小因子载荷	Cronbach's α	KMO
追求知识共创动机	0.743	0.868	0.912
追求网络社交动机	0.760	0.902	0.916
追求社群认同动机	0.681	0.875	0.908
获得性印象管理行为	0.851	0.932	0.872
保护性印象管理行为	0.773	0.839	0.849
OUIC创新绩效	0.898	0.895	0.746

6. 主效应检验

本研究分两步进行检验：①对所有控制变量进行回归分析；②加入控制变量，以

AIM/DIM 行为分别对各自变量进行回归分析。分析结果（表 2-2）。

表 2-2　回归分析结果参与动机与获得性印象管理行为/保护性印象管理行为的关系

研究变量	AIM				DIM			
	模型 1	模型 2	模型 3	模型 4	模型 5	模型 6	模型 7	模型 8
性别	0.040	−0.061	−0.048	−0.009	−0.146	−0.087	0.087	−0.084
年龄	−0.035	−0.023	−0.079	−0.070	−0.042	−0.049	0.012	0.003
学历	−0.152	−0.105	−0.145	−0.130	−0.035	−0.063	0.040	−0.063
职位	0.032	0.013	0.030	0.055	−0.03	0.008	0.001	−0.03
追求知识共创动机		0.633***				−0.371***		
追求网络社交动机			0.580***				−0.394***	
追求社群认同动机				−0.117**				0.148***
模型拟合：ΔR^2	−0.004	0.214	0.165	0.032	−0.004	0.205	0.216	0.170
F	0.7	15.0***	11.2***	2.7*	0.7	14.3***	15.2***	11.6***

注：***为 $P<0.001$，**为 $p<0.01$，*为 $p<0.05$，下同

由表 2-2 可知，首先，M1（$p>0.05$）和 M5（$p>0.05$）表明，性别、年龄、学历和职位等均不会显著影响 AIM、DIM 行为。其次，追求知识共创动机对 AIM 行为有显著正向影响（M2，$\beta 5 = 0.633$，$p5<0.001$），对 DIM 行为有显著负向影响（M6，$\beta 5 = -0.371$，$p5<0.001$），假设 1 得证。再次，追求网络社交动机对 AIM 行为有显著正向影响（M3，$\beta 6 = 0.580$，$p6<0.001$），对 DIM 行为有显著负向影响（M7，$\beta 6 = -0.394$，$p6<0.001$），假设 2 得证。最后，追求社群认同动机对 AIM 行为有显著负向影响（M4，$\beta 7 = -0.117$，$p7<0.01$），对 DIM 行为有显著正向影响（M8，$\beta 7 = 0.148$，$p7<0.001$），假设 3 得证。

7. 社龄长短的调节效应检验

本研究分 3 步检验调节作用：①以 AIM/DIM 行为对创新参与动机进行回归分析；②再加入调节变量（社龄）进行回归分析；③最后加入中心化处理后的交互项（创新参与动机*社龄）进行回归分析。分析结果如表 2-3 所示。

表 2-3　层次回归结果社龄对印象管理行为的调节作用

研究变量	AIM			DIM		
	模型 1	模型 2	模型 3	模型 4	模型 5	模型 6
创新参与动机	0.696***	0.574***	0.566***	−0.393***	−0.346***	−0.327***
社龄		−0.410***	−0.421***		0.190***	0.199***
创新参与动机*社龄			−0.048*			0.082*
模型拟合：ΔR^2	0.118	0.334	0.347	0.116	0.261	0.267
F	35.5***	65.5***	43.7***	34.9***	46.3***	32.3***

注：***为 $P<0.001$，**为 $p<0.01$，*为 $p<0.05$，下同

从上表可见，M4～M6 的 F 值最小为 32.3（$p<0.001$），表明模型有显著的线性关系。对应的 ΔR^2 分别为 0.116、0.261 和 0.267，表明模型的解释力不断提升，后面的模型优于前面的模型。在 M4 中，依次加入社龄和交互项（创新参与动机*社龄），结果见 M5（$\beta2 = 0.190$，$p2<0.001$，）、M6（$\beta3 = 0.082$，$p3<0.05$，），可见交互项对 DIM 行为有正向调节作用，因此假设 4 得证。

同理，M1～M3 的 F 值最小为 35.5（$p<0.001$），表明模型有显著的线性关系。相应的 ΔR^2 分别为 0.118、0.334 和 0.347，表明模型的解释力不断提升，后面的模型明显优于前面的模型。在 M1 中，依次加入社龄和交互项（创新参与动机*社龄），结果见 M2（$\beta2 = -0.410$，$p2<0.001$，）和 M3（$\beta3 = -0.048$，$p3<0.05$，），可见交互项对 AIM 行为有负向调节作用，因此假设 5 得证。

进一步，通过社龄均值分别加减一个标准差的方式，将社龄分为长、短社龄两个样本，画调节图，如图 2-2 所示。可证明：创新社区成员的社龄负向调节 AIM 行为，如图 2-2（b），短社龄曲线斜率明显大于长社龄曲线斜率；正向调节 DIM 行为，如图 2-2（a），长短社龄曲线斜率均为负，长社龄曲线斜率明显小于短社龄曲线斜率。

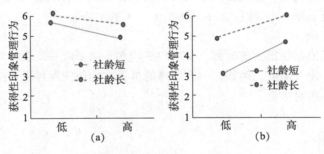

图 2-2 社区成员社龄的调节作用

思考题：
（1）请简要阐述该研究的目的和意义是什么？
（2）请理解上述表格中指标的含义和判断依据？

2.1 描述性统计指标解读

2.1.1 描述性统计概述

在多数情况下，单靠让我们"看"数据，海量的数据往往会使我们茫然失措。

要了解数据的大致情况、印证自己的猜想，需要利用描述性分析思维，其不仅能让我们了解到数据信息的整体概况，还能让我们观察到数据的特征和异常问题等。

描述性分析思维，即对调查总体所有变量的有关数据做统计性描述，主要包括数据集中趋势分析、离散程度分析和分布情况分析等（图 2-3）。这些分析结果可以用可视化统计图形的方式来展示。

集中趋势
□平均值（mean）□总和（sum）□几何均数（geometric mean）□四分位数（quartiles）
离散程度
□标准差（std. deviation）□方差（Variance）□最大值（max）□最小值（min） □极差（range）□标准误差平均值（S.E.mean）
分布情况
□峰度（kurtosis）□偏度（skewness）□正态性检验（normality plots with tests）

图 2-3　统计性描述中常用分析及其常见指标

2.1.2　描述性统计的常用指标

常用的描述性统计分析指标有：平均值、四分位数、方差、标准差、中位数、众数等。

1. 平均值

平均值顾名思义就是计算数据的平均数，可以让我们了解到数据的平均水平。

公式：平均值 mean ＝（数值 $X_1+X_2+X_3+\cdots$）/N（项数）

优点：计算简单。

缺点：当数据值差距很大的时候，呈现的平均水平结果就可能会出现不客观的现象，出现平均数陷阱，让人误解。例如，一名优秀的员工在均值的误导下产生了自己的收入水平在本单位还算不错的错觉。

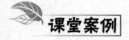

收入、资产与当代城乡居民的地位认同

（资料来源：黄超. 收入、资产与当代城乡居民的地位认同[J]. 社会学研究，2020(2).）

近几十年来，得益于经济的持续高速增长，我国人民的收入和财富水平在过去40年间得到普遍提高，但是收入和财富差距亦随之扩大，基尼系数维持在较高水平（Xie and Zhou, 2014）。因此也有学者认为，当代社会仍维持着以阶级阶层为基础的不平等，阶级阶层仍是影响社会态度和行为取向的关键因素。

编者以地位认同为研究主题，重点考察收入和资产这两类代表客观地位的核心指标（表2-4）是否会产生影响及如何产生影响，以展示当代社会的阶层结构对建构社会地位认知的作用，从而勾勒出转型社会民众主观世界的复杂图景。

表 2-4　研究的描述性统计

变量	全样本				城市子样本		农村子样本	
	均值	标准差	最小值	最大值	均值	标准差	均值	标准差
个体层次变量								
地位认同	2.94	0.99	1	5	2.74	0.94	3.01	1.00

续表

变量	全样本				城市子样本		农村子样本	
	均值	标准差	最小值	最大值	均值	标准差	均值	标准差
性别（男性＝1）	0.49	0.50	0	1	0.48	0.50	0.49	0.50
年龄	46.49	17.11	16	104	46.73	16.89	46.41	17.18
婚姻状态（已婚有配偶＝1）	0.78	0.41	0	1	0.77	0.42	0.79	0.41
受教育年限	7.03	4.71	0	22	9.17	4.60	6.33	4.53
党员身份（中共党员＝1）	0.06	0.23	0	1	0.11	0.31	0.04	0.20
就业状态（在职＝1）	0.69	0.46	0	1	0.55	0.50	0.74	0.44
社会经济地位指数（ISEI）	31.60	10.89	19	88	40.19	10.65	28.78	9.38
自评健康	3.01	1.27	1	5	3.01	1.18	3.00	1.29
家庭层次变量								
绝对收入（对数）	1.51	0.69	0	6.1	1.73	0.63	1.45	0.69
绝对资产（对数）	2.59	0.15	2	4.1	2.64	0.19	2.57	0.13
相对收入	0.53	0.27	0	1	0.53	0.28	0.52	0.27
相对资产	0.35	0.28	0	1	0.36	0.28	0.35	0.28
恩格尔系数	0.38	0.20	0	1	0.43	0.20	0.37	0.20
社区层次变量								
社区类型（居委会＝1）	0.25	0.43	0	1	—	—	—	—
社区收入基尼系数	0.39	0.10	0	0.77	0.35	0.11	0.40	0.09
社区资产基尼系数	0.44	0.10	0	0.73	0.44	0.12	0.44	0.10
个体样本量（N）	18934				4680		14254	
家庭样本量（N_f）	7276				1908		5374	
社区样本量（N_c）	357				108		249	

思考：

（1）该表反映的研究目的和内容是什么？

（2）该表的数据指标都说明了什么问题？

2. 众数

众数（mode）：统计分布上具有明显集中趋势点的数值，代表数据的一般水平（众数可以不存在或多于一个）。

一般来说，一组数据中，出现次数最多的数就叫这组数据的众数。

例如，2、3、3、3、4、5 的众数是 3。

3. 中位数

把一组数据按从小到大的顺序排列，在中间的一个数字（或两个数字的平均值）叫作这组数据的中位数。中位数的又一显著特点是不受异常值的影响，具有稳健性，因此它是数据分析中相当重要的统计量。

如果总数个数是奇数的话，按从小到大的顺序排列，取中间的那个数。

如果总数个数是偶数的话，按从小到大的顺序排列，取中间两个数的平均数。

第 2 章 数据分析解读

4. 方差和标准差

"方差"（variance）这一词语率先由罗纳德·费雪（Ronald Fisher）于 1918 年在其论文 *The Correlation Between Relatives on the Supposition of Mendelian Inheritance* 中提出。

在统计描述中，方差用来计算每一个变量（观察值）与总体均数之间的差异。当数据分布比较分散（即数据在平均数附近波动较大）时，各个数据与平均数的差的平方和较大，方差就较大；当数据分布比较集中时，各个数据与平均数的差的平方和较小，方差就较小。因此，方差越大，数据的波动越大；方差越小，数据的波动就越小。

D&B 忠诚预测酒店绩效

（资料来源：唐小飞，周庭锐，陈淑青. D&B 忠诚模型预测厂商绩效的实证研究[J]. 科研管理，2007, 28(5): 7.）

无可置疑，赢回流失顾客并培养他们的忠诚度是当前学术领域的前沿研究。有不少研究人员考察了顾客忠诚对厂商绩效的影响（Chaudhuri, 2001），但是过去的研究却忽略了用细分的顾客忠诚去预测厂商绩效，更没有研究把这种预测置于顾客赢回管理的背景下来考察。剥去了忠诚的多维性和复杂性特点，直接用忠诚预测厂商绩效，其结果使一些现象不能得到很好的解释。因此，本研究提出用 D&B 的忠诚模型如图 2-4 所示，去预测厂商绩效的思路，希望对丰富和完善顾客赢回管理理论的研究有一定的促进作用。

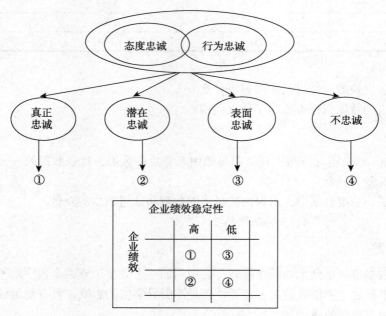

备注：①代表稳定的绩效和较好的绩效；②代表稳定的绩效和较差的绩效；③代表不稳定的绩效和较好的绩效；④代表不稳定的绩效和较差的绩效。

图 2-4 D&B 的忠诚模型

营业额和利润是反映酒店经营状况最重要的两项指标,用营业额和利润就可以求出酒店的平均利润率和平均利润率方差。统计结果显示(表 2-5):利润率与利润率均值(-0.00383)比较,大于均值表明酒店绩效相对较好,小于均值表明酒店绩效相对较差。利润率方差变异系数与其均值(0.70536)比较,大于均值说明酒店绩效稳定性差,小于均值说明酒店绩效相对稳定。在抽样的121家酒店中,有38家酒店对应于绩效好且稳定的绩效;32家酒店对应于绩效好但不稳定的绩效;51家对应于绩效差但不稳定的绩效;第三类绩效差但稳定的绩效数据缺失。

表 2-5　利润率和利润率方差变异系数的绩效分类结果

绩效指标	分类				均值
	绩效好稳定	绩效好不稳定	绩效差稳定	绩效差不稳定	
利润率	>	>	>	>	-0.00383
利润率方差变异系数	<	>	>	>	0.70536
酒店数	38	32	0	51	合计:121

标准差:样本方差的算术平方根叫作样本标准差。样本方差和样本标准差都是用来衡量一个样本的波动大小,样本方差或样本标准差越大,样本数据的波动就越大。标准差可以当作具有不确定性的一种测量。例如,在物理科学中,做重复性测量时,测量数值集合的标准差代表这些测量的精确度。标准差应用于投资上,可作为度量回报稳定性的指标。标准差数值越大,代表回报远离过去平均数值,回报较不稳定故风险越高。相反,标准差数值越小,代表回报较为稳定,风险亦较小。标准差没有取值范围,标准差为 0 代表样本的离散程度小。

例如,两组数的集合{0,5,9,14}和{5,6,8,9}其平均值都是 7,但第二个集合具有较小的标准差。

5. 四分位数

分位数是将全部数据按大小顺序排列后,处于各等分位置的变量值。如果将全部数据分成相等的两部分,它就是中位数;如果分成四等分,它就是四分位数;八等分就是八分位数等。四分位数也称四分位点,它是将全部数据分成相等的四部分,其中每部分包括25%的数据,处在各分位点的数值就是四分位数,如图 2-5 所示。

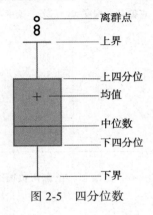

图 2-5　四分位数

下界：最小值，即第 0%位置的数值；
下四分位数：Q_1，即第 25%位置的数值；
中位数：Q_2，即第 50%位置的数值；
上四分位数：Q_3，即第 75%位置的数值；
上界：最大值，即第 100%位置的数值。
离群点：指在一个时间序列中，远离序列的一般水平的极端大值和极端小值。
优点：可以用来对比不同类别数据的整体情况，还可以识别出可能的异常值。
缺点：无法反映数据的波动大小。

6. 极差

极差是标志值变动的最大范围，它是测定标志变动的最简单的指标。极差 = 最大值 − 最小值，是描述数据分散程度的量，极差越大，离散程度越大，反之，离散程度越小。

虽然极差描述了数据的范围，但是无法描述其分布状态。

7. 偏度

偏度（skewness），是统计数据分布偏斜方向和程度的度量，是统计数据分布非对称程度的数字特征。偏度亦称偏态或偏态系数。

正态分布的偏度为 0，两侧尾部长度对称。

若以 bs 表示偏度。bs<0 称分布具有负偏离，也称左偏态，此时数据位于均值左边的比位于右边的少，直观表现为左边的尾部相对于与右边的尾部要长，因为有少数变量值很小，使曲线左侧尾部拖得很长；

bs>0 称分布具有正偏离，也称右偏态，此时数据位于均值右边的比位于左边的少，直观表现为右边的尾部相对于与左边的尾部要长，因为有少数变量值很大，使曲线右侧尾部拖得很长；

bs 接近 0 则可认为分布是对称的。若知道分布有可能在偏度上偏离正态分布时，可用偏离来检验分布的正态性。右偏态时平均数>中位数>众数；左偏态时则相反，即众数>中位数>平均数；正态分布三者相等。

正偏态、正态和负偏态形状，如图 2-6 所示。

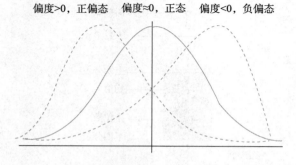

图 2-6　正偏态、正态与负偏态

8. 峰度

峰度用来评估一组数据的分布形状的高低程度，即描述正态分布中曲线峰顶尖度程度的指标。不同峰度数据分布形态，如图2-7所示。

均值、中位数、众数体现了数据的集中趋势。

极差、方差、标准差体现了数据的离散程度。

偏度、峰度体现了数据的分布形状。

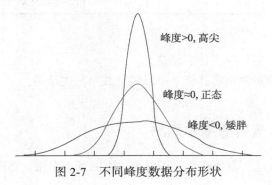

图2-7　不同峰度数据分布形状

9. 频率

频数分布分析（又称频率分析）主要通过频数分布表、条形图和直方图、百分位值等来描述数据的分布特征。

在做频数分布分析时，通常按照定性数据（即分类的类别），统计各个分类的频数，计算各个分类所占的百分比，进而得到频率分布表，最后根据频率分布表来绘制频率分布图。

以上是常用的描述性分析的指标，还有一些其他的指标，如绝对数、相对数、倍数、成数、百分数等，这里就不一一介绍了。

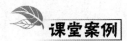

独生子女：媒介负面形象的建构与实证

（资料来源：风笑天.独生子女：媒介负面形象的建构与实证[J]. 社会学研究，2010(3): 22.）

针对社会舆论及大众媒介中存在的对独生子女的偏见和负面刻板印象，西方的许多研究者都对此提出了批评。研究者往往以某种社会舆论（如"民意测验的结果""公众的看法""民间的偏见""传统的偏见"等）作为前提，然后通过开展各种经验研究去质疑和挑战它们。但是目前还没有系统收集和分析存在于大众媒介之中的对独生子女及其家庭的各种偏见的经验证据。

统计结果（表2-6）表明，无论是在新闻标题中还是在新闻内容中，对独生子女的负面评价都占了绝大部分。其比例在 60%～70%之间。换句话说，在大众媒介的新闻中，独生子女更多是以一种负面形象出现的。有研究者（包蕾萍，2008b）根据全国重要报纸全文数据库（CNKI）的检索，查到从2000年到2004年2月共53篇有关独生子女的报道，按所表现的态度的偏向性进行分类，结果为：正面的7篇，中性的11篇，负面的35篇。

表 2-6　新闻标题和新闻内容所体现的媒介评价

媒介评价	新闻标题		新闻内容	
	频数	百分比/%	频数	百分比/%
正面	72	12.3	89	15.2
中性	152	25.9	86	14.7
负面	362	61.8	411	70.1
合计	586	100.0	586	100.0

思考：
（1）该表的频数主要传递了什么信息？
（2）在以后分析数据时，哪些情景可以用频数来陈述结果？

2.1.3　描述性分析运用的基本思路

接下来，我们来梳理一下描述性分析思维运用的基本思路，如图 2-8 所示。

图 2-8　描述性分析思维运用的基本思路

首先，根据分析目的，提取指标数据的具体数值，如数量、平均数、极差、标准差、方差、极值。

其次，描述分布规律，如均匀分布、正态分布、集中趋势、长尾分布。

再次，根据以往的数据或者是之前制定的标准，制定参考标准。

最后，综合现状和标准，输出有价值的结论，并使用可视化图进行展示，如柱状图、条形图、散点图、饼状图。

只有业务概况＋数据指标＋标准（可视化）才能得出一个"是什么"的结论。

业务概况＋数据指标＋标准（可视化）＝结论的分析流程，非常简单，不过标准如何去制定？那又是需要我们深思的问题了。

例如，一个门店购买商品的数量的平均值是多少？四分位数是多少？标准差是多少？

例如，一个门店销量每日增长趋势怎么样？客单价的分布如何？门店总销量是多少？哪个商品卖得最好？细分的品类中卖得最好的又是什么？

例如，面包中，是奶油面包卖得好，还是无脂的面包卖得好？一天中哪个时间段用户购买最集中，卖得最好？

2.1.4 总结

描述性分析思维，即解决业务现状"是什么"的问题，这是最基础的、最直观简洁的数据思维。由于数据简单，所以对多元变量的关系难以描述。

现实生活中，自变量通常是多元的。比如，决定体重大小的不仅有身高因素，还有饮食习惯，肥胖基因等因素。但可以通过一些高级的数据处理手段，对多元变量进行处理。例如，特征工程中，可以使用相关性方法来选择多个对因变量有较强相关性的自变量作为特征，还可以使用主成分分析法来消除一些冗余的自变量来降低运算复杂度。

总之，运用数据的分析思维越多，其数据分析输出的结果就更严谨，有依据，有说服力，就不再停留在"取数"阶段。

2.2 信度与效度指标解读

2.2.1 信度和效度的概念

信度和效度是优良的测量工具必备的条件，是评估所测量数据的可靠性和有效性的基本尺度。只有保证测量工具的信度和效度，才有可能获得可靠、正确的数据。

1. 信度

信度，即可靠性或一致性，指的是测量结果经得起重复检验，即测量工具能否准确地测量到它想要测量的数据。信度反映了测量中的随机误差大小，信度越高，那么意味着针对同一事物进行多次测量的结果可以保持一致，说明该测量工具可靠、稳定；如果缺乏信度，则前后测量的结果就会出现不一致，说明该测量工具有问题。

常用的测量工具的信度测量方法包括以下 3 种。

重复性信度（test-retest reliability）：是指在同一测量工具下，在不同时间或不同情境下重复测量，并比较两次测量结果的一致性。

内部一致性信度（internal consistency reliability）：是指在同一测量工具下，测量不同的项目，比较其结果之间的一致性，包括分裂半信度（split-half reliability）和克伦巴赫的 alpha 系数（Cronbach's alpha）等方法。

同时性信度（inter-rater reliability）：是指在评价或观察中，两个或多个评价者对同一目标的评价结果的一致性。

2. 效度

效度，即切实性，指的是测量工具能够测出其所要测量的内容。效度高，说明测量结果能很好地反映测量对象的真实特征，能够保证不同的研究人员对某一研究变量的意义和内涵有一致的理解；缺乏效度，则说明测量工具没有正确地获取反映真实特征的数据。

常用的测量工具的效度测量方法包括以下几类。

（1）内容效度（content validity），是指测量工具是否涵盖了所要测量或评估的所有领域和方面，是否与被测量对象实际情况相符。

（2）结构效度（construct validity），是指测量工具是否能够准确地衡量被测量对象的所要测量或评估的概念或现象。

（3）准确度效度（criterion validity），是指测量工具与其他已知测量工具或标准的一致性和相关性。

比如，农村贫困，代表政府对贫困进行测量的人对贫困的理解和农民自己对贫困的理解是不一样的，前者根据的是可量化的指标，后者关心的是自己的实际生活感受，以及与他人的比较。

2.2.2 信度检验指标解读

克伦巴赫系数，也称信度系数、内部一致性系数、Cronbach's alpha，或者 α 系数，此值一般大于 0.7 即可。

如果在预测试中使用信度分析，则可能涉及校正的项总计相关性和项已删除的 α 系数这两个指标，用于辅助判断量表题项是否应该进行修正处理。

校正的项总计相关性，也称 CITC 值，如某变量对应 5 个题项，那么这 5 个题项之间的相关关系情况则使用此指标进行表示，通常此值介于 0.6～0.8 之间，即说明某题项与另外的题项间有着较高的相关性，预测试时通常会使用"校正的项总计相关性"这一指标。如果有测量题项值小于 0.6（如表 2-7 中，关系投资的测项 4，0.429），说明该测项与其他测量的相关性较弱，则可以考虑删除该题项；如果其中的测量大于 0.8（如表 2-7 中，信任的测项 2，0.911），说明该测项与其他测量的相关性太强，也可以考虑删除该题项。

举例来说：为什么要将内部一致性系数的标准设定在 0.6～0.8 之间呢？比如，同学们上课时可以观察一个现象，关系越紧密的学生总是聚在一起。所以在教室里也就形成了一个又一个同学关系圈。这个圈内的同学之间的关系强度如果在 0～1 之间用一个数值来表示，大概就在 0.6～0.8 之间，系数值越低说明与这个圈子里的同学的关系越弱，系数太大，说明题项所表达的意思不能明显区分，也就是说在一个变量中不需要相同含义的测项。

题项删除后的克伦巴赫系数，如果某个维度或变量对应着 5 个题项，那删除掉某题项后余下 4 个题项的信度系数值即称作"项已删除的 α 系数"。

如果是正式数据的分析，通常此两个指标的意义相对较小。

表 2-7 信度：内部一致性系统相关指标解读

观测变量	测量题项	校正项总计相关性 CITC 内部相关系数	Cronbach's α	量表的 KMO	被解释的方差/%
信任	1	0.747	0.877	0.836	73.157
	2	0.911			
	3	0.731			
	4	0.729			
	5	0.691			
	6	0.674			
	7	0.721			

续表

观测变量	测量题项	校正项总计相关性 CITC 内部相关系数	Cronbach's α	量表的 KMO	被解释的方差/%
关系投资	1	0.755	0.862	0.845	68.25
	2	0.768			
	3	0.752			
	4	0.429			
	5	0.691			

（1）分析 α 系数，如果此值高于 0.8，则说明信度高；如果此值介于 0.7～0.8 之间，则说明信度较好；如果此值介于 0.6～0.7，则说明信度可接受；如果此值小于 0.6，则说明信度不佳；

（2）如果 CITC 值低于 0.5，可考虑将该项进行删除；

（3）如果"项已删除的 α 系数"值明显高于 α 系数，可考虑对将该项进行删除后重新分析；

（4）对分析进行总结。

2.2.3 效度检验指标的解读

针对效度分析，通常会使用内容效度，或者结构效度，或者验证性因子分析（CFA）进行效度验证。效度分析指标的含义，如表 2-8 所示。

表 2-8 效度分析指标的含义

编号	术语	说明
1	特征根值（旋转前）	判断因子介数，大于 1 为默认标准，可自行设置因子个数
2	方差解释率%（旋转前）	因子提取的信息量，如 21.651%，意味着该因子提取出所有分析项 21.651%的信息量表
3	累计方差解释率%（旋转前）	方差解释率的累积加和
4	特征根值（旋转后）	旋转后的特征根，除判断因子个数外，其余情况均使用旋转后特征根值
5	方差解释率%（旋转后）	某因子可提取所有分析项的信息比例，一般使用旋转后的方差解释率
6	累计方差解释率%（旋转后）	旋转后的方差解释率的累积加和
7	KMO 值	判断多大程度上适合进行探索性因子分析，通常要高于 0.6
8	巴特球形值	判断是否适合进行探索性因子分析，对应 p 值<0.05
9	df	自由度，中间过程值
10	p 值	巴特球检验对应 p 值，<0.05 说明具有效度
11	因子载荷系数	表示因子与分析项之间的关系程度，如果某分析项对应的多个因子载荷系数绝对值均低于 0.4，需要考虑删除该项。
12	共同度	某题项被提取的信息，共同度为 0.5 说明，50%的信息被提取，通常以 0.4 作为标准

SPSSAU 生成的结果为规范表格，表格中包括有意义指标。比如，KMO 值，巴特球形检验，特征根值，方差解释率值，累积方差解释率，因子载荷系数，共同度。接下来对效度分析的步骤进行一一阐述，如图 2-9 所示。

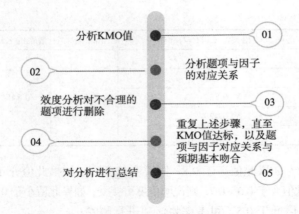

图 2-9 效度分析的步骤

KMO 值：如果此值高于 0.8，则说明效度高；如果此值介于 0.7～0.8 之间，则说明效度较好；如果此值介于 0.6～0.7，则说明效度可接受，如果此值小于 0.6，说明效度不佳。

巴特球形检验：其对应巴特球形值，对应 P 值必须小于 0.05，这样才能通过巴特球形检验。

特征根值：此值是判断因子（维度）个数的标准的信息量，由于已经设置好因子（维度）个数，因而此值意义较小，可忽略。

累积方差解释率：所有维度可解释整体量表的信息量，一般大于 60%才算合格。

因子载荷系数：统计学术语称作权，心理学家将它叫作载荷，即表示第 i 个变量在第 j 个公共因子上的负荷。载荷系数通俗理解为是变量与公因子间的相关系数（程度），范围是 [0,1]，有正有负，负数表示方向相反。载荷系数建议看绝对值，因子载荷系数一般要大于 0.5。如果因子与题项对应关系与预期严重不符，也或者某分析项对应的共同度值低于 0.4（有时以 0.5 为标准），则可考虑对题项进行删除。删除题项的常见标准：一是共同度值低于 0.4（有时以 0.5 为标准）；二是分析项与因子对应关系出现严重偏差。

社会规范和法规政策作用下的加密货币交易行为研究

（资料来源：龚永志，唐小飞，张恩忠. Humanities and Social Sciences Communications[J]. *Springer Nature*，2022.）

1. 引言

广义上讲，加密货币是一种不受政府机构控制的点对点的分散数字货币（Nazifi et al., 2021）。但由于其不确定的价格波动和高额的预期利润，加密货币越来越受欢迎并为金融交易者所知（Blau, 2017），因此加密货币也可以被视为一种投机资产（Baur et al., 2018）。长久以来，加强对加密货币的政策监管是多国政府的共识。国务院金融稳定发展委员会明确要求坚决防控金融风险，打击比特币挖矿和交易行为，坚决防范个体风险向社会领域传递；美国证监会也拟起诉在美最大的加密货币交易所 Coinbase，发出了激进的监管信号。尽管如此，在政府屡屡禁止加密货币的政治环境下，国内大批交易者们却似乎对此置若罔闻，仍然痴迷于购买加密货币。这不禁使人想要追寻这背后的动机和原因。

本文认为社会规范和法规政策会引起交易者的矛盾反应。一方面，根据社会认同理论，社会规范增强了交易者的交易冲动，从而强化了他们的普遍信念，即购买加密货币在社会上是可接受的。另一方面，根据规范焦点理论，法规政策增加了交易者对加密货币的政策风险感知，从而抑制了自身的冲动心理，减少了加密货币交易行为。本文将这两种明显矛盾的效应合并起来称为"矛盾心理假说"。这表明交易者在考虑购买加密货币时，在社会规范和法规政策与加密货币冲动交易行为之间存在心理冲突。更进一步，研究基于交易者个人特征，捕捉到了两个关键的边界条件，即交易者的后悔情绪和加密货币知识。本文认为，在后悔情绪和加密货币知识的影响下，交易者们的冲动心理和交易行为会发生显著变化。于是提出如下研究假设和模型。

2. 研究假设与模型

研究概念模型，如图2-10所示，模型对应的假设如下。

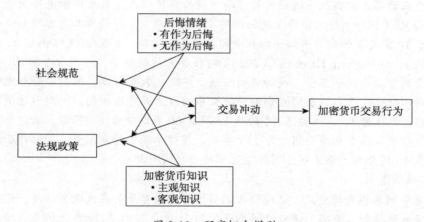

图2-10 研究概念模型

H1：社会规范促进了加密货币用户的交易行为，即社会群体对加密货币交易的积极态度和行为，会增加加密货币交易行为。

H2：法规政策抑制了加密货币用户的交易行为，即政府对加密货币交易的法规限制或政策禁止，会减少加密货币交易行为。

H3：交易冲动在社会规范、法规政策和加密货币交易行为之间起中介作用。

H4a：有作为后悔在社会规范与交易冲动间起反向调节作用，而在法规政策与交易冲动间起正向调节作用。

H4b：无作为后悔在社会规范与交易冲动间起正向调节作用，而在法规政策与交易冲动间起反向调节作用。

H5a：加密货币主观知识在社会规范和交易冲动间起正向调节作用，而在法规政策和交易冲动间起反向调节作用。

H5b：加密货币客观知识在社会规范和交易冲动间起反向调节作用，而在法规政策和交易冲动间起正向调节作用。

3. 研究设计

1）变量测量

除"客观知识"外，其余所有变量均采用多项目量表进行测量，并采取倒序排序，以尽量减少调查方法的偏差。每个项目都使用了李克特7级量表，从"完全不同意"（1）到"完全同意"（7）。研究采用了来自Ryu和Ko（2019）的4个项目来衡量社会规范。该量表评估了社会群体对交易者购买行为的影响。在Xie（2019）的基础上，本文制定了基于用户感知的法规政策量表。考虑到一些交易者可能并不知悉相关法规政策，有较大概率在被告知相关政策的情况下改变内心的原始反应，从而造成测量偏差。因此，本文并没有告知用户相关法规政策，而是关注用户自身的实际感知。本文采用了先前研究中的冲动测量方法（Ryu and Ko，2019），它由4个项目组成，反映了交易者购买加密货币的心理状态。本文从Zou（2015）的研究中得出了后悔情绪的衡量标准。该量表评估用户参与加密货币的后悔程度，并对交易过加密货币和未交易过加密货币的用户分别进行测量。由于客观知识通常在公正的第三方测试下进行衡量，而主观知识可以通过自我评估进行测量。研究采用了Ryu和Ko（2019）对比特币主观知识的4个测量项目，并借鉴其对客观知识的测量方法，开发了10道关于加密货币知识的判断题，有3个选项（正确/错误/不知道）。最后，研究采用了Aren和Nayman Hamamci（2020）对投资意愿的衡量，一共3个项目。

研究考虑了几个控制变量：受访者的性别、年龄、教育程度、理财经验和理财支出。这些变量在以往研究中都被表明是影响金融交易的因素并将其控制。性别通过使用两项选择进行操作，男性为1，女性为2。年龄从18岁至60岁划分为7个阶段，通过单项选择来测量。教育程度从高中至博士划分为5个等级，通过单项选择来测量。理财经验和理财支出均从0至10划分为5个类别，同样通过单项选择进行测量。

2）数据收集

研究采取问卷调查的方式，通过线上调研平台"问卷星"在线收集数据，设计调查问卷后生成网络链接和二维码。调研时间选择在2021年，因为2021年比特币在网上引起了一股新的"币潮"。随后狗狗币、柴犬币等边缘加密货币也在交易者们的炒作中价值上涨了近百倍，许多交易者因而纷纷涌入"币圈"。同一时期，政府再次对加密货币发出警告，重申了加密货币的不合法地位，并采取了相关措施制止加密货币在中国大陆的生产和交易。因此，在这一时期进行调查是适合本研究的。在数据收集过程中，本文通过对现有文献的回顾，研究编制了一份英文问卷。为了创建这些测量项目的中文版本，本研究采用了翻译和回译技术，以确保概念对等和准确性。调查问卷通过预测试最终确定，在预测试中，本文收集了共256份问卷数据。在此基础之上，研究对问卷进行了细化和完善，并完成了调查过程。

研究于2021年6月发放问卷并进行了为期两周的数据收集。通过在线问卷调查的方式，本研究共收集问卷1100份，覆盖中国31个省、自治区和直辖市。为确保抽样对象的有效性，在问卷设计的一开始，本文就设定了检测题项，以检验用户是否了解加密货币交易。通过题项筛选，研究剔除了281份无效样本。此外，为保证问卷数据的有效性，本文根据问卷题项之间的逻辑关系，以及某一特定选项是否被过多重复选择而对问卷进行甄别，剔除了72份答题不认真的问卷，最终保留有效问卷727份，回收率为66%。在本研究的样本中，交易过加密货币（44.8%）和未交易过加密货币（55.2%）的群体数量相差较小，且对于性别无显著差异（男性 48.3%，女性 51.7%）。因此本研究的样本具备一定的代表性，足以调查加密货币用户的冲动交易行为（表 2-9）。

表 2-9 样本特征描述性统计

变量	类别	频次	百分比/%	样本总量	总百分比
加密货币交易经历	交易过加密货币	326	44.8	727	100
	未交易加密货币	401	55.2		
性别	男性	351	48.3	727	100
	女性	376	51.7		
年龄	18 岁以下	7	1	727	100
	18～25 岁	96	13.2		
	26～30 岁	102	14		
	31～40 岁	181	24.9		
	41～50 岁	199	27.4		
	51～60 岁	117	16.1		
	60 岁以上	25	3.4		
教育	高中及以下	30	4	727	100
	大专	236	32.5		
	本科	258	35.5		
	硕士	167	23		
	博士	36	5		
理财经验	0	64	8.8	727	100
	1 年以下	99	13.6		
	1～5 年	166	22.8		
	5～10 年	172	23.7		
	10 年以上	226	31.1		
理财支出	0	61	8.4	727	100
	1 万以下	43	5.9		
	1 万～5 万	182	25.1		
	5 万～10 万	166	22.8		
	10 万以上	275	37.8		

表 2-9 总结了调查对象的特征。研究的样本主要由 31～50 岁（52.3%）的人群组成，他们是交易理财的主要群体，并且大多具备一定的高学历（本科及以上占比 63.5%）。从理财经验来看，超过一半的人群在理财方面身经百战，拥有 5～10 年及以上（54.8%）的理财经验。此外，调查对象的理财支出也会随着其理财经验的延长而呈现相同趋势的增加，因此占比大致相同。

4. 信度、效度检验

采用 SPSS25 统计软件，本文首先通过可靠性分析构建 Cronbach's α 值检验信度和探索性因子分析检验效度，构建了一个包含自变量、调节变量、中介变量和因变量的测量模型。

结果显示，各变量的 α 值均大于 0.9，KMO 值均大于 0.7，表明量表具有良好的信度和效度。在此基础上，研究进一步采用 AMOS23 统计软件，通过结构方程模型进行验证性因子分析，检验建构效度。结果表明，各变量的标准化因子载荷均大于 0.8，组合信度（CR）均大于 0.9，与 α 值保持一致；平均方差提取量（AVE）大于均 0.7，收敛效度得到检验；AVE 的平方根（SAVE）均大于对应变量与其他变量间的相关系数，表明各变量存在良好的判别效度。此外，研究模型的整体拟合程度达到可接受水平（χ^2 = 471.08，χ^2/df = 3.32，GFI = 0.93，CFI = 0.98，IFI = 0.98，RMSEA = 0.06）。检验结果如表 2-10 所示，其中表 2-10 为各变量的信度和效度。总的来说，测量模型得到了所收集数据的有力支持，适合进一步分析。

研究使用方差膨胀系数（VIF）测量了各变量的多重共线性。统计结果（如表 2-10），变量的 VIF 值小于 1.6，是可以接受的，因此共线性不是本研究存在的一个严重问题。最后，研究采用 Harman 单因素法对所涉的自变量、因变量、中介变量和调节变量做未旋转主成分分析。结果表明，第一个因子的方差解释率占 38.82%，低于 40%，所以研究也不存在过多的共同方法偏差。据此，可以推测本研究的测量较为严谨可靠。

表 2-10　信度与效度检验

变量	题项	α	KMO	CR	AVE	SAVE	Loading	t
社会规范	sn1	0.9380	0.8630	0.9380	0.7920	0.8890	0.9000***	69.2310
	sn2						0.8760***	46.0520
	sn3						0.9200***	76.6670
	sn4						0.8630***	57.5330
法规政策	po1	0.9550	0.8400	0.9550	0.8410	0.9170	0.9030***	69.3850
	po2						0.9170***	76.3330
	po3						0.9400***	94.0000
	po4						0.9080***	75.6670
主观知识	sk1	0.9470	0.8510	0.9470	0.8180	0.9040	0.8900***	63.5710
	sk2						0.8810***	55.0000
	sk3						0.9450***	118.2500
	sk4						0.9000***	69.3080
交易冲动	ip1	0.9390	0.8390	0.9390	0.7960	0.8920	0.8910***	63.6420
	ip2						0.9020***	64.3570
	ip3						0.9190***	83.5450
	ip4						0.8560***	47.5560
交易行为	iv1	0.9410	0.7720	0.9410	0.8430	0.9180	0.9170***	91.7000
	iv2						0.9250***	92.5000
	iv3						0.9120***	65.1430

注：*$p<0.05$,**$p<0.01$,***$p<0.001$

思考：

表 2-10 反映出了哪些基本信息？

2.3 相关分析

在工作中,我们经常会问:
天气变化和销量涨跌有多大关系?
新品上市和销售上涨有多大关系?
广告投入与销量增长有多大关系?
这些问题,都与一个基础分析方法有关:相关分析法。

2.3.1 什么叫"相关"

简单来说,相关就是两个事件之间有关系。

即使没有做分析,从直观上看这些事件之间也是有关系的。但是不做分析的话,具体是什么样的关系,很难说清楚。而相关分析法,就是找出这种关系的办法。

2.3.2 什么是"相关分析"

相关分析,特指找到两个数据指标之间的相关关系。比如,在一个 App 里,用户反复浏览一款商品,他会买吗?

一组被试认为:看得多,说明用户感兴趣,所以会买;

二组被试认为:看了这么久都不买,那肯定不会买了;

三组被试认为:买不买跟看多少次没关系,得看有没有活动。

听上去似乎各有各的道理,最后还是得数据说话。这里讨论的就是:用户浏览行为与消费行为之间,是否有关系的问题。相关分析,即要找出这两个指标之间的关系。

2.3.3 直接相关关系

注意:指标之间可能天生存在相关关系。常见的有 3 种形态,如图 2-11 所示。

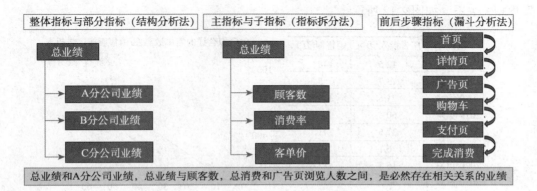

图 2-11 指标之间常见的 3 种相关关系

- 在结构分析法中，整体指标与部分指标之间关系；
- 在指标拆分法中，主指标与子指标之间的关系；
- 在漏斗分析法中，前后步骤指标之间的关系。

这 3 种情况，被称为直接相关关系，即不需要数据计算，通过指标梳理就能看清楚关系。在指标直接相关的情况下，两个指标出现同时上涨/下跌的趋势，是很好理解的。

比如，

- 整个公司业绩都不好，所以 A 分公司业绩也很差（整体与部分指标）；
- 客户数太少了，所以整体业绩不好（主指标、子指标）；
- 看到广告人数太少了，所以最后转化不好（前后步骤指标）。

如果直接相关的两个指标没有同涨同跌，往往意味着存在问题。比如，做用户增长，注册的新用户数量大涨，但付费转化率持续大幅度下跌，这就说明获客效率在下降，可能是目标用户已耗尽，也有可能是渠道在造假，还有可能是获客方法有误，总之要深入分析，如表 2-11 所示。

表 2-11　直接相关指标未同涨同跌

时间	广告投放数/次	广告→注册转化率/%	注册数/人	付费转化率/%	付费人数/人
6月	100000	30%	30000	50%	15000
7月	200000	40%	80000	20%	16000
8月	300000	50%	150000	15%	22500

注：这里是前后步骤关系，很明显，注册人数暴涨，并没有带来付费人数暴涨

2.3.4　间接相关关系

有些指标并非直接相关，但理论上是有关系的。比如，品牌广告与销售收入，理论上肯定是存在关系：广告多了，知名度高了，销量肯定好。

但是品牌广告又没有带货链接，所以不能直接说有 5000 万元的销售业绩是用户通过广告链接购买的。此时就是典型的间接相关关系。分析间接相关关系，可以直接做散点图，发现相关关系，如图 2-12 所示。

时间	广告投入/万元	销售额/万元
2019年Q1	12.5	148
2019年Q2	3.7	5.5
2019年Q3	21.6	338
2019年Q4	60	994
2020年Q1	37.6	541
2020年Q2	6.1	89
2020年Q3	16.8	12.6
2020年Q4	41.2	379

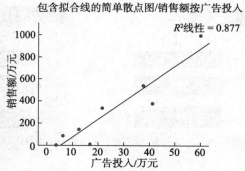

图 2-12　间接相关关系图

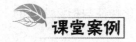

魔法数字 4 与营销绩效的关系

（资料来源：本案例由李先伟研究助理编写）

在互联网行业里一个著名的说法，叫"魔法数字4"，是指当用户点赞数达到或超过4次以后，用户的留存天数就会显著增加。本质就是寻找用户浏览、点赞、分享、登录等行为，与用户留存、付费行为之间的相关关系。比如，如果发现某用户点赞4次以后，就可以确定该用户的90天留存概率会明显增高。因此，公司就会通过各种营销活动来努力推动用户完成4次点赞。

2.3.5 相关分析的不足之处

世界上没有完美的分析方法，相关分析有两大不足之处。

1. 相关不等于因果

两个指标相关关系，本质上只是一条数据公式计算出来的结果，至于两个指标为什么相关？不能直接从计算里得出结论。实际上只要两个指标走势相似，在计算的时候就能显示出相关关系。

这里有一个经典例子，图2-13是一个人在其所在的小区里种的一棵树的高度变化，恰好与我国GDP之间的关系成正相关关系。于是大家发现：这两个指标完美相关，很多人以讹传讹，称这棵树能预示我国经济状况。而事实是这样吗？当然不是，这就是相关不等于因果的直接体现。

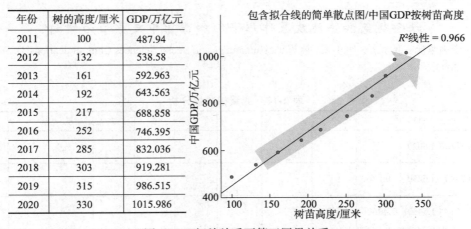

图 2-13 相关关系不等于因果关系

2. 相关分析不能解决非量化指标问题

很多时候，我们想找的关系不能用数据量化。比如，我们想知道旗舰店是不是比普通店更能吸引消费者。一个店是不是旗舰店，取决于位置、装修、宣传等诸多因素，不能简单粗暴地用开店面积、员工人数等指标来衡量。如果要分析这种非量化特征与指标之间的关系，那么需要用到另一种分析方法：标签分析法。

2.3.6 相关性系数和显著性水平

在统计学中，皮尔逊相关系数（Pearson correlation coefficient），又称皮尔逊积矩相关系数（Pearson product-moment correlation coefficient，PPMCC/PCCs），是用于度量两个变量 X 和 Y 之间的相关（线性相关），其值介于 –1 与 1 之间。

p 值，也就是 sig 值或显著性值。如果 p 值小于 0.01 即说明某件事情的发生至少有 99% 的把握，如果 p 值小于 0.05（并且大于 0.01）则说明某件事情的发生至少有 95% 的把握。当 $p<0.01$ 或 $p<0.05$，则为说明水平显著。

相关性系数，是研究变量之间线性相关程度的量，用于说明两个变量之间是否存在相关关系，以及相关关系的紧密程度。分为 pearson 相关系数、spearman 相关系数。一般相关系数在 0.7 以上说明关系非常紧密；0.4～0.7 说明关系紧密；0.2～0.4 说明关系一般。

显著性水平回答的问题是他们之间是否有关系，说明得到的结果是不是偶然因素导致的（具有统计学意义）；相关系数回答的问题是相关程度强弱。

假如"$p<0.05$，相关系数 $R=0.279$"，这意味着二者之间确实（$p<0.05$）存在相关关系，而相关性为 0.279。

而如果"$p>0.05$ 相关系数 $R=0.799$"，则意味着二者之间相关性很强（$R=0.799$），而这个高相关的结果可能是偶然因素导致的，即不具有统计学意义。

上述关系的具体事例可参考表 2-12。

思政案例

社会规范和法规政策作用下的加密货币交易行为研究

（资料来源：龚永志，唐小飞，张恩忠. Humanities and Social Sciences Communications[J]. *Springer nature*，2022.）

表 2-12 变量相关性分析

变量	平均值（SD）	1	2	3	4	5	6	7	8	9	10
社会规范	4.3410（1.6020）										
法规政策	4.7990（1.6250）	−0.0160									
交易冲动	4.0320（1.6480）	0.4060**	−0.3910**								
主观知识	3.8700（1.4890）	−0.0030	0.1390**	−0.2840**							
客观知识	1.5370（0.4980）	−0.1030**	0.2010**	−0.3380**	0.3860**						
交易行为	4.3140（1.7360）	0.3960**	−0.1010**	0.4280**	−0.0330	−0.0980**					

续表

变量	平均值（SD）	1	2	3	4	5	6	7	8	9	10
性别	1.5170（05000）	0.1080**	0.0150	0.0300	0.0170	−0.0070	0.1220**				
年龄	4.2650（1.3830）	0.1630**	0.0400	0.1520**	0.0590	0.0720	0.1910**	0.0880*			
教育	2.9210（0.9550）	0.0650	0.2220**	−0.1020**	0.1180**	0.2620**	0.0120	0.0420	0.1040**		
理财支出	3.7570（1.2500）	0.1700**	0.2520**	0.0420	0.1210**	0.2470**	0.1610**	−0.0440	0.4280**	0.3600**	
理财经验	3.5460（1.2930）	0.1510**	0.2200**	0.0080	0.1170**	0.2590**	0.1200**	−0.0390	0.3740**	0.3290**	0.6770**

思考：
（1）请解释该表中的相关系统的相关指标含义；
（2）请说明该表中变量之间的相关关系。

2.4 方差分析

2.4.1 单因素方差分析

在试验中，把考察的指标称为试验指标，影响试验指标的条件称为因素。因素可分为两类，一类是人为可控的测量数据，如公平感知、情绪、价格等；另一类是不可控的随机因素，如测量误差，气象条件等。因素所处的状态称为因素的水平。如果在试验过程中，只有一个因素在改变，称为单因素试验。方差分析（analysis of variance，ANOVA）主要用于验证两组样本，或者两组以上的样本均值是否有显著性差异（是否一致）。

例如，在客户关系管理的研究中，调研人员从不同地区、不同酒店规模和不同星级酒店收集到了关于关系投资、价格促销、信任和情感等变量的测量数据。这时就需要做无差异性检验，用方差分析验证来自不同地区、不同规模和不同星级的酒店用户填答的数据是否存在显著的差异，如表 2-13 所示。如果 $p<0.05$，则说明存在显著差异，即来自不同地区、不同规模或不同星级的酒店数据需要分开做统计检验；如果 $p>0.05$，则说明不存在显著差异，这些数据可以合并在一起进行统计检验。

表 2-13 酒店地区分布、规模、星级构成对观测变量影响的方差分析

变量	差异来源	地区分布		酒店规模		酒店星级	
		F 值	p 值	F 值	p 值	F 值	p 值
关系投资	组间	0.048	0.953	2.378	0.068	0.360	0.782
价格促销	组间	1.102	0.333	2.276	0.078	3.228	0.022
信任	组间	0.327	0.721	2.144	0.093	1.869	0.133
情感	组间	0.491	0.612	2.992	0.058	0.761	0.516
价格敏感	组间	2.084	0.125	2.186	0.088	1.997	0.113
情感性承诺	组间	2.622	0.073	4.284	0.005	1.688	0.168
算计性承诺	组间	4.256	0.014	2.606	0.050	3.470	0.016

续表

变量	差异来源	地区分布		酒店规模		酒店星级	
		F值	p值	F值	p值	F值	p值
态度忠诚	组间	7.318	0.001	1.862	0.134	2.146	0.093
行为忠诚	组间	10.73	0.000	20.33	0.000	10.43	0.000
流失前满意	组间	5.165	0.006	2.263	0.080	0.871	0.455
购买份额	组间	0.235	0.791	2.180	0.089	0.828	0.478
赢回后满意	组间	0.354	0.702	0.077	0.973	2.548	0.055
购买份额	组间	0.821	0.440	0.215	0.886	1.156	0.326

（资料来源：西南交通大学博士论文唐小飞）

2.4.2 多因素方差分析

多因素方差分析，用于研究一个因变量是否受到多个自变量（也称因素）的影响，它用于检验多个因素取值水平的不同组合之间，因变量的均值之间是否存在显著的差异。多因素方差分析既可以分析单个因素的作用（主效应），也可以分析因素之间的交互作用（交互效应），还可以进行协方差分析，以及各个因素变量与协变量的交互作用。

根据观测变量（即因变量）的数目，可以把多因素方差分析分为：单变量多因素方差分析（也叫一元多因素方差分析）与多变量多因素方差分析（即多元多因素方差分析）。

一元多因素方差分析：只有一个因变量，考察多个自变量对该因变量的影响。

例如，分析创新参与动机"追求知识共创、追求网络社交和追求社群认同"对获得性印象的影响时，可将获得性印象作为观测变量，将追求知识共创、追求网络社交和追求社群认同作为控制变量。利用多因素方差分析方法，研究追求知识共创、追求网络社交和追求社群认同是如何影响获得性印象管理的。

通过 F 值看出，如果控制变量的不同水平对观测变量有显著影响，那观测变量的组间离差平方和就比较大，F 值也比较大；相反，如果控制变量的不同水平没有对观测变量造成显著影响，那组间离差平方和就比较小，F 值就比较小。

同时，SPSS 还会依据 F 值分布表给出相应的相伴概率值 sig。如果 sig 小于显著性水平（显著性水平一般设为 0.05、0.01，或者 0.001），则认为控制变量不同水平下各总体均值有显著差异，反之，则不然。

案例分析

（资料来源：本案例由李先伟研究助理整理编写）

现在有一销售公司的员工销售绩效表，想看一下员工性别 gender 与接受教育年限 edu 这两个控制变量对员工"当前销售绩效"的影响。采用多因素方差分析法，则要分别考虑 gender、edu 对"当前销售绩效"的影响，称为主效应，还要考虑 gender*edu 对"当前销售绩效"的影响，称为交互效应。

（1）分析步骤：将数据导入 SPSS 后，选择分析一般线性模型——单变量。

（2）将"当前销售绩效"选入因变量（也就是观测变量），将性别 gender 与受教育年限 edu 选入固定因子（也就是控制变量）。

（3）选择"单变量"的"模型"复选框，打开复选框后选择"全因子"选项，表示方差分析的模型包括所有因素的主效应，也包括因素之间的交互效应。然后单击"继续"按钮。

（4）打开"单变量"的"绘制"对话框，选择 gender 为横轴变量，选择 edu 为分线变量，单击"添加"按钮，即显示这两个因素变量的交互作用，即 gender*edu 这个交互作用变量。由于此例中 gender 只有两个水平，即男、女；而 edu 有多种水平。因此，如果主效应显著，则表明因素两种或多种水平之间存在显著性差异。事后可以继续对同一因素多个水平之间的均值差异进行比较，该过程称为多重比较。

但实际上，如果主效应和交互效应都达到显著，那么我们更关心在多因素交互作用下，因变量有什么影响。

因此，如果交互效应显著的话，通常需要进行简单效应检验。所谓简单效应检验，是指一个因素的水平在另一个因素的某个因素的某个水平上的效应。例如本例中，如果 gender 与 edu 之间存在显著的交互作用，我们可以检验当 gender 为"女"时，edu 的各个水平之间的差异，称为 edu 在"女"性水平上的简单效应；以及"男"性水平上 edu 各水平之间的差异，称为 edu 在"男"性水平上的简单效应。简单效应检验，实际上是把其中一个自变量固定在某一个特定的水平上，考察另一个自变量对因变量的影响。简单效应检验在 SPSS 里是用一个 MANOVA 命令来实现的。

同理，当我们检验 3 个自变量时，若这些自变量之间的交互作用显著，需要进行简单效应检验，即一个因素的水平在另两个因素的水平结合上的效应。也就是把两个因素固定在各自的某一个水平上，考察第三个因素对因变量的影响。也是用 MANOVA 命令来实现的。一般用 sig 值与我们设定的一个数值（0.05、0.01，或者 0.001）来比较，若 sig 值大于该数值，说明简单效应不显著；反之，若 sig 值小于该数值，说明简单效应显著。

这里我们再来理解一下交互作用，即两个或多个控制变量在各水平搭配下对观测变量的影响。如果一个控制因素所产生的效应在另一个控制因素的不同水平下有明显差异，则称该两个控制因素存在交互作用。

（5）打开"选项"对话框，将左边 3 个控制变量均移入右边"显示均值"，同时选中"描述统计"和"比较主效应"。

（6）单击"确定"按钮以后，就会在 SPSS 查看器里显示出结果。其中，最上面的那部分代码是我们所做的操作在 SPSS 里具体实现的步骤的代码。下面的表格是我们想要的结果，从表格里得出结论。

（7）从表 2-14 中的"主体间效应的检验"里，我们比较性别 gender、受教育程度 edu、及 gender*edu 交互作用的 F 值及 sig 值，看到 edu 的 F 值最大，sig 值最小，且 sig<0.05。而 gender 与 gender*edu 的 sig 值都大于 0.05，得出结论：gender 的主效应未达到显著，而 edu 的主效应达到显著，gender 与 edu 的交互效应未达到显著，就不需要进行简单效应检验。则该公司销售人员"受教育程度"对员工"销售绩效"的影响显著，而"性别"对"销售

绩效"的影响不明显。

（8）图 2-14 为均值分布图，即在两因素 edu 与 gender 的作用下，因变量销售绩效的均值分布情况。通常，若交互效应不显著时，图中的因素分布线均为平行线；若交互效应显著，图中的因素分布线不平行。此图中，将性别 gender 作为横轴变量，观察接受教育年限 edu 对因变量"销售绩效"的影响。

表 2-14 主体间效应的检验

因变量：当前工资

项目名称	III 型平方和	df	均方	F	Sig.
校正模型	1.791×10^{10}	13	1.377×10^9	2.255	0.063
截距	1.506×10^{11}	1	1.506×10^{11}	246.472	0.000
gender	1.588×10^9	1	1.588×10^9	2.600	0.126
edu	1.293×10^{10}	7	1.848×10^9	3.025	0.032
gender*edu	8.192×10^8	5	1.638×10^8	0.268	0.924
误差	9.775×10^9	16	6.109×10^8		
总计	2.840×10^{11}	30			
校正的总计	2.768×10^{10}	29			

a. $R^2 = 0.674$（调整 $R^2 = 0.360$）

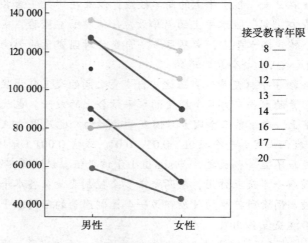

图 2-14 均值分布图

图 2-14 中得出结论：当受教育年限为 20 年，一般为研究生水平的时候，男女工资差别不大；受教育年限为 14 年，一般为专科生水平，男女工资差别不明显。但当受教育年限为 8 年、17 年的时候，男女工资差别尤其明显。

2.4.3 SPSSAU 结果指标解读

1. 方差分析结果

由表 2-15 可知，利用方差分析（全称为单因素方差分析）去研究不同区域各连锁店的推广投入对于不同连锁店的销售额的差异性，可以看出：不同连锁店的推广投入样本对于不同连锁店的销售额均呈现出显著性（$p<0.05$），这意味着不同连锁店的推广投入样本对于不同连锁店的销售额均有着差异性。

表 2-15　方差分析结果

	不同区域各连锁店的推广投入（平均值±标准差）				F	p
	1.0（$n=5$）	2.0（$n=5$）	3.0（$n=5$）	4.0（$n=5$）		
销售额	133.36±6.81	150.04±6.96	189.72±6.35	220.77±6.11	157.467	0.000**

$*p<0.05$、$**p<0.01$

补充说明：p 值有*说明有显著性差异；*说明 $p<0.05$；**说明 $p<0.01$。

2. 方差分析中间过程值

方差分析中间过程值由表 2-16 可知。

表 2-16　方差分析中间过程值

项	差异	平方和	自由度	均方	F	p 值
weight	组间	20538.698	3	6846.233	157.467	0.000
	组内	652.159	15	43.477		
	总计	21190.858	18			

方差分析用于研究差异，差异共由两部分组成，分别是组间平方和，组内平方和。
自由度：
组间自由度 $df1$ = 组别数量–1；该案例中组别为 4，组间自由度：4–1 = 3；
组内自由度 $df2$ = 样本量–组别数量；该案例中样本量为 19，组内自由度：19–4 = 15；
均方：
组间均方 = 组间平方和/组间自由度 $df1$；
组间均方 = 20538.698/3 = 6846.233；
组内均方 = 组内平方和/组内自由度 $df2$；
组内均方 = 652.159/15 = 43.477；
F 值 = 组间均方/组内均方；F 值 = 6846.233/43.477 = 157.467；
p 值是结合 F 值，$df1$ 和 $df2$ 计算得到。

3. 深入分析—效应量指标

偏 Eta 方（partial η^2）是一种效应量（effect size）度量方法，常用于方差分析（analysis of variance，ANOVA）中的主效应或交互效应的大小。具体来说（如表 2-17 所示），在一个方差分析模型中，偏 η^2 是指因某一个自变量而引起的方差解释比例，即该自变量对总方差的贡献程度。偏 Eta 方取值范围从 0 到 1，数值越大表示独立变量对因变量的影响越大。

表 2-17　深入分析—效应量指标

分析项	组间差	总离差	偏 η^2	Cohen's f 值
weight	20538.698	21190.858	0.969	5.612

偏 η^2 = SSB/SST；例：20538.698/21190.858 = 0.969；

Cohen's f 值是一种效应量度量方法，通常用于测量两个独立样本均值之间的差异大小，当 Cohen's f 值等于 0.25 时，视为小效应，等于 0.40 时，视为中等效应，等于 0.64 时，视为大效应。因此 Cohen's f 值越大越表明两个样本群体之间的差异越明显。

4. 事后多重比较

方差分析可用于多组数据的比较，如果不同水平下 X 对 Y 确实存在显著差异，此时还想进一步了解两两组别间数据的差异，可以使用事后多重比较。（SPSSAU 进阶方法→事后多重比较）事后检验的方法有多种，但功能均一致，只是在个别点或使用场景上有所区别。SPSSAU 进阶方法目前共提供 LSD、Scheffe、Tukey、Bonferroni 校正、Tamhane T2 常见的 5 种方法，其中 LSD 方法最常使用。5 种事后多重比较方法的区别，如表 2-18 所示。

表 2-18　5 种事后多重比较方法的区别

多重比较方法	适 用 场 景	其 他 说 明
LSD	使用最为广泛，检验效能高，对比组别较少时使用	对差异最为敏感
Scheffe	各组别的样本数量不相同时使用，检验效能高	相对较为保守
Tukey	各组别的样本数量相同时使用	各组别样本相同时使用
Bonferrnoi 校正	对比组别数量较少时使用	相对较为保守
Tamhane T2	如果方差不齐，但希望进行多重比较则使用此方法	方差不齐时使用

需要注意的是，事后多重比较是基于方差分析基础上进行的，因此首先要满足方差分析确实存在显著性差异，接着才能比较两两间的差异。如果本身只有两组数据做比较或者方差分析显示 P 值大于 0.05 各个组别之间没有差异性，则不需要进行事后检验。

2.4.5　疑难解惑

1. 方差不齐

方差不齐时可使用非参数检验，同时还可使用 welch 方差，或者 brown-forsythe 方差，非参数检验是避开方差齐问题；而 welch 方差或 brown-forsythe 方差是直面方差齐，即使在方差不齐时也保证结果比较稳健，welch 方差和 brown-forsythe 方差仅在计算公式上不一致，目的均是让方差不齐时结果也稳健，二者选择其中一种即可。

2. 方差分析结果中出现 null 值

如果说某类别的数据标准差为 0 为 **null** 值，此时进行方差分析或方差齐检验，使用 welch 方差或 brown-forsythe 方差时，均可能导致计算不出相关指标。建议分析前先使用数据处理的数据编码功能对组别进行合并，然后再进行分析。

2.5　回归分析法

在统计学中，回归分析（regression analysis）指的是确定两种或两种以上变量间相互依赖的定量关系的一种统计分析方法。回归分析按照涉及的变量的多少，分为一元回归分析和多元回归分析；按照因变量的多少，可分为简单回归分析和多重回归分析；按照自变量和因变量之间的关系类型，可分为线性回归分析和非线性回归分析。

在大数据分析中，回归分析是一种预测性的建模技术，它研究的是因变量（目标）和自变量（预测器）之间的关系。这种技术通常用于预测分析，时间序列模型及发现变量之间的因果关系。

例如，品牌与国家关联性是否会唤醒消费者的品牌政治联想，最好的研究方法就是线性回归分析。

2.5.1 线性回归分析

线性回归分析是一种研究 X 对于 Y 的影响关系的分析方法。在问卷研究中最为常见，多数情况下可以使用线性回归分析进行假设验证（如表 2-19 和表 2-20 所示）。

1. 指标解读

表 2-19 线性回归分析结果

	非标准化系数		标准化系数	t 值	p 值	VIF 值	R^2 值	调整 R^2 值	F 值
	B 值	标准误差	Beta 值						
常数	0.723	0.236	—	3.069	0.002**	—	0.509	0.504	102.055**
淘宝客服服务态度	0.505	0.067	0.482	7.538	0.000**	1.643			
淘宝商家服务质量	0.312	0.066	0.304	4.754	0.000**	1.643			

因变量：淘宝忠诚度

*$p<0.05$、**$p<0.01$

表 2-20 回归分析结果术语说明

编号	术语	说 明
1	B 值	回归系数值，p 值小于 0.05 时有意义；B 值大于 0 说明有正向影响，反之为负向影响
2	标准误值	中间计算值，表示 B 值的波动情况
3	Beta 值	标准化的回归系数值，由于变量数据的单位可能存在不一致的情况（比如身高单位用 m 或 cm 表示），为了使变量单位统一，结果更精确，需要对数据进行标准化
4	t 值	计算中间值，用于计算 p 值，不需要单独分析
5	p 值	判断分析项是否呈现出显著性
6	VIF 值	判断共线性问题，该值小于 5 说明无共线性，反之若 VIF 大于 10 说明模型构建较差
7	R^2 值	说明分析项 X 对 Y 的解释力度，如 R^2 为 0.3，则说明所有 X 可以解释 Y 30%的变化原因
8	调整 R^2 值	在多元线性回归中，当 X 个数增多时，R^2 值一定会提高，引入调整 R^2 就是为了控制这种情况，更准确地反映拟合程度。一元线性回归可以忽略此值
9	F 值	判断是否所有 X 中至少一个对 Y 产生影响，无*号说明所有 X 对 Y 都无影响，有*号说明至少 1 个 X 对 Y 有影响

2. 分析步骤

线性回归分析步骤，如图 2-15 所示。

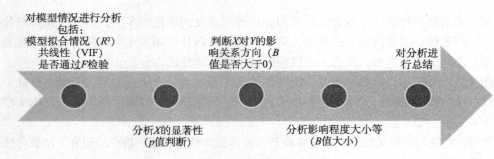

图 2-15 线性回归分析步骤

首先，分析模型拟合情况，即通过 R^2 值分析模型拟合情况，以及对 VIF 值进行分析，判断模型是否存在共线性问题；

其次，分析 X 的显著性，如果呈现出显著性（p 值小于 0.05 或 0.01）；则说明 X 对 Y 有影响关系，接着具体分析影响关系方向；

再次，结合回归系数 β 值，对比分析 X 对 Y 的影响程度（可选）；

最后，对分析进行总结。

2.5.2 Logistic 回归分析

Logistic 回归分析也用于研究影响关系，即 X 对于 Y 的影响情况，此处涉及的 Y 值是定类数据。其与线性回归分析区别在于，线性回归分析的因变量 Y 属于定量数据，而 Logistic 回归分析的因变量 Y 属于分类数据。

1. Logistic 回归分类

结合 Y 值的具体情况，Logistic 回归分析共分为 3 种，分别是二元 Logistic 回归分析，多元无序 Logistic 回归分析和多元有序 Logistic 回归分析。分析类型如表 2-21 所示。

表 2-21 Logistic 回归分析类型

Logistic 回归分析类型	因变量 Y 值选项举例	说明
二元 Logistic 回归分析	有和无，愿意和不愿意	定类数据，并且仅为两类
多元无序 Logistic 回归分析	一线城市，二线城市和三线城市	定类数据，并且超过两类，类别之间没有对比意义
多元有序 Logistic 回归分析	不愿意，无所谓，愿意	定类数据，并且超过两类，类别之间具有对比意义

在问卷研究中，二元 Logistic 回归分析的使用频率最高，该方法简单易懂，多元无序 Logistic 回归分析，以及多元有序 Logistic 回归分析相对较为复杂，并且在具体分析时较难描述和理解。

2. 指标解读

本部分仅对二元 Logistic 回归分析指标进行说明（如表 2-22 和表 2-23 所示）。

表 2-22 模型似然比检验结果

似然比卡方值	df	p	AIC	BIC
10.657	3	0.014	232.015	244.982

表 2-23 模型似然比检验结果术语说明

编号	术语	说明
1	似然比卡方值	计算过程值,用于计算 p 值
2	df	计算过程值,用于计算 p 值
3	p 值	判断分析项是否呈现出显著性
4	AIC	用于多次分析时的对比,可对比 AIC 和 BIC 值的变化情况,此两值越低越好
5	BIC	用于多次分析时的对比,可对比 AIC 和 BIC 值的变化情况,此两值越低越好

说明:

第一,首先对 P 值进行分析,如果该值小于 0.05,则说明模型有效;反之则说明模型无效;

第二,AIC 和 BIC 值用于多次分析时的对比;此两值越低越好;如果多次进行分析,可对比此两个值的变化情况,综合说明模型构建的优化过程;

第三,其余指标为中间计算过程值,基本无意义。

二元 Logistic 回归分析结果汇总,如表 2-24 所示。

表 2-24 二元 Logistic 回归分析结果汇总

项	回归系数	标准误差	z 值	p 值	OR 值	OR 值 95% CI(下限)	OR 值 95% CI(上限)
产妇体重	0.011	0.006	1.795	0.073	1.011	0.999	1.023
产妇年龄	0.037	0.032	1.129	2.259	1.037	0.973	1.105
产妇在妊	0.667	0.325	2.051	0.04	1.948	1.03	3.682
截距	−1.8.8	0.997	−1.823	0.068	0.162	0.023	1.146

因变量 Y:低出生体重儿

pseudo R^2: 0.045

表 2-25 用于研究 X 对于 Y 的影响关系情况,表格中有意义的指标信息包括:p 值,回归系数,OR 值和 pseudo R^2。其他指标包括标准误差,z 值,95% 的 CI 值意义相对较小。

表 2-25 二元 Logistic 回归分析结果术语说明

编号	术语	说明
1	项	分析项名称
2	回归系数	回归系数值,p 值小于 0.05 时有意义
3	标准误差	用于计算 p 值,表示波动程度
4	z 值	计算中间值,用于计算 p 值
5	p 值	判断分析项是否呈现出显著性
6	OR 值	比值比或优势比,比如上图意味着产妇体重增加一个单位时,低出生体重儿幅度增加 1.011 倍

编号	术语	说明
7	OR 值 95% CI（下限）	指 OR 值有 95%的可能落在这个范围中，其中范围的下限值即 OR 值 95%CI 下限
8	OR 值 95% CI（上限）	指 OR 值有 95%的可能落在这个范围中，其中范围的下限值即 OR 值 95%CI 上限
9	pseudo R^2	说明分析项 X 对 Y 的解释力度

3. 二元 Logistic 分析的步骤

第一，对模型整体情况进行说明，如对 R^2 值进行描述，以及列出模型公式；

第二，逐一分析 X 对于 Y 的影响情况；如果 X 对应的 p 值小于 0.05 则说明 X 会对 Y 产生影响关系，此时可结合 OR 值进一步分析影响幅度。

第三，总结分析结果。

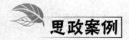
思政案例

社会规范和法规政策作用下的加密货币交易行为研究

（资料来源：龚永志，唐小飞，张恩忠. Humanities and Social Sciences Communications[J]. Springer nature，2022.）

1. 社会规范、法规政策与交易行为的多元线性回归

在充分的测量模型和较低的共线性水平的基础上，本研究控制了理财经验、理财支出、性别、年龄、教育等相关因素，构建了社会规范和法规政策与交易行为之间的关系模型。对模型进行主效应检验，即考查社会规范和法规政策对交易行为的影响。利用 SPSS25 统计软件，研究采用多元线性回归模型来检验概念模型中自变量（社会规范和法规政策）与因变量（交易行为）之间的关系。实验结果表明（表 2-26），研究模型较好地解释了自变量对因变量的影响[F（7719）= 25.17，p<0.01，R^2 = 0.20]，且社会规范对交易行为具有显著的正向促进作用（β = 0.35，p<0.01），而法规政策对交易行为具有显著的负向抑制作用（β = −0.12，p<0.01）。因此，H1 和 H2 得到验证。

表 2-26　社会规范、法规政策与交易行为的多元线性回归

变量	非标准化 β	标准误差	标准化 β	t	p	VIF
常数项	1.9650	0.3420		5.7520	0.0000	
自变量						
社会规范	0.3840	0.0370	0.3540	10.3030	0.0000	1.0580
法规政策	−0.1280	0.0380	−0.1200	−3.4150	0.0010	1.1060
控制变量						
理财经验	0.0020	0.0620	0.0020	0.0390	0.9690	1.9250
理财支出	0.1520	0.0680	0.1100	2.2460	0.0250	2.1290
性别	0.2940	0.1180	0.0850	2.4860	0.0130	1.0360
年龄	0.1100	0.0480	0.0870	2.3030	0.0220	1.2880

续表

变量	非标准化 β	标准误差	标准化 β	t	p	VIF
教育	−0.0660	0.0670	−0.0370	−0.9980	0.3190	1.2000
R^2	0.1970					
F 值	25.1720					
结果变量：交易行为						

2. 交易冲动间接促进交易行为的 Bootstrap 检验

当考虑自变量 X 对因变量 Y 的影响时，如果 X 通过影响变量 M 来影响 Y，则称 M 为中介变量（mediator 或 mediating variable）（Judd and Kenny，1981；Baron and Kenny，1986）。X 通过中介变量 M 对 Y 产生的影响就是中介效应（mediation effect）。因此，在从自变量 X 到因变量 Y 的因果路径中，中介变量处于中间位置。也可以说，中介变量传递了自变量对因变量的效应。并且，中介关系也暗示了变量在时间上的先后顺序，即 X 的发生先于 M，而 M 的发生又先于 Y。

为进一步探索社会规范、法规政策、交易冲动和交易行为之间的关系及可能的作用机制，本文采用偏差校正的百分位 Bootstrap 法，以构建并检验中介效应模型。采用 Process 宏分析，研究的置信度设定为 95%，样本量选择 5000。中介检验结果表明（见表 2-27 和表 2-28），在控制了理财经验、理财支出、性别、年龄、教育等相关因素后，社会规范显著地促进了交易者的交易冲动（模型 1，$\beta=0.41$，$p<0.01$）。社会规范对交易行为的直接效应值为 0.25，置信区间是[0.18,0.33]，不包含 0，说明社会规范对交易行为有显著的正向影响；同时社会规范对交易行为的间接效应值为 0.14，置信区间为[0.10,0.18]，不包含 0，因此交易冲动在社会规范和交易行为之间起部分中介作用。另外，法规政策对交易者的交易冲动具有显著的抑制作用（模型 2，$\beta=-0.41$，$p<0.01$）。法规政策对交易行为的直接效应值为 0.03，置信区间是[−0.05, 0.11]，包含了 0，说明在交易冲动的作用下，法规政策对交易行为没有显著的直接影响；但间接效应值为−0.19，置信区间为[−0.23, −0.14]，不包含 0，表明法规政策对交易行为的影响被交易冲动全部介导，因此交易冲动在法规政策与交易行为之间起完全中介作用。综上所述，H3 得到验证。

表 2-27　交易冲动中介效应（Bootstrap）检验

变量	模型 1		模型 2	
	非标准化 β	p	非标准化 β	p
常数项	2.5850 (0.3020)	0.0000	5.0080 (0.3090)	0.0000
自变量				
社会规范	0.4160 (0.0350)	0.0000		
法规政策			−0.4170 (0.0360)	0.0000
控制变量				
理财经验	−0.0830 (0.0590)	0.1620	−0.0110 (0.0590)	0.8530

续表

变量	模型 1		模型 2	
	非标准化 β	p	非标准化 β	p
理财支出	0.0110 (0.0640)	0.8630	0.1650 (0.0640)	0.0110
性别	−0.0710 (0.1120)	0.5280	0.1090 (0.1120)	0.3290
年龄	0.1440 (0.0450)	0.0010	0.1460 (0.0450)	0.0010
教育	−0.2110 (0.0630)	0.0010	−0.1160 (0.0630)	0.0670
R^2	0.1940		0.1930	
F 值	28.9010	0.0000	28.6170	0.0000

结果变量：交易冲动

注：括号内为标准误差

表 2-28　交易冲动中介效应（Bootstrap）检验

路径	效应值	标准误	95%置信区间	
社会规范→交易行为	0.2530	0.0390	0.1770	0.3290
社会规范→交易冲动→交易行为	0.1390	0.0220	0.0970	0.1840
法规政策→交易行为	0.0330	0.0400	−0.0460	0.1120
法规政策→交易冲动→交易行为	−0.1860	0.0240	−0.2320	−0.1400

3. 后悔情绪的调节效应检验

根据用户是否交易加密货币，本文将样本对象划分为交易过加密货币的群体和未交易过加密货币的群体，并利用 Bootstrap 法分别检验有作为后悔和无作为后悔的调节效应，见表 2-29。鉴于后悔情绪是一个连续变量，因此在进行调节效应的检验时，本文对所涉相关连续变量都进行了中心化处理，以减少共线性问题。在控制了理财经验、理财支出、性别、年龄、教育等其余相关因素后，研究分别检验了有作为后悔在社会规范与交易冲动（模型 1）、法规政策与交易冲动（模型 2）之间的调节作用，以及无作为后悔在社会规范与交易冲动（模型 3）、法规政策与交易冲动（模型 4）之间的调节作用。

表 2-29　后悔情绪在社会规范、法规政策与交易冲动间的调节效应检验

变量	模型 1	模型 2	模型 3	模型 4
常数项	4.8950*** (0.4000)	4.0830*** (0.4120)	2.9770*** (0.3540)	2.5130*** (0.3800)
自变量				
社会规范	0.1750*** (0.0520)		0.4960*** (0.0420)	
法规政策		−0.2650*** (0.4450)		−0.3710*** (0.0480)
调节变量				
有作为后悔	−0.5730*** (0.0490)	−0.4910*** (0.0510)		

续表

变量	模型1	模型2	模型3	模型4
无作为后悔			0.2250*** (0.0460)	0.1980*** (0.0490)
交互项				
有作为后悔×社会规范	−0.2040*** (0.0340)			
有作为后悔×法规政策		−0.0580* (0.0270)		
无作为后悔×社会规范			0.0840*** (0.0240)	
无作为后悔×法规政策				0.1040*** (0.0280)
控制变量				
理财经验	−0.2030** (0.0690)	−0.1810* (0.0710)	0.0830 (0.0770)	0.0720 (0.0820)
理财支出	0.0220 (0.0820)	0.0280 (0.0830)	0.0240 (0.0780)	0.1820* (0.0840)
性别	−0.0190 (0.1370)	0.1490 (0.1380)	0.1140 (0.1370)	0.0990 (0.1470)
年龄	0.1080 (0.0580)	0.1150* (0.0580)	0.1410** (0.0540)	0.1670** (0.0580)
教育	−0.1060 (0.0790)	0.0330 (0.0790)	−0.1150 (0.0780)	−0.1400 (0.0830)
R^2	0.4250	0.4120	0.3820	0.2900
F值	29.3320***	27.7120***	30.2600***	20.0320***

结果变量：交易冲动

注：$^*p<0.05$，$^{**}p<0.01$，$^{***}p<0.001$，括号内为标准误差

如表2-29所示，对于交易过加密货币的群体，模型1中社会规范对交易冲动具有显著的正向促进作用（$\beta=0.18$，$p<0.01$），而社会规范与有作为后悔的交互项却显著地抑制了用户的交易冲动（$\beta=-0.20$，$p<0.01$），表明有作为后悔在社会规范与交易冲动间起反向调节作用。简单斜率分析显示，交易者的有作为后悔情绪越低，社会规范对交易冲动的正向影响斜率就更大[图2-16（a）]。模型2中法规政策交易冲动具有显著的负向抑制作用（$\beta=-0.27$，$p<0.01$），而法规政策与有作为后悔的交互项对于交易冲动同样起到抑制效果（$\beta=-0.06$，$p<0.05$），表明有作为后悔在法规政策与交易冲动间起正向调节。简单斜率分析表明，对于交易冲动而言，相较于有作为后悔情绪较低的情况，法规政策对其负向影响的斜率在高有作为后悔的情况下变得更为陡峭[图2-16（b）]。以上结果与假设一致，H4a得到验证。

对于未交易加密货币的群体，模型3中社会规范对交易冲动具有显著的正向影响（$\beta=0.50$，$p<0.01$），而社会规范与无作为后悔的交互项对于交易冲动同样起到增强作用（$\beta=0.08$，$p<0.01$），说明无作为后悔在社会规范与交易冲动间正向调节作用。通过简单斜率分析得到进一步证实，相对于较低的无作为后悔情绪，社会规范对交易冲动的正向影响斜率在较高的无作为后悔情绪中变得更为陡峭[图2-16（c）]。模型4中法规政策对交易冲动具

有显著的负向影响（$\beta=-0.37$，$p<0.01$），而法规政策与无作为后悔的交互项却显著地增强了交易冲动（$\beta=0.10$，$p<0.01$），意味着无作为后悔在法规政策与交易冲动间具有反向调节作用。简单斜率分析表明，相较于低无作为后悔情绪，法规政策对交易冲动的负向影响斜率在高无作为后悔情绪下明显变大[图2-16（d）]。以上结果与假设一致，H4b得以验证。

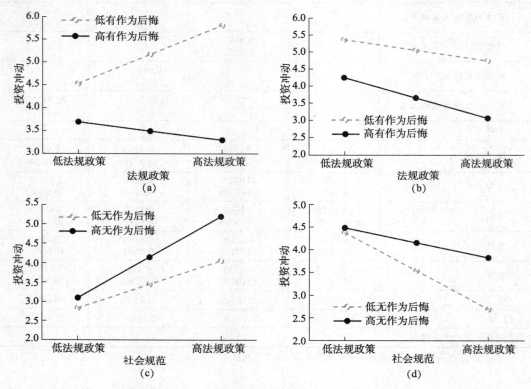

图2-16 后悔情绪调节效应的简单斜率分析（上图所有坐标均圆点为0）

4. 加密货币知识的调节效应检验

根据以往研究，本文将交易者的加密货币知识划分为了主观知识和客观知识，同样利用 Bootstrap 法分别检验主观知识和客观知识的调节效应，如表2-30所示。在研究调查中，主观知识是一个连续变量，因此在进行调节效应的检验时，本文对所涉相关连续变量进行中心化处理，以减少共线性问题。在考虑相关控制变量的基础上，分别检验主观知识在社会规范与交易冲动（模型1），法规政策与交易冲动（模型2）之间的调节作用。鉴于客观知识的调查是以判断正误的方式进行的，因此本文以调查对象判断正确的题数为依据，将个人的客观知识进行高低划分。在与加密货币相关的10道客观判断题中，判断正确的题数为5道以下的用户为低客观知识群体，并将其编码为1；判断正确的题数为5道及以上的用户为高客观知识群体，并将其编码为2。随后，研究将编码的客观知识处理成为虚拟变量，并以虚拟化的"低客观知识"为基准组，将虚拟化的"高客观知识"作为最终的调节变量。在控制相关变量后，分别检验客观知识在社会规范与交易冲动（模型3），法规政策与交易冲动（模型4）之间的调节作用。

表 2-30　加密货币知识在社会规范、法规政策与交易冲动间的调节效应检验

变量	模型 1	模型 2	模型 3	模型 4
常数项	3.9310*** (0.2700)	2.9150*** (0.2770)	1.8820*** (0.3480)	4.1600*** (0.3570)
自变量				
社会规范	0.4290*** (0.0320)		0.5170*** (0.0500)	
法规政策		−0.3560*** (0.0340)		−0.2310*** (0.0550)
调节变量				
主观知识	−0.2970*** (0.0340)	−0.2330*** (0.0360)		
客观知识			0.1750 (0.3070)	0.0550 (0.3370)
交互项				
主观知识×社会规范	−0.1740*** (0.0200)			
主观知识×法规政策		−0.1450*** (0.0220)		
客观知识×社会规范			−0.2690*** (0.0660)	
客观知识×法规政策				−0.2350*** (0.0690)
控制变量				
理财经验	−0.0350 (0.0540)	−0.0100 (0.0550)	−0.0090 (0.0560)	0.0630 (0.0560)
理财支出	0.0230 (0.0580)	0.1750** (0.0600)	0.0590 (0.0600)	0.1880** (0.0600)
性别	0.0010 (0.1020)	0.1140 (0.1050)	−0.0150 (0.1060)	0.1090 (0.1050)
年龄	0.1420*** (0.0410)	0.1440*** (0.0420)	0.1310** (0.0430)	0.1270** (0.0420)
教育	−0.1600** (0.0570)	−0.0830 (0.0590)	−0.1060 (0.0600)	−0.0130 (0.0600)
R^2	0.3350	0.2950	0.2870	0.2900
F 值	45.2040***	37.6200***	36.1820***	36.6650***

结果变量：交易冲动

注：*$p<0.05$，**$p<0.01$，***$p<0.001$，括号内为标准误差

如表 2-30 所示，对于主观知识，模型 1 中社会规范对交易冲动具有显著的正向促进作用（$\beta=0.43$，$p<0.01$），而社会规范与主观知识的交互项却显著地抑制了用户的交易冲动（$\beta=-0.17$，$p<0.01$），表明主观知识在社会规范与交易冲动间起反向调节作用。简单斜率分析显示，相较于低主观知识群体，社会规范对交易冲动的正向影响斜率在高主观知识群体中明显变小[如图 2-17（a）]。模型 2 中法规政策交易冲动具有显著的负向抑制作用（$\beta=-0.36$，$p<0.01$），而法规政策与主观知识的交互项对于交易冲动同样起到抑制效果（$\beta=-0.15$，$p<0.01$），表明主观知识在法规政策与交易冲动间起正向调节作用。简单斜率分析表明，对于交易冲动而言，相较于主观知识较低的情况，法规政策对其负向影响的斜率在高

主观知识情况下变得更为陡峭[图2-17(b)]。以上结果与假设恰好相反，H5a没有得到验证。

对于客观知识，模型3中社会规范对交易冲动具有显著的正向影响（$\beta=0.52$, $p<0.01$），而社会规范与客观知识的交互项却抑制了用户的交易冲动（$\beta=-0.27$, $p<0.01$），说明客观知识在社会规范与交易冲动间起反向调节作用。通过简单斜率分析得到进一步证实，相较于低客观知识用户，社会规范对交易冲动的正向影响斜率在高客观知识用户中变得更为平坦[图2-17(c)]。模型4中法规政策对交易冲动具有显著的负向影响（$\beta=-0.23$, $p<0.01$），而法规政策与客观知识的交互项同样负向抑制了交易冲动（$\beta=-0.24$, $p<0.01$），意味着客观知识在法规政策与交易冲动间具有正向调节作用。简单斜率分析表明，相较于低客观知识的情况，法规政策对交易冲动的负向影响斜率在高客观知识情况下明显变小[图2-17(d)]。以上结果与假设一致，H5b得以验证。

此外，简单斜率分析还进一步表明，相较于客观知识，主观知识在社会规范、法规政策与交易冲动间的调节作用更强。因为社会规范对交易冲动的正向影响斜率在高主观知识（而不是高客观知识）的情况下变化更大也更为平坦；同样法规政策对交易冲动的负向影响斜率在高主观知识（而不是高客观知识）的情况下变化更大更为陡峭。

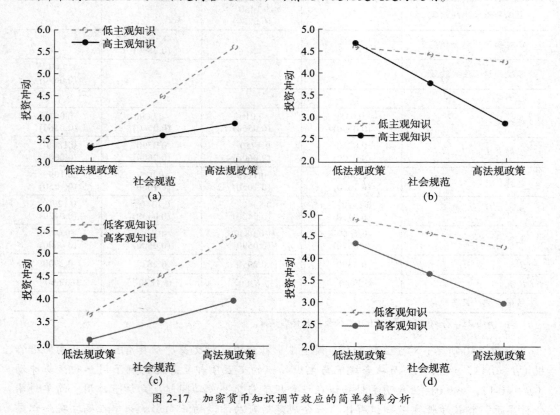

图2-17 加密货币知识调节效应的简单斜率分析

5. 政策启示

法律法规和社会舆论两手抓，既要做到立法于有形，又要做到监管于无形。一方面，政府需要加强和完善加密货币相关的法律法规，实现监管硬着陆。同时也需要对其他相关法律进行同步的修改和完善，如《金融法》《消费者权益保护法》等，尽快将加密货币的违法行为写进法律，做到有法可依、有法必依、执法必严、违法必究。此外，政府也可以组织举办相关的法律讲座，宣传普及最新的法规政策。另一方面，政府还需要在加密货币信息传播方面进行必要的控制，特别是网络信息的传播，引导舆论风向，实现监管软着陆。尽管政府在法律法规上对加密货币作出了定性措施，却很少阻止加密货币信息的在线传播。一些交易者甚至在网络论坛、社区等平台传授交易经验、鼓吹交易行为。这不免使得一些潜在对象在接触到这些信息后，产生冲动交易加密货币的行为。因此，政府可以要求在线论坛、社区等平台平台对加密货币相关话题或关键词等进行选择性屏蔽，为"币圈"降温，取而代之的是加密货币监管的信息，这对于防止冲动交易是必要的。

普及和加强加密货币知识教育，增强国民财务素养。低知识水平的用户愿意追求高风险交易，因此拥有较低加密货币知识水平的人则对加密货币表现出较强的交易冲动，从而产生了加密货币冲动交易行为。缺乏加密货币知识的冲动交易行为应该受到严格监督和管理。针对交易者自身加密货币知识水平较低的问题，政府应该做的是宣传普及加密货币的相关原理和知识，以及其与其他金融工具的本质区别，以此提高交易者的主客观知识。例如，线上可以通过新媒体制作科普讲解视频，线下可以定期举办相关教育讲座等，宣传普及加密货币知识。随着加密货币知识水平的提高，交易者才能成功地减弱外界诱惑所带来的冲动欲望，并努力保持自身的理性。

2.6 对应分析

对应分析是一种多元统计分析技术，是主要分析定性数据的方法，是强有力的数据图示化技术，也是强有力的市场研究分析技术。

2.6.1 对应分析提供的信息

（1）变量之间的信息；
（2）样本之间的信息；
（3）变量与样本之间的信息。

上述 3 方面信息都可以通过二维图呈现出来，对两个分类变量进行的对应分析称为简单对应分析；对两个以上的分类变量进行的对应分析称为多重对应分析。

2.6.2 对应分析的基本思想

该方法的基本思想就是将一个列联表的行和列中各元素的比例结构以点的形式在较低维的空间中表示出来。即对应分析将变量及变量之间的联系同时反映在一张二维或三维的散点图上，使联系密切的类别点较集中，联系疏远的类别点较分散；通过观察对应分布图就能直观地把握变量类别之间的联系。

从对应图 2-18 中可以推断出下面一些结论：
（1）已婚有孩子、家用车和中型车相关性较大；

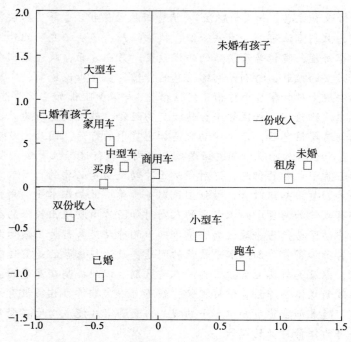

图 2-18 对应分析散点图示例

（2）已婚和双份收入有联系，已婚、已婚有孩子和买房也有一定的联系；

（3）未婚、一份收入和租房之间关系紧密；

（4）跑车与小型车之间也有关系。

根据上面的结论，我们在进行市场细分、制定营销战略方面可以充分利用这些信息。例如，面向已婚家庭应重点推销中型家用车。而那些未婚、一份收入、租房的消费者，由于其经济条件方面的原因，他们难以成为轿车消费的目标顾客群。另外现没有适合双份收入、已婚的消费者的车型，应考虑开发新车型满足他们的需求。

从这个例子可以看出，对应分析的一大特点就是它可以在一张二维图上同时表示出属性变量的各种状态，以直观地描述原始数据结构。

2.6.3 对应分析主要应用领域

概念发展（concept development）
新产品开发（new product development）
市场细分（market segmentation）
竞争分析（competitive analysis）
广告研究（advertisement research）
对应分析主要用来回答以下问题：
（1）谁是我的用户？
（2）还有谁是我的用户？
（3）谁是我竞争对手的用户？

（4）相对于我的竞争对手的产品，我的产品如何定位？
（5）与竞争对手有何差异？
（6）我还应该开发哪些新产品？
（7）对于我的新产品而言，我应该将目标指向哪些消费者？

2.6.4 解读方法

1. 总体观察

我们从图 2-19 中左右分布可以看出，左边全部是男性（M），右边全部是女性（F），说明男女分布情况有显著差异；在横轴中线上方都是年龄结构偏大的，下方都是年龄结构偏小的，说明年龄分布也存在显著差异；这样就一目了然地回答了"谁是我的用户""还有谁是我的用户"两个问题。

2. 观察邻近区域

我们从图 2-19 可以看出，年龄结构偏大的男性比较喜欢高度白酒，年龄结构偏小的男性喜欢啤酒和低度白酒；年龄结构偏大的女性比较喜欢红酒，年龄结构偏小的女性比较喜欢果酒。

3. 向量分析——偏好排序

我们可以从中心向任意点连线做向量，例如从中心向低度白酒作向量，然后让所有的人往这条向量及延长线上作垂线，垂点越靠近向量正向的表示越偏好这种产品。

注意：是垂点到低度白酒正向排名，从图 2-19 中我们可以看出，偏好低度白酒的人依次是 M15、M30、M45、M60、M80、F15 等；依次类推，我们还可以从中心以任意一产品作垂线，排出每种产品选择人群的偏好次序；当然，你也可以从中心往所有的人的点连线做向量，得到每一类人在选择 6 种产品上的偏好排名（图 2-20）。

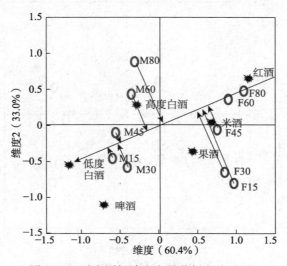

图 2-19 对应图解读之向量分析方法（1）

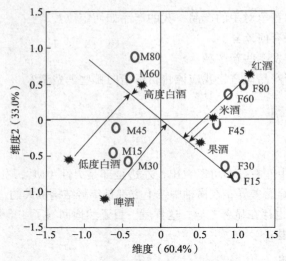

图 2-20　对应图解读之向量分析方法（2）

比如，你是否可以看出，F15 年轻的女性对 6 个 "品牌" 的偏好差别吗？

4. 向量的夹角——余弦定理

接着，我们可以从向量夹角的角度看不同方法或不同人之间的相似情况，从余弦定理的角度看相似性，如图 2-21 所示。

从图 2-21 中可以看出，当我们从中心向任意两个点（相同类别）作向量的时候，夹角是锐角的话表示两个产品具有相似性，锐角越小越相似；也就是说，低度白酒和啤酒是相似品牌，当然也是竞争品牌，也具有替代性；我们也看出 F15 和 F30 的偏好比较相似，但 F15 与 M80 就有非常大的差异，从中心向 F15 与 M80 作向量，夹角几乎是平角。

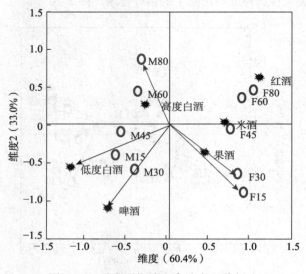

图 2-21　对应图解读之余弦定理分析法

5. 观察中心距离

如果是识别品牌的辨识度，那么越靠近中心，越没有特征，越远离中心，说明特征越明显。从图 2-22 中我们看到，有些点远离中心，有些点靠近中心，这说明什么呢？从几何空间的角度来说，如果我对每个人都一样好，在规范图上我就应该站在大家的中心；这说明越靠近中心的点，越没有差异，越远离中心特征越明显。也就是说，如果听到一群人正在喝果酒，你可能就会想到是不是一群年轻女子的聚会。

注意：没有差异并不代表不重要，只是没有差异，因为统计的技术是研究差异的技术，差异越大往往重要性就越大。

从品牌角度思考，说明越远离中心的品牌，消费者越容易识别，说明品牌特征（特色、特点）明显；越靠近中心的品牌，消费者越不易识别，也说明你的品牌定位没有显著可识别的特征，没有差异认知。

6. 坐标轴定义和象限分析

从对应分析图可以看到，第一维度解释了列联表的 60.4%，第二维度解释了列联表的 33.0%，说明在两个维度上数据的有效性为 93.4%，这是比较理想的结果。

同时，从对应分析图也可以看到，落在第四象限的果酒是年轻女性喜欢的产品，如图 2-22 所示。

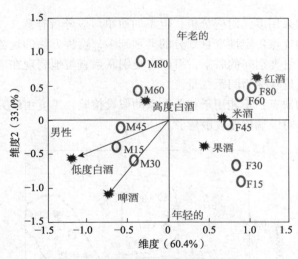

图 2-22 对应图解读之象限分析法

7. 产品定位：理想点与反理想点模型

我们可以在图 2-23 中以果酒为定位点，以果酒为圆心，以它的利益为半径画圆，那么我们可以得出这样的结论：越先圈进来的人就是最喜欢这个品牌的消费群，越先圈进来的产品也越可能是竞争品牌；当然，你也可以以某类人作为圆心，同理解读；如果果酒是市场不存在的，在调查中可以设定为理想点，这样我们就可以得到理想点模型，同理也可以得到反理想点模型。

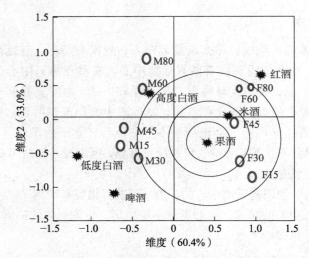

图 2-23　对应图解读之产品定位分析法

8. 市场细分和定位

最后，研究人员可以根据前面的分析和自身市场状况，进行市场细分，找到目标消费群，然后定位进行分析，最终选择不同的目标市场制定有针对性的营销策略和市场投放，如图 2-24 所示。

我们也可以尝试采用多元对应分析，但不如简单对应分析有意义。

简单对应分析的优点：定性变量划分的类别越多，这种方法的优势越明显，可以揭示行变量类别间与列变量类别间的联系，可以将类别联系直观地表现在二维图形中，还可以将名义变量或次序变量转变为间距变量。

简单对应分析的缺点：不能用于相关关系的假设检验，维度由研究者决定，有时候对应图解读比较困难，对极端值比较敏感。

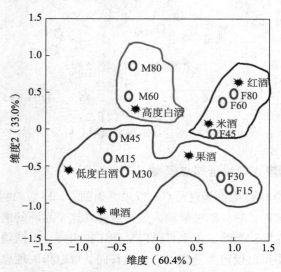

图 2-24　对应图解读之市场细分和定位分析

2.7 t 检 验

2.7.1 关于 t 检验

用 t 分布理论来推论差异发生的概率,从而比较两个平均数的差异是否显著。

t 检验的前提:

(1)来自正态分布总体;

(2)随机样本;

(3)均值比较时,要求两个样本总体方差相等,即具有方差齐性。

理论上,即使样本量很小,也可以进行 t 检验(如样本量为 10,一些学者声称甚至更小的样本也行),只要每组中变量呈正态分布,两组方差不会明显不同。

t 检验的类型主要有以下几种。

(1)单样本 t 检验。常用于样本均值与总体均值的比较。

(2)独立样本 t 检验。常用于两个独立样本之间均值的比较。

(3)配对样本 t 检验。常用于在某种程度上相关的两个样本之间均值的比较。这个某种程度相关,主要包括两种形式:同一样本在不同时刻产生的结果(比如同一个活动页采用前后采用两种引流策略)和两个紧密联系的样本分别测量产生的结果(比如双胞胎的 IQ 测试)。

2.7.2 如何判断 t 值显不显著

判断 t 值是否显著,实际上不是看 t 值,而是看后面的 sig 的大小,也就是我们经常说的 p 值,p 值的两个常用检验标准是 0.05 和 0.01,分别表示 p 值大于 0.05 时不显著,p 值小于或等于 0.05 时显著,p 值小于或等于 0.01 时非常显著。

至于 t 值有些时候是负值也是正常的,说明你的平均数比常模要小(回想一下 t 值的计算公式就明白了)。

2.7.3 怎么判断是否通过 t 检验

一般情况下,在 t 检验中,t 值大于 2 即可判断通过了显著性检验,p 值小于 0.05。

2.7.4 t 检验的操作步骤

(1)第一步:我们打开电脑上的 SPSS 软件,导入检验数据。

(2)单击分析菜单下的比较均值,选择 t 检验的方法,包括均值、单样本 t 检验、独立样本 t 检验、配对 t 检验等。

(3)根据指示,选择检验变量,输入检验值。

(4)单击选项按钮,输入置信区间百分比(比如,95%)。

(5)单击确定,得出 t 检验的结果分析数据。

赢回策略对消费者购买行为影响的实证研究

（资料来源：唐小飞，周庭锐，贾建民. CRM 赢回策略对消费者购买行为影响的实证研究[J]. 南开管理评论，2009, 64(1): 57-64.）

一直以来，营销学界都把客户关系管理的重点放在如何获得新顾客和维持现有顾客上，而赢回流失顾客管理工作的重要性却长久地被忽视。为了证明失而复得的顾客的重要价值，作者把顾客在流失前和赢回后两个不同阶段的满意度和购买份额作对比分析，结果发现，赢回后的顾客满意度和购买份额较流失前显著增加，用关系投资或价格促销策略赢回来的顾客满意度和购买份额，较被关系投资或价格促销吸引来的新顾客满意度和购买份额显著提高。流失前，顾客满意度与购买份额之间拟合的函数曲线呈反 S 型，厂商策略对这一阶段的顾客行为影响不显著。赢回后，顾客满意度与购买份额之间拟合的函数曲线呈 S 型，赢回策略对这一阶段的顾客行为影响显著，满意度与购买份额拟合的函数曲线参考点发生了变化（图 2-25）。

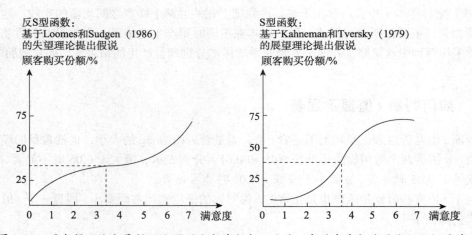

图 2-25 用失望理论和展望理论预测流失前和赢回后的顾客满意度与购买份额之间的关系

1. 研究假设

假说 1：赢回后的顾客满意度和购买份额均较流失前显著提高。

假说 2a：用关系投资策略赢回的流失顾客满意度和购买份额较流失前被关系投资策略吸引来的新顾客满意度和购买份额显著增加。

假说 2b：用价格促销策略赢回的流失顾客满意度和购买份额较流失前被价格促销策略吸引来的新顾客满意度和购买份额显著增加。

假说 3：顾客流失前满意度与购买份额拟合的函数曲线呈反 S 型；满意度在参考点之上曲线下凹，满意度在参考点之下曲线上凸。

假说 4：顾客赢回后满意度与购买份额之间拟合的函数曲线呈 S 型。满意度在参考点之上曲线上凸，满意度在参考点之下曲线下凹。

2. 数据收集

我国酒店业经过多年的发展,已经成为第三产业的重要组成部分。但从全国酒店的经营状况看,形势并不乐观,酒店顾客流失率在服务行业中居高不下。因此,把酒店业确定为研究对象,对于我们探求顾客赢回管理的重要性提供了途径。研究结论对指导酒店业或其他类似行业的客户关系管理有一定的借鉴价值。现有的研究发现,顾客可以根据以往积累的经验对购买后的产品和服务作出总体评价。Oliver 等和 Gustafsson、Johnson、Roos 则认为消费者也可以对当前接触到的一个品牌或商店进行综合评价。因此,抽样对象是被酒店用价格促销或非价格促销策略赢回的顾客。流失前和赢回后的顾客满意度是同一顾客对过去和当前经历的总体评价。满意度的题项包括:题项 1,流失前或赢回后对该酒店总体上非常满意;题项 2,流失前或赢回后对我们之间的关系非常满意;题项 3,流失前或赢回后对该酒店提供给我的价格非常满意。测量题项采用 7 点尺度法设计。顾客购买份额来源于顾客过去的购买记录。由于样本收集难度较高,数据采集不可能做到随机抽样,只能进行便利抽样。问卷发放从 2006 年 3 月 15 日开始,到 2006 年 6 月 10 日完成,历时 4 个月左右。我们先后在四川、云南、浙江等省份共发放问卷 1520 份,收回有效问卷 1074 份。

3. 统计分析

1)流失前和赢回后的顾客满意度与购买份额配对 t 检验

流失前和赢回后的顾客满意度近似服从正态分布,且样本数据是配对的,所以采用配对样本检验的方法来比较赢回后和流失前顾客满意度的差异(见表 2-31),配对检验结果表明,赢回后顾客满意度(mean = 4.11)较流失前顾客满意度(mean = 3.38)有明显增加(t = 4.90,$p<0.01$)。同理,流失前和赢回后的顾客购买份额也近似服从正态分布,样本数据也是配对的,所以采用配对样本检验的方法来比较它们之间的差异。配对检验结果表明,赢回后顾客购买份额(mean = 42.68)较流失前顾客购买份额(mean = 35.67)有明显增加(t = 8.98,$p<0.01$)。因此,赢回策略会干扰顾客满意度和购买份额,即赢回后的顾客满意度较流失前显著增加,且赢回后的顾客购买份额较流失前也显著增加,假说 1 得到验证。这一结论再次论证了 Thorndikec 在 1989 年提出的效用法则和用进法则,即随着某事件的反复出现,情境和反射的联系会得到加强。所以流失后的顾客在赢回策略的作用下,满意度和购买份额得到加强。

表 2-31 流失前或赢回后顾客满意度与购买份额的配对检验统计结果

变量	均值(mean)	配对检验值			
		S.D	t	p	N
流失前满意度	3.38	1.85	4.90	0.000	1074
赢回后满意度	4.11				
流失前购满份额	35.67	25.56	8.98	0.000	1074
赢回后购满份额	42.68				

2)关系投资和价格促销在顾客流失前和赢回后两阶段对满意度与购买份额影响的统计分析

为了进一步推断利用关系投资或价格促销策略赢回的顾客满意度和购买份额是否较流

失前有显著增加。我们分别把在关系投资策略和价格促销策略作用下，流失前和赢回后的顾客满意度与购买份额作了统计描述，结果表明满意度和购买份额均符合正态分布，因此可以对样本进行配对检验。检验结果表明（见表2-32）：在关系投资策略作用下，流失前的顾客满意度均值（mean = 4.11）和购买份额均值（mean = 36.53），赢回后的顾客满意度均值（mean = 4.35）和购买份额均值（mean = 45.94），因此，假说2a用关系投资策略赢回的顾客满意度和购买份额较流失前显著增加，得到验证。在价格促销策略作用下，流失前的顾客满意度均值（mean = 3.59）和购买份额均值（mean = 34.98），赢回后的顾客满意度均值（mean = 3.91）和购买份额均值（mean = 40.08），因此，假说2b用价格促销策略赢回的顾客满意度和购买份额较流失前显著增加，得到验证。这一结论印证了Grewal等的研究成果，非价格促销策略可以诱发消费者的内在购买动机而价格促销会使消费者对价格变得敏感，并最终对企业形象和绩效带来负面的影响。

表2-32 顾客流失前和赢回后的线性回归模型分析

Linear Mode 1					Linear Mode 2				
Sum of Squares	Residuals	F	p	R^2	Sum of Squares	Residuals	F	p	R^2
102712	4792	107.18	0.001	0.21	1758.22	153.56	57.25	0.000	0.52
Parameter	Effect	Estimate	t-value	p		Estimate	t-value	p	
b_0	Intercept	11.26	4.303	0.0007		3.97	0.848	0.0005	
b_1	CS	6.06	10.356	0.0000		7.92	7752	0.0006	

3）流失前和赢回后的顾客满意度与购买份额之间拟合的函数曲线分析

假说3提出，顾客流失前的满意度与购买份额之间拟合的函数曲线呈反S型，满意度在参考点之上曲线下凹，满意度在参考点之下曲线上凸。Homburg、Koschate和Hoyer采用了回归立方模型来考查顾客满意度与愿意支付价格之间的函数关系曲线。借助他们的方法，一是通过建立线性回归模型来确定满意度与购买份额的相关关系，二是通过建立立方回归模型来验证假说。

首先，建立线性回归模型来确定满意度与购买份额之间的相关关系：

$$\text{Share}_i = b_0 + b_1 \text{CS}_i + \varepsilon$$

这里Share_i是指第i个顾客流失前的购买份额，CS_i指第i个顾客流失前的满意度，b_0是回归方程的常数项，是随机误差。我们用SPSS11.5中的回归曲线估计方法来估计模型，线性回归结果显示，流失前的满意度与购买份额之间的回归模型拟合较好（$R^2 = 0.21$，$F = 47.92$；$p<0.21$），且估计系数b_1为正，显著地不为0（$b_1 = 6.06$；$p<0.01$），这意味着满意和购买份额之间有一个显著的正向关系（见表2-33，Linear Model），即随着满意度的增加，顾客购买份额增加。同样，线性回归结果也显示，流失前满意度与购买份额之间的回归模型拟合较好（$R^2 = 0.52$，$F = 57.25$；$p<0.01$），估计b_1系数为正，显著地不为0（$b_1 = 7.92$；$p<0.01$），这意味着满意和顾客份额之间有一个显著的正向关系，即随着满意度的增加，顾客购买份额也增加。

其次，通过建立立方回归模型来验证假说：

$$\text{Share}_i = b_0 + b_1 \text{CS}_i + b_2 \text{CS}_i^2 + b_3 \text{CS}_i^3 + \varepsilon$$

这里 $Share_i$ 是指第 i 个顾客流失前的购买份额，CS_i 是指第 i 个顾客流失前的满意度，b_0 是回归方程的常数项，b_1、b_2、b_3 是三个参数，ε 是随机误差。我们用 SPSS11.5 中的回归曲线估计方法来估计模型将常数项去掉后做回归分析。回归结果显示（$R^2=0.52$，$F=57.25$；$p<0.01$），这一结果虽然不是非常的理想，但根据有关理论得知 $R^2>0.20$，我们可以勉强接受，因此回归模型拟合较好，估计的结果见下表的 Cubic Model 1 部分。立方回归模型其曲线呈 S 型或者反 S 型的形状取决于 b_3 系数。从回归结果可以看出 b_3 为正，且显著地不为 0（$b_2=0.42$；$p<0.01$），说明曲线呈反 S 型，这意味着曲线中部较为平坦，而在两端较为陡峭。假说 3 得到验证。这一结论也告诉我们，图 2-25 左边（流失前）所示，在满意度区间（刻度 3 至刻度 5 上），流失前顾客满意度和购买份额拟合的曲线较为平坦。也就是说，即使流失前顾客的满意度被提得很高，顾客的购买份额也不会有大幅度的增加，在满意的极端区域里，随着满意度的增加其购买份额要么大幅度增加，要么大幅度减少，但对大多数消费者而言，极端满意和极端不满意的情况会很少出现。这一结论与 Humburg、Koschate，Hoyer 在研究顾客满意度和顾客愿意支付价格的关系时得到的结论相一致，即在满意度的极端区域里，满意度对顾客愿意支付价格的边际贡献量要大于"冷淡的满意"区间。

同理，假说 4 提出，被赢回顾客的满意度与购买份额之间拟合的函数曲线呈 S 型，满意度在参考点之上曲线上凸，满意度在参考点之下曲线下凹。我们仍然通过立方回归模型来验证假说。

回归结果（见表 2-33）显示（$R^2=0.65$，$F=658.29$；$P<0.01$）$R^2>0.50$，所以我们可以满意地接受这一统计结果，回归模型拟合较好，估计的结果见表 2-33 的 Cubic Model 2 部分。从结果可以看出 b_3 为负，且显著地不为 0（$b_3=-0.41$；$p<0.01$），这意味着曲线中部较为陡峭，而在两端较为平坦，回归曲线呈 S 型。假说 4 得到验证。通常情况下，绝大多数消费者的满意度会在满意区间刻度 3 至刻度 5 之间波动，而极端满意和不满意的顾客只占极少数。假说的检验结果告诉我们，如图 2-25 右边（赢回后）所示，被赢回来的顾客，在满意度区间（刻度 3 至刻度 5 上），满意度和购买份额之间拟合的函数曲线较为陡峭，也就是说当被赢回顾客的满意度被提高很少，顾客的购买份额就会有大幅度的提升。对于厂商而言，在这一区间内操纵大多数顾客满意度的可能性最大，因此，厂商策略在这种情况下会对顾客购买行为会产生较大的影响。

表 2-33 顾客流失前和赢回后的立方回归模型分析

Cubic Model 1					Cubic Model 2				
Sum of Squares	Residuals	F	p	R^2	Sum of Squares	Residuals	F	p	R^2
60077	211554	101.29	0.000	0.22	256723	139094	658.29	0.000	0.65
Parameter	Effect	Estimate	t-value	p		Estimate	t-value	p	
b_0	Intercept	…	…	…		…	…	…	
b_1	CS	26.01	5.10	0.0000		−5.73	−1.39	0.0163	
b_2	CS2	−5.46	−3.79	0.0002		4.54	3.77	0.0002	
b_3	CS3	0.42	3.46	0.0000		−0.41	−3.73	0.0002	

另外，从上面两个模型的统计结果可以看出，赢回后的顾客满意与购买份额拟合的函数曲线，由参考点下方的凹曲线转变到参考点上方的凸曲线时要经过一个拐点（3.69），说明满意参考点并非在曲线中心位置（4.00），参考点发生左移。流失前顾客满意与顾客份额拟合的函数曲线，由参考点下方的凸曲线变到参考点上方的凹曲线时要经过一个拐点（4.40），说明参考点发生右移。这一结论验证了 Rust 等人提出的参考点并非就在中心位置的观点。根据 Rust 等人的解释，赢回后的函数曲线参考点左移，说明即使顾客满意度略微低于顾客的期望值，但在赢回策略的影响下，顾客还是愿意增加购买量。同理，流失前的函数曲线参考点右移，说明顾客在失望的情景下，即使顾客满意度被略微提高，但顾客还是不愿意增加其购买量。

即测即练

自学自测　　扫描此码

第3章

消费者行为研究

 本章提要

本章首先对消费行为研究的一般模式进行了概述；随后分别对消费者的动机、消费者的人格特质、消费者的风险态度及跨文化的消费者态度进行了细致的研究和分析。

 学习目的

1. 了解消费者动机研究的主要内容和方法；
2. 了解消费者人格特质研究的主要内容和方法；
3. 了解消费者风险态度研究的主要内容和方法；
4. 了解跨文化消费态度研究的主要内容和方法。

 重点与难点

1. 消费者动机的成因、后果以及相关理论；
2. 消费九型人格模型的理解与运用。

 案例导读

盲盒经济兴起背后的商业逻辑——从"泡泡玛特"说起

（案例来源：本案例由唐小飞教授编写）

最近这几年，盲盒成了消费者的新宠，整个行业已经形成了一条成熟的产业链，"盲盒经济"带动的消费新风潮初具规模，其中也不乏一年赚取数十亿元利润的行业巨头。目前，国内不仅有诸如名创优品、京东商城等为代表的大型品牌商在布局盲盒经济，而且连餐饮、美妆、旅游、图书等领域的小型品牌商，也都在这一领域纷纷抢滩。那么，究竟盲盒经济能否开启新一轮商机？这背后合理的商业逻辑又是什么呢？

关于这个话题，要从2016年国内潮流玩具公司"泡泡玛特"推出首款Molly十二星座盲盒，一炮而红的案例说起（如图3-1所示）。2020年12月11日，泡泡玛特在港交所挂牌上市，发行价38.5港元，开盘77.1港元，泡泡玛特市值达1065.2亿港元，这一举措更是将盲盒经济推向了创业风口的中心。泡泡玛特公司的"85后"创始人王宁还因此登上了2021

年度胡润U40青年企业家榜，成为年轻人心中的创业英雄。

那盲盒究竟是什么呢？顾名思义，就是消费者在打开盒子之前并不知道盒子里面装的是什么，可能是动漫，也可能是影视作品的周边产品，或者是设计师单独设计出来的签名玩偶等。总之，在消费者打开这个盒子之前，一切都是未知数。而这种对未知的探索，却成了刺激消费者购买盲盒的主要动力，创造了一大市场需求。已经有不少研究人员指出，"盲盒经济"本质上是一种"博彩经济"。

图3-1　泡泡玛特盲盒（来源：小红书）

来自知乎网一篇标题为《盲盒——从IP经营到模式游戏》的文章将盲盒经济兴起的原因归结为"消费心理"。具体来说，体现在以下几个方面。

一是产品能有效地激发消费者的好奇心。文章作者认为，制造神秘感是激发消费者购买动机最直接有效的方法。盲盒命名中的"盲"字更是点睛之笔，就是要消费消费者的好奇心。消费者在购买前无法通过外观分辨盒子里面的东西，只有打开才会知道自己买到了什么，从而强烈地激发出了年轻人的探索欲和购买欲。

二是产品能为消费者带来体验的惊喜感。惊喜感又被营销人员称为"确幸感"，就是制造超出用户预期带来的兴奋。盲折，本身具有一定的神秘性，当消费者在不抱有太大希望的心境下打开盒子获得超过预期的独特属性产品时，惊喜感油然而生。而"盲"的魅力就在于它能带来"大喜抑或是大悲"的强烈刺激。

三是产品能够满足消费者对物的占有欲。占有欲是消费者客观存在的心理。越是稀缺的产品，消费者的占有欲越强。对于很多消费者而言，拥有一件大家都想要，但只有少数人才可以拥有的产品，就更能满足其心理需求。

四是产品能够被赋予一定的社交属性。盲盒就是赋予消费者社交属性、娱乐属性最具代表性的产品。盲盒消费不仅可以彰显个性，还可以在年轻人之间制造共同的话题，增进相互之间的交流，故而盲盒往往会吸引年轻人扎堆消费。经济日报记者李丹从对盲盒爱好者的心理调查中发现，盲盒爱好者们有自己的潮玩社区，大家在里面交换潮玩、晒娃改娃、交流经验，由此形成年轻人独有的圈层。在这个过程中，又有更多年轻人被"种草"，从而让盲盒更为风行。

五是产品能够形成成瘾性消费机制。对于行为上瘾，科学家们提出的假设是：一个人的行为、经历和药物酒精等物质一样，都能对大脑及周围神经构成的网络（或者说神经通路）产生刺激，当这种刺激达到一定量时就可使大脑陷入一种强迫状态，从而形成依赖和成瘾。盲盒"分层概率"的设计机制就是利用"成功欲、攀比心"的激励，创造出让人上瘾的体验。

泡泡玛特等盲盒产品正是针对上述心理因素对产品进行创新，进而形成盲盒经济的商业逻辑。也就是说，从人性的需求点来看，只要能制造出满足消费者好奇心、惊喜感、占有欲和社交需求的产品，并持续满足这种需求，盲盒经济就会稳定存在，盲盒经济的市场规模也会在一定时期内保持增长。但是，也有部分人认为，随着市场上"大隐、超隐"类产品逐渐增多，盲盒类产品后期极有可能面临政策严控的风险。

思考题：

（1）"盲盒经济"与消费者行为的关系是怎样的？其体现了消费者什么样的心理需求？

（2）"盲盒经济"的发展前景如何？为什么？

3.1 消费者行为研究的一般模式

消费者行为研究，是市场调研中最普遍、最经常实施的一类研究内容，是指对消费者为获取、使用、处理消费物品所采取的各种行动及事先决定这些行动的决策过程的定量研究和定性研究。该类研究除了可以了解消费者是如何获取产品与服务，还可以了解消费者是如何消费产品，以及产品在消费之后是如何被处置的。因此，它是营销决策的基础，与企业的市场营销活动密不可分，对于提高营销决策水平，增强营销策略的有效性有着重要意义。

通过消费者态度和行为研究可以获得如下信息：

（1）有关消费者的使用和购买习惯：①使用和购买的产品类型；②使用和购买的包装规格；③使用和购买的频率；④使用和购买的时间；⑤使用和购买的地点；⑥使用和购买的场合；⑦使用和购买的数量；⑧购买金额；⑨使用方法。

（2）有关消费者对产品和品牌态度方面的信息。

（3）主要竞争品牌的市场表现：①品牌认知；②广告认知；③品牌渗透率；④品牌最常使用率；⑤品牌忠诚度；⑥品牌引力和产品引力；⑦品牌形象；⑧品牌的优势和弱点。

（4）产品使用者和购买者的人口统计特征：①全部使用者和购买者的人口统计特征；②重度使用者的人口统计特征；③目标市场的人口统计特征；④不同品牌最常使用者的人口统计特征。

（5）影响购买选择的重要因素：①消费者的价值观念和生活方式；②对产品或品牌的态度；③媒介接触习惯。

有了这些信息，企业就可以科学地解决下述营销管理问题：

（1）为现有产品或新产品寻找市场机会；

（2）有效地细分市场，选择目标市场和确定产品定位；

（3）制定营销组合策略；

（4）评价企业的市场营销活动。

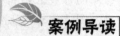

案例导读

竹叶青茶叶品牌的消费者态度与行为研究

（一）品牌认知

A1. 请问您听说过哪些品牌（或品类）的"茶叶名"？[追问]还有吗？（复选）

[将第一提及的品牌编号记录在第一提及括号内，将其他提及的品牌编号记录在其他提及括号内]

[出示卡片]

A2. 除了您刚才提及的茶叶名外，您还听说过卡片上哪些品牌（或品类）的"茶叶名"呢？[追问]还有吗？（复选）

（二）广告认知

A3. 请问您在过去3个月中听说过哪些"茶叶"品牌（或品类）的广告呢？[追问]还有吗？（复选）

[将第一提及的品牌编号记录在表3-1第一提及括号内，将其他提及的品牌编号记录在表3-1其他提及括号内]

A4. 除了您刚才提及的广告品牌外，您还听说过卡片上哪些品牌的广告呢？[追问]还有吗？（复选）

表 3-1 （U&A）品牌知名和广告认知调查问卷记录表

品牌名称	品牌知名			广告认知		
	第一提及 (A1) ( )	其他提及 (A1) ( )	提示后 (A2) ( )	第一提及 (A3) ( )	其他提及 (A3) ( )	提示后 (A4) ( )
A	1	1	1	1	1	1
B	2	2	2	2	2	2
C	3	3	3	3	3	3
D	4	4	4	4	4	4
E	5	5	5	5	5	5

注：第一提及是指问题提出后，被试直接提到的品牌；其他提及，是指在访谈过程中未经提示但追问后而提到的品牌；提示后，是指有针对性的给予暗示后而提及的品牌

A5. 请问您是从表3-2中的哪些渠道知道A1和A2中所提及的茶叶品牌（或品类）的呢？（复选）

表 3-2　品牌认知渠道调查问卷记录表

认知渠道	品牌名称				
	A (　)	B (　)	C (　)	D (　)	E (　)
电视	1	1	1	1	1
电台	2	2	2	2	2
报纸	3	3	3	3	3
杂志	4	4	4	4	4
亲戚/朋友介绍	5	5	5	5	5
在商店/产品展销会看到	6	6	6	6	6
汽车广告/街边广告	7	7	7	7	7
霓虹灯	8	8	8	8	8
街招	9	9	9	9	9
其他（请注明）	(　)	(　)	(　)	(　)	(　)

（三）产品使用情况

B1. 请问您是否饮用过"茶"呢？　　　　　　　　　　　　　　　　　　（　）
　　有　　　　　　　　　　　　　　1　→跳问 B2
　　没有　　　　　　　　　　　　　2
B1a. 请问您为什么从来不饮用"茶"呢？
　　　　　　　　　　　　　　　　　（　）　　　　　　　　　　　→跳问 C1
B2. 请问您上次饮用"茶"是多久以前呢？（单选）　　　　　　　　　（　）
　　过去 1 周内　　　　　　　　　　1
　　过去 1～2 周内　　　　　　　　 2
　　过去 3～4 周内　　　　　　　　 3
　　过去 1～3 个月内　　　　　　　 4
　　过去 3～6 个月内　　　　　　　 5
　　过去 6～12 个月内　　　　　　　6
　　超过 12 个月　　　　　　　　　 7
　　不知道/不记得　　　　　　　　　X
[B3 只问过去 6 个月内没有饮用过该产品的人]
B3. 请问您为什么在过去 6 个月内没有饮用过"茶"呢？　　　　　　（　）
[出示卡片]
B4. 请问您曾经饮用过哪种品牌的"茶"呢？[追问] 还有吗？（复选），见表 3-3。
[B5 只问过去 6 个月内饮用过茶的人]
B5. 请问您在过去 6 个月内，饮用过哪些品牌（或品类）的"茶"呢？[追问] 还有吗？（复选）
[B6 只问过去 3 个月内饮用过产品的人，可以从 B2 中判断]
B6. 请问您在过去 3 个月内，饮用过哪种品牌（或品类）的"茶"呢？[追问] 还有吗？

（复选）

[B7～B19.只问过去6个月内饮用过茶的人]

B7. 请问您在过去6个月内，最常饮用哪一种品牌（或品类）的"茶"呢？（单选）

B8. 请问您6个月以前，最常饮用的品牌（或品类）"茶"是哪个（如表3-3所示）？（单选）

表3-3 （U&A）产品使用情况调查问卷记录表

品牌名称	曾经用过 B4 （　）	过去6个月内用过 B5 （　）	过去3个月内用过 B6 （　）	最常用 B7 （　）	以前最常用 B8 （　）
A	1	1	1	1	1
B	2	2	2	2	2
C	3	3	3	3	3
D	4	4	4	4	4
E	5	5	5	5	5
不知道	X	X	X	X	X
其他（请注明）					

[如果没有转换品牌，即B8和B7的答案相同，跳问B10]：

B9. 请问您为什么从（填入B8的答案）转向（填入B7的答案）呢？　　　　（　　）

B10. 请问您现在饮用什么类型的"茶"呢？（单选）　　　　　　　　　　　（　　）

  花茶　　　　　　　　　　　1
  绿茶　　　　　　　　　　　2
  红茶　　　　　　　　　　　3
  白茶　　　　　　　　　　　4
  黑茶　　　　　　　　　　　5
  其他（请注明）　　　　　　（　　）

B11. 请问您现在饮用哪种包装规格的"茶"呢？（单选）

  规格　　　　　　　　　　　（　　）
  50克　　　　　　　　　　　1
  100克　　　　　　　　　　2
  250克　　　　　　　　　　3
  500克　　　　　　　　　　4
  其他（请注明）　　　　　　（　　）

B12. 请问您上次购买的这种包装大小的"茶"饮用了多少天？　　　　（　　）天

B13. 请问您平均多久饮用一次"茶"呢？（单选）　　　　　　　　　　（　　）

  每天数次　　　　　　　　　1
  每天1次　　　　　　　　　2
  每周几次　　　　　　　　　3
  每周1～2次　　　　　　　4

每月几次 　　　　　　　　　　　　5
每季几次 　　　　　　　　　　　　6
很少 　　　　　　　　　　　　　　X

（注：答案选项要根据产品的一般消费时间的长度来考虑。）

B14. 请问您一般会在一天里的什么时间饮用"茶"呢？ 　　（　　）
　　早上起床时 　　　　　　　　　　1
　　早餐时 　　　　　　　　　　　　2
　　早餐后午餐前 　　　　　　　　　3
　　午餐时 　　　　　　　　　　　　4
　　午餐后 　　　　　　　　　　　　5
　　放学／下班后 　　　　　　　　　6
　　晚餐前 　　　　　　　　　　　　7
　　晚餐时 　　　　　　　　　　　　8
　　晚餐后 　　　　　　　　　　　　9
　　睡觉前 　　　　　　　　　　　　0
　　午夜 　　　　　　　　　　　　　X
　　任何时间 　　　　　　　　　　　Y
　　其他（请注明） 　　　　　　（　　）

（注：答案选项根据产品的特点来确定。）

B15. 请问您是如何饮用"茶"呢？ 　　　　　　　　　　（　　）
（注：答案根据产品特点来确定。）

B16. 请问您饮用"茶"时，会和其他餐点、饮料一起用吗？ （　　）

B17. 请问您通常在什么地方饮用"茶"的呢？ 　　　　　（　　）
　　在自己家里 　　　　　　　　　　1
　　在亲朋家里 　　　　　　　　　　2
　　在工作单位 　　　　　　　　　　3
　　在汽车/火车/飞机 　　　　　　　4
　　在公园/旅游点 　　　　　　　　　5
　　在餐馆 　　　　　　　　　　　　6
　　在电影院／剧场 　　　　　　　　7
　　其他（请注明） 　　　　　　（　　）

（注：答案选项要根据产品特点来确定。）

B18. 请问您通常在什么情况下会饮用"茶"呢？ 　　　　（　　）
　　工作时 　　　　　　　　　　　　1
　　休闲时 　　　　　　　　　　　　2
　　吃饭时 　　　　　　　　　　　　3
　　无特别原因 　　　　　　　　　　4
　　其他（请注明） 　　　　　　（　　）

（注：答案选项要根据产品的特点来确定。）

B19. 请问您家里除了您以外,还有什么人饮用 "茶" 呢?请您告诉我他(她)的年龄、性别。

小孩	( )	( )	( )
10 岁以下	1	1	1
10~14 岁	2	2	2
15~17 岁	3	3	3
成人男	( )	( )	( )
18~24 岁	4	4	4
25~34 岁	5	5	5
35~50 岁	6	6	6
50 岁以上	7	7	7
成人女	( )	( )	( )
18~24 岁	4	4	4
25~34 岁	5	5	5
35~50 岁	6	6	6
50 岁以上	7	7	7

(四)购买情况

C1. 请问您上次购买 "××茶" 是多久以前(如表3-4所示)?(单选)　　( )

今天	1
昨天	2
1 个星期内	3
1~4 个星期	4
1~3 个月	5
3~6 个月	6
6 个月以上	7
没有买过	8

(注:答案选项要根据产品特点来设计。)

表 3-4　品牌选择测试表

品牌名称	C2 最常购买 ( )	C3 替代品牌 ( )
A	1	1
B	2	2
C	3	3
D	4	4
E	5	5
不找替代		Y

C1a. 请问您为什么没有购买过"××茶"呢？　　　　　　（　　）跳问 D1
[检查 C1 题，C1b 只问过去 6 个月内没有购买过的人]
C1b. 请问您为什么在过去 6 个月内没有购买过"××青茶"呢？（　　）跳问 D1
C2. 请问您在过去 6 个月内最常购买哪个品牌（或品类）的"茶叶"呢？（单选）
C3. 假如您最常购买的某品牌（读出 C2 的答案）的"茶叶"买不到了，您要寻找一个替代品牌，请问哪一个是最可能替代的品牌？（单选）
C4. 请问您上一次购买的是什么类型的"茶叶"呢？　　　　　（　　）
　　花茶　　　　　　　　　　　1
　　绿茶　　　　　　　　　　　2
　　红茶　　　　　　　　　　　3
　　白茶　　　　　　　　　　　4
　　黑茶　　　　　　　　　　　5
　　其他（请注明　　　　　　）

C5. 请问您上一次购买的是哪种包装规格的"茶叶"呢？　　　（　　）
　　50 克　　　　　　　　　　　1
　　100 克　　　　　　　　　　2
　　250 克　　　　　　　　　　3
　　500 克　　　　　　　　　　4
　　其他（请注明　　　　　　）

C6. 请问您上一次买了多少这种包装规格的"茶叶"呢？　　　（　　）包
C7. 请问这种包装规格的"茶叶"每包多少钱？　　　　　　　（　　）元
C8. 请问您平均多久购买一次"茶叶"呢？（单选）　　　　　（　　）
　　1 个星期最少一次　　　　　1
　　2 个星期最少一次　　　　　2
　　3 个星期最少一次　　　　　3
　　1 个月最少一次　　　　　　4
　　2 个月最少一次　　　　　　5
　　3 个月最少一次　　　　　　6
　　每半年最少一次　　　　　　7
　　每年最少一次　　　　　　　8

（注：答案选项要根据产品的特点来设计。）

C8a. 请问您为什么不经常购买"茶叶"呢？　　　　　　　　（　　）
C9. 请问您上次是在什么场合下购买"茶叶"的呢？　　　　　（　　）
　　家里存货已用完　　　　　　1
　　需要转换品牌　　　　　　　2
　　看到促销活动　　　　　　　3
　　过节　　　　　　　　　　　4
　　送礼　　　　　　　　　　　5
　　其他（请注明　　　　　　）

C10. 请问您经常到什么地方购买"茶叶"呢？（单选）
　　地点　　　　　　　　　　　　　（　）
　　连锁店　　　　　　　　　　　　1
　　专卖店　　　　　　　　　　　　2
　　商场　　　　　　　　　　　　　3

C11. 请问您上次购买"茶叶"时，和什么人一起买？　　　　　　　　（　）
[出示卡片]

C12. 您购买"茶叶"时，是属于卡片上哪一种情况呢？（单选）　　（　）
　　我通常在进入商店之前已决定买哪个品牌，最后也买这个品牌　　1
　　我通常在进入商店之前已决定买哪个品牌，但最后改变了　　　　2
　　预先没有决定品牌，最后到商店才决定　　　　　　　　　　　　3→跳问 D1

C13. 上次您去的商店中有没有找到您预先决定买的品牌？　　　　（　）
　　有　　　　　　　　　　　　　　1
　　没有　　　　　　　　　　　　　2→跳问 D1

C14. 假如您经常去购买的商店里没有您最常饮用的"茶叶"品牌，请问您通常会怎样办呢？（单选）　　　　　　　　　　　　　　　　　　　　　　　　　　　　（　）
　　暂不买，等这个品牌有时再买　　　1
　　去别的商店买这个品牌　　　　　　2
　　买同一品牌的其他品牌　　　　　　3
　　买其他品牌的类似品种　　　　　　4
　　买其他品牌，不管品种　　　　　　5

（五）对品牌的态度

[将被访者在 B4 中回答的品牌在 D1 的品牌名处打"×"，然后从打"√"处循环读出打"×"的品牌，提问 D1]（表 3-5）。

[出示卡片]

D1. 现在我想了解一下您对一些"茶叶"品牌的饮用或购买情况，卡片上有一些关于这方面的句子。现在我读出一些茶叶品牌，请从四个句子中选择答案。[注意每列单选]

表 3-5 （U&A）品牌态度调查问卷记录表

问　项	品牌名称				
	A	B	C	D	E
	(　)	(　)	(　)	(　)	(　)
我曾饮用或（购买）过这个牌子，但不想再用……	1	1	1	1	1
它不是我喜欢的牌子，偶尔会使用……	2	2	2	2	2
它是我经常饮用或（购买）的几个牌子之一……	3	3	3	3	3
它是我唯一饮用或（购买）的牌子……	4	4	4	4	4

[访问员注意:请根据下面的说明进行访问]

D2a. 您说"××"品牌是您经常饮用或(购买)的几个牌子之一/唯一会饮用或(购买)用的牌子,请问它在哪些方面是您喜欢的呢?[追问]还有吗?　　　　　(　　)

D2b. 请问"××"品牌有哪些方面是您不喜欢的呢?[追问]还有吗?　　　　(　　)

D2c. 请问为什么不想饮用或(购买)"××"品牌的茶叶呢?[追问]还有吗?(　　)

[出示卡片]

D3. 下面我会出示一些人们在购买"茶叶"时会考虑的各种因素,请告诉我下面每一因素对于您购买"竹叶青茶"时的重要程度。您可以用1~10分来表示每一因素的重要程度,分数越高表示越重要,越低表示越不重要。(从打"√"处循环读出每一因素)(表3-6)。

[出示卡片]

D4. 下面我想知道您对曾经饮用或(购买)过的品牌,在上面D3中所列出的每一因素上的评价。当我读出每一因素时,请您告诉我每一个品牌在这个因素上的表现,我们还是采用10分评分方法来表示您对每一个品牌的评价,分数越高表示评价越高,见表3-6。(从打"√"处循环读出每一因素,对每一因素从打"√"的品牌处循环读出打"×"的品牌)

表3-6 (U&A)品牌因素调查问卷记录表

因素	D3	D4				
	重要程度	A 评分	B 评分	C 评分	D 评分	E 评分
甲	(　)	(　)	(　)	(　)	(　)	(　)
乙	(　)	(　)	(　)	(　)	(　)	(　)
丙	(　)	(　)	(　)	(　)	(　)	(　)
丁	(　)	(　)	(　)	(　)	(　)	(　)
戊	(　)	(　)	(　)	(　)	(　)	(　)

(D4中用10分制对每个品牌进行评分,当品牌较多时,被访者回答是十分麻烦的,因而较难取得合作,即使勉强回答也较难取得准确的答案,为此可将D4的评分形式改变为选择形式,如问题D5所示。)

[将被访者在B4中回答的品牌在D5的品牌名称处打"×"]

[出示卡片]

D5. 下面我想知道您对曾经饮用(或购买)过的品牌是否具有D3所列出的因素,当我读出每一因素时,您可以选择一个或一个以上的品牌,也可以一个品牌也不选。现在开始,请问您认为哪些品牌是(从打"√"处开始循环读出每一个因素),还有其他品牌吗?还有吗?(如表3-7所示)。

D6. 现在请您想一下理想的"茶叶"品牌形象,您认为一个理想的"茶叶"品牌,应具备卡片上哪些因素呢?[追问]还有吗?

表3-7 （U&A）理想品牌因素调查问卷记录表

因素	品牌名称（D5）					理想的品牌（D6）
	A （ ）	B （ ）	C （ ）	D （ ）	E （ ）	（ ）
甲	1	1	1	1	1	1
乙	2	2	2	2	2	2
丙	3	3	3	3	3	3
丁	4	4	4	4	4	4
戊	5	5	5	5	5	5

（六）对产品的态度

[出示卡片]

E1. 下面我将读出一些有关人们对"茶叶"品牌态度的语句，请您告诉我您对每个语句的同意程度。如果您非常同意这个语句，则给5分，如果您非常不同意，则给1分，或根据您的意见在1～5分钟选择一个恰当的值。（横向单选，从打"√"的语句开始循环提问）（表3-8）。

表3-8 （U&A）产品态度因素调查问卷记录表

	非常不同意	不同意	不能确定	同意	非常同意	不知道
语句甲	1	2	3	4	5	6
语句乙	1	2	3	4	5	6
语句丙	1	2	3	4	5	6
语句丁	1	2	3	4	5	6
语句戊	1	2	3	4	5	6

课外题：

请以5人为一个小组，对上面的问卷作适当修改和完善，并随机抽样至少100个被试，分析抽样结果，并根据分析结果为竹叶青的品牌发展提出建议。

3.2 消费者动机研究

20世纪70年代初，人们确定了两大类动机取向：内在动机和外在动机（Deci，1971，1975）。一方面，如果一个人从事一项任务以获得奖励为目的（无论是物质的，如金钱或标记，还是非物质的，如口头表扬或积极的反馈），那么这个人就被定性为出于外在动机而从事任务。另一方面，当不涉及明显的单独结果或奖励时，个人被描述为出于内在动机而从事一项任务。此后一些学者研究发现外在奖励削弱了内在动机，因此认为这两种动机是对立的（Deci et al.，1999a,b，2001；Cameron and Pierce，1994；Eisenberger et al.，1999）。然而，Ryan和Deci（2000）在他们的自我决定理论中表明，当人们将外在需求（规则）内化并将其同化为自我需求（规则）时，他们会变得更有内在动力。从这个意义上说，内在动机和外在动机信念较少地被视为相反的两极，而更多地被视为一个连续体，或者认为外在动机可能转化为内在动机。此外，为了更清楚地了解动机，Amabile 等人通过定义分量表，对表征内在和外在动机取向的元素进行了更细粒度的分解。内在动机分量表包括挑战和享受，外在动机分量表包括补偿（获得高薪或高分）和外在（例如，重视他人的认可）。除根据动机的原因角度将之划分为内在动机和外在动机外，行为学研究中还根据动机起源、对象性质、影响范围等因素进行了更为细致的划分，具体分类情况及含义（表 3-9）。

就消费者行为研究而言，了解消费者购买产品的行为由何种动机驱动对企业来说非常重要，其中消费者的享乐动机和功利主义动机成为近年来消费者行为研究中的热门议题之

表 3-9　动机的分类及含义

分类标准	动机种类	含　义	举　例
根据动机起源	生理性动机（或原发性、原始性、生物性动机）	以生物性需要为基础的动机	食物、水分、空气、躲避危险等
	社会性动机（继发性、习得性、心理性动机）	以社会需要为基础的动机	如劳动动机、成就动机、交往动机等
根据对象性质	物质性动机	以物质性需要为基础的动机	食品、服饰、用品等
	精神性动机	以精神性需要为基础的动机	成就、交往等
根据影响范围和持续作用的时间	近景性动机（或短暂性动机）	与具体活动本身联系，影响范围小，持续时间短的动机	学生仅仅为考试得高分作出的应付性努力等
	远景性动机（或长远性动机）	与活动的社会意义相联系，影响范围大，持续时间长的动机	一个学生想在将来成为一个优秀教师而进行的努力
根据对动机内容的认识程度	无意识动机	行为者意识不到，但决定其活动倾向的动机	定势、习惯等
	有意识动机	行为者能觉察到，并对其内容明确的动机	对某人某事的兴趣以及以道德感、义务感和社会责任感为内容的理想和信念等
根据动机在活动中的地位与作用大小	主导性动机	在活动中处于支配地位，发挥主导作用的动机	在学习活动中，可能有多种动机，如为祖国富强而学习，为获得奖励而学习，或为获得同伴赞许而学习，假如为祖国富强而学习的动机居于支配地位，其余几种动机就处于从属地位
	辅助性动机	在活动中处于从属地位，只起辅助作用的动机	
根据动机的原因	外在动机	由外在条件（即诱因）诱发出来的动机	学生为获得表扬和奖励而努力学习
	内在动机	由内在条件（如好奇、兴趣等）引发出来的动机	学生因对某项任务中所表现出的好奇、兴趣等
根据动机的正确性或社会性质	正确动机（或高尚动机）	符合某种社会要求或道德准则的动机	在完成某项任务中所表现的利他行为
	错误动机（或卑劣动机）	违背某种社会要求和道德准则的动机	在完成某项任务中所表现出的损人利己行为

一。在某些情况下,个人愉悦(即享乐动机)会引发消费,而在其他情况下,功能需求(即功利主义动机)会推动消费(Botti and McGill, 2011; Choi and Fishbach, 2011; Dhar and Wertenbroch, 2000)。由于许多购买动机被归类为提供快乐或满足需求,因此了解享乐和功利购买动机影响消费者决策的过程至关重要。

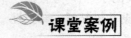
课堂案例

探索慢游动机的维度

(资料来源:Özdemir G., Çelebi D. Exploring dimensions of slow tourism motivation[J]. Anatolia, 2018.)

慢速旅游(慢游)是最近几年的旅游趋势之一,与大众旅游相比,它是一种新兴的和逐渐流行的旅游类型,学者 Coşar、Timur 和 Kozak(2015)将慢速旅游目的地定义为在自然和文化未受破坏的环境中旅行。对于主推慢速旅游的旅游目的地经营者来说,要向公众传播正确的慢速旅游目的地形象就必须要对消费者慢速旅游动机进行深入研究。

研究的第一个目标是创建定量慢游动机量表的基线,研究使用了涉及两个方面问题的定性深度访谈法来达成研究目标。研究采纳了 Kuzel(1999)的样本量建议,该建议需要5~8次访谈以达到同质抽样的目的,通过选择具有相似或特定特征的环境、群体/个人来建立同质抽样。因此,研究基于人们对慢游的兴趣选择了5名受访者,要求他们过去至少参加过一次慢游。5名受访者包括3名女性和两名男性,年龄从29~43岁不等,他们代表了不同的教育背景和资格水平,在婚姻状况方面有3名是单身。

访谈的结果表明,大多数参与者的动机因素与现有文献中提到的因素是一致的。有一个例外是"社交互动",它被相应地添加到随后的研究量表中。访谈主要发现:①逃避日常生活、放松和与当地人接触是最常被提及的慢游动机因素。"逃避"动机因素包括"逃避日常生活""逃避压力""逃避城市生活"和"逃避交通或噪声污染"的愿望等。②"放松"是第二个最常被提及的因素,由4名参与者提出。包括"品尝当地或传统食品和饮料""支持当地生产者""购买当地/传统/有机产品""与当地文化或居民互动"和"参加当地节日"等方面。③第三个最常被提及的"社交互动"慢游动机,是由两名参与者提出的。主要包括"结识新朋友""结识当地居民""与其他慢游客见面"和"让家人多互动"等方面。

慢游动机量表测量题项主要来自 Dickinson 和 Lumsdon(2010)的研究,并根据深度访谈法的结果对量表进行了修订。本研究使用了李克特5级量表,为消除非慢速游客回答的问卷,特在问卷前面设置了2个过滤问题。研究采用了便利抽样的方法,按照 Malhotra(2008)的建议,受访者被选中是因为"他们恰好在正确的时间出现在正确的地方",研究选择的受访者是土耳其慢城市 Cittaslow Turkey 官方脸书账户的成员,通过脸书与他们取得联系并邀请其填写调查链接中的问卷。为改进研究量表,除定性深入访谈结果外,研究还进行了一项有32名参与者参加的试点研究。最初的量表结构包括8个不同的慢游动机因素和45个测量题项。调查结果表明问卷信度通过了 SPSS 中的信度检验(Cronbach's α=0.922),随后研究应用因子分析检查因子载荷,并添加、删除或消除交叉载荷或低载荷因子测量题项。最终量表在试点研究结果基础上增加了一个新的因素"环境问题",将"自我反思"和"发现"两个因素合并为一个因素,部分项目因低载荷或交叉载荷而被删除,最终剩下36

个测量项目。样本调查问卷共包含 43 个问题，涉及 36 个测量题项、2 个过滤问题和 5 个人口统计问题。开展调查时，完成调查问卷 320 份，分析问卷 287 份，回收率 89.6%。

研究检查了问卷调查中每个因素的平均值以确定显著性水平如表 3-10 所示：放松（4.53）、逃避（4.38）、参与（4.31）、自我反省与发现（4.19）、环境关注（3.96）、新奇寻求（3.54）和社会互动（3.54），分析结果表明"环境关注"是一种新的慢游动机形式。首先，研究使用单因素 ANOVA 检验了慢游动机因素是否随年龄的改变而有显著不同，结果如表 3-10 所示。

表 3-10 单因素方差分析

按年龄划分的慢旅行动机因素				按教育背景划分的慢旅行动机因素				按收入划分的缓慢旅行动机因素			
动机因素	显著性	方差分析结果	Bonferroni事后测试结果	动机因素	显著性	方差分析结果	Bonferroni事后测试结果	动机因素	显著性	方差分析结果	Bonferroni事后测试结果
放松	0.208	$p = 0.208 > 0.05$	无统计学差异	放松	0.301	$p = 0.301 > 0.05$	无统计学差异	放松	0.623	$p = 0.623 > 0.05$	无统计学差异
自我反省与发现	0.414	$p = 0.414 > 0.05$	无统计学差异	自我反省与发现	0.008*	$p = 0.008 < 0.05$	教育水平组之间的统计差异。统计上的差异方式是（研究生水平）-（博士学位）*	自我反省与发现	0.083	$p = 0.083 > 0.05$	无统计学差异
逃避	0.369	$p = 0.369 > 0.05$	无统计学差异	逃避	0.36	$p = 0.360 > 0.05$	无统计学差异	逃避	0.209	$p = 0.209 > 0.05$	无统计学差异
新奇寻求	0.062	$p = 0.062 > 0.05$	无统计学差异	新奇寻求	0.103	$p = 0.103 > 0.05$	无统计学差异	新奇寻求	0.06	$p = 0.060 > 0.05$	无统计学差异
参与	0.233	$p = 0.233 > 0.05$	无统计学差异	参与	0.018*	$p = 0.018 < 0.05$	教育水平组之间的统计差异。统计上的差异方式是（研究生水平）-（博士学位）*	参与	0.388	$p = 0.388 > 0.05$	无统计学差异
环境关注	0.064	$p = 0.64 > 0.05$	无统计学差异	环境关注	0.215	$p = 0.215 > 0.05$	无统计学差异	环境关注	0.992	$p = 0.992 > 0.05$	无统计学差异
社会互动	0.019*	$p = 0.19 < 0.05$	年龄组之间的统计差异。统计上的差异方式是（40～49岁）-（30～39岁）*	社会互动	0.001*	$p = 0.001 < 0.05$	教育水平组之间的统计差异。统计上的差异方式是（高中水平）-（研究生水平）-（博士学位）*	社会互动	0.202	$p = 0.202 > 0.05$	无统计学差异

首先，单向方差分析表明，慢速游客的年龄仅对"社交互动"的动机类别有显著影响。Bonferroni 事后检验报告显示，40～49 岁年龄组（$M=3.71$）慢速游客的"社交互动"明显强于 30～39 岁年龄组慢速游客（$M=3.26$）。因此，显示出统计学上显著差异的组是 40～49 岁和 30～39 岁年龄组。

其次，进行第二次单因素 ANOVA 检验以检查慢游动机因素在不同教育背景下是否存在显著差异，结果如表 3-10 所示。Bonferroni 测试表明，慢游者的文化程度对"自我反思与发现""参与度"和"社会互动"有显著影响。Bonferroni 事后测试结果表明，具有研究生教育水平的慢速游客（$M=4.27$）报告的"自我反思和发现"动机明显强于具有博士教育水平的慢速游客（$M=3.81$），与具有研究生（$M=3.67$）和博士教育水平（$M=3.11$）的慢速游客相比，具有高中教育水平（$M=3.72$）的慢速游客报告的"社交互动"动机明显更强。

最后，研究运用单因素方差分析检验了慢游动机因素在收入方面是否存在显著差异，结果表明慢速旅游者的收入水平对动机因素没有显著影响。

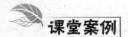

微信红包，消费者抢还是不抢——基于参与动机与心理抗拒中介模型的解释

（资料来源：李东进，刘建新，马明龙，等. 微信红包，消费者抢还是不抢：基于参与动机与心理抗拒中介模型的解释[J]. 营销科学学报，2016, 12(1): 18-37.）

1. 研究背景

"微信红包"是随着微信技术发展应运而生的一款网络应用，是一种通过网络微信平台向特定或不特定的人际群落发放的具有收发、查询和提现等功能的电子现钞或电子礼券。按照派发主体和派发动机的不同，可以将其划分为商业型微信红包（commercial wechat envelop, CWE）（图 3-2）和人际型微信红包（interpersonal wechat envelop, IWE）（图 3-3），

图 3-2　商业型微信红包（CWE）　　图 3-3　人际型微信红包（IWE）

前者派发的主体主要是商业企业，派发对象具有不特定性，派发的动机和目的主要包括扩大企业或品牌声誉、亲近潜在客户、促进产品或服务销售、增强消费者的微信支付意愿等，因此其派发红包时往往负载商业企业品牌或产品等商业化信息，具有总金额较高、竞争比较激烈、抢中概率低、形式礼券化等特点；而后者派发的主体主要是人际个体，派发对象具有特定性，派发的动机和目的主要包括娱乐朋友、活化关系、增进友谊等，因此其派发红包时负载更多的是祝福或幽默等社会化信息，具有总金额较低、竞争不太激烈、抢中概率高、形式电子现钞等特点。可见，二者存在显著的区别。遗憾的是，由于"微信红包"属于新鲜事物（邵晓莹，2015），有关它的学术关注和学术研究非常少，而从消费者的角度进一步关注不同类型的"微信红包"对消费者参与意愿影响的心理机制研究更为鲜见。

2. 研究假设

H1：呈现"微信红包"信息时，IWE 较之于 CWE 更能诱发消费者的参与意愿。

H2：呈现"微信红包"信息时，IWE 较之于 CWE 更能诱发消费者的参与动机。

H3：呈现"微信红包"信息时，消费者的参与动机会正向影响参与者的参与意愿。参与者动机在"微信红包"信息影响消费者参与意愿中起中介作用。

H4：自我建构会调节"微信红包"信息对消费者参与者动机的影响，并进而调节消费者的参与意愿。具体而言，在具有独立型自我构建（INDSC）倾向下 CWE 更能激发消费者的参与动机并进而影响参与意愿，而在具有依赖型自我构建（INTSC）情境下 IWE 更能激发消费者的参与动机并进而影响参与意愿。

3. 研究方法

3.1 预实验

预实验的主要目的是操纵检验，采用的检测方法是情景模拟的实验方法，实验给所有被试分别呈现两个"微信红包"信息，让其判断是 CWE 还是 IWE（1=CWE，7=IWE）。

"微信红包"信息 1 是："我公司（某大型国有企业，主要提供有形的产品）为了回馈社会公众和新老客户，特在除夕夜 22：00 派发 1 亿元的红包，每份红包的最大金额为 200.00 元，最小金额为 1.00 元，红包形式为一半是现金、一半是优惠券。热忱欢迎大家摇一摇，共度新春佳节。"

"微信红包"信息 2 是："我是你的朋友小李，为感谢大家过去一年的关心和支持，今晚（除夕夜 22：00）将向大家派发 1000.00 元的红包，每份红包的最大金额为 200.00 元，最小金额为 1.00 元，红包形式全部是现金。真诚欢迎大家摇一摇，共度新春佳节。"

随后，实验让被试判断和选择两个"微信红包"信息究竟属于哪类"微信红包"信息。研究在北方某高校招募了 35 名被试，男性被试为 15 名，女性被试为 20 名，其中有 5 名被试根本不熟悉"微信红包"予以剔除，因此预实验有效被试为 30 名，平均年龄为 20.70 岁（SD=0.75）。

t 检验的结果显示，30 名被试认为信息 1 属于 CWE 的均值 $M_{信息1}$=1.57，信息 2 属于 IWE 的均值为 $M_{信息2}$=6.37，二者之间差异显著（$t(29)$ = −11.03，$p<0.05$）。同时，二者均远离中值 4（$M_{信息1}$=1.57，$t(29)$ = −10.66，$p<0.05$；$M_{信息2}$=6.37，$t(29)$ =9.78，$p<0.05$），分别趋近于 1（CWE）和 7（IWE）。据此可以将"微信红包"信息 1 判定为 CWE，"微信红包"信息 2 判定为 IWE，并将其操纵方式用于主实验中。

3.2 实验设计

实验的主要目的是检测"微信红包"信息通过参与动机的中介效应影响消费者的参与意愿,并受自我建构的调节作用。实验设计是2("微信红包"信息:CWE与IWE)×2(自我建构:INDSC与INTSC)组间因子设计。实验将招募的被试随机分为大致同质的4组,首先,让他们阅读相关"微信红包"信息;其次,填写单维参与意愿量表、参与动机量表和自我建构量表;最后,填写多维参与意愿量表并完善个人相关的统计信息。其中,单维参与意愿量表题项为"你愿意参与抢'微信红包'吗?",量表为李克特7点制量表;参与动机量表分别改编自 Demetrovics 等人(2011)和 Lafreniere 等人(2012)编制的游戏动机量表,分别包括有趣性、愉悦性、竞争性、物质性和人际性等条目,量表为李克特7点制量表;自我建构量表改编自 Singelies(1994)和 Singelies 等人(1995)开发的"自我建构测量量表";多维参与意愿量表改编自 Agarwal 和 Karahanna(2000)的"游戏意愿量表"。正式实验在北方某高校招募了107名大学生被试,其中男性被试为51名,女性被试为56名。所招被试被随机地分为4个实验组,分别为A组(CWE,INDSC)、B组(CWE,INTSC)、C组(IWE,INDSC)和D组(IWE,INTSC)。各组被试独立且同时进行实验。

实验的具体过程为先给A组和B组呈现预实验中的CWE、C组和D组呈现IWE,接着被试填写各自的单维参与意愿量表,然后分别启动 A组和C组的INDSC、B组和D组的INTSC,最后被试填写参与动机测量量表、自我建构测量量表和多维参与意愿量表,以及个人的相关统计信息。经过实验操纵后,我们将对问题进行仔细检查和复核。经过检查和评定,发现A组、B组、C组和D组等4组有效问卷分别为23份、24份、21份和24份,共计92份,所剔除的被试或问卷皆因不熟悉"微信红包"问卷缺失值太多或回答有效性不高(例如所有评定均是"1""7"等)。有效被试的平均年龄为20.64岁(SD=0.69)。

4. 研究结果

"微信红包"信息对消费者参与"微信红包"意愿的影响结果分析(表3-11)。进行独立样本t检验分析,结果显示,CWE和IWE对消费者参与意愿(单维)的影响差异显著(M_{CWE}=5.13;M_{IWE}=6.36;$t(90)$=−4.87,$p<0.05$),消费者参与IWE较之于CWE有更高的参与意愿。假设H1得到有效的支持。

表3-11 "微信红包"信息对消费者参与意愿(单维)的影响

类别	N	M	SD	t检验	p	95%CI	
						LLCI	ULCI
CWE	47	5.13	1.28	−4.87	0.00	−1.7288	−0.7270
IWE	45	6.36	1.31				

分析"微信红包"信息对消费者参与动机的影响。数据结果如表3-12所示,IWE比CWE更能诱发消费者的参与动机 [M_{IWE}=5.16,M_{CWE}=4.47,$t(90)$=−2.24,$p<0.05$],假设H2因此得到有效支持。最后分析自我建构的调节效应。双因素ANOVA结果显示,自我建构与"微信红包"信息对参与动机的交互效应显著 [$F(1,88)$=45.47,$p<0.05$],同时"微信红包"信息的主效应 [$F(1,88)$=5.67,$p<0.05$] 和自我建构的主效应均显著 [$F(1,88)$= 6.74,

$p<0.05$],这表明在激活 INDSC 情境下,消费者参与 CWE 较之于 IWE 有更强的参与动机(M_{IWE}=6.25,M_{CWE} = 3.96),如图 3-4 所示。进一步对"微信红包"信息与自我建构影响消费者参与意愿进行双因素 ANOVA 分析,结果显示交互效应也显著 [$F(1,88)$=43.80,$p<0.05$]。因此,假设 H4 得到有效支持。

表 3-12　自我建构对"微信红包"信息影响消费者参与动机的调节作用

类　别	Ⅲ SS	DF	MS	F	p
"微信红包"信息	8.21	1.88	8.21	5.67	0.02
自我建构	9.74	1.88	9.74	6.74	0.01
微信红包信息×自我建构	65.76	1.88	65.76	45.47	0.00

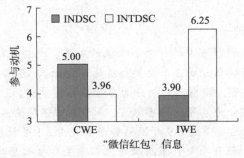

图 3-4　自我建构对参与动机的调节作用(李东进等,2016)

参与动机对"微信红包"信息影响消费者参与意愿的中介效应分析结果,如表 3-13 所示。因此整个假设 H3 得到完整的有效支持。

表 3-13　参与动机对"微信红包"信息影响消费者参与意愿的中介效应

类　别	自我建构	Effect	SE	t 检验	p	95%CI	
						LLCI	ULCI
直接效应	—	0.11	0.04	2.36	0.02	0.0167	0.1939
中介效应	INDSC	−0.32	0.11	—	0.11	−0.5644*	−0.1115*
	INTDSC	0.67	0.12	—	0.07	0.4484*	0.9219*

注:1. "微信红包"(IWE 和 CWE 分别编码为 1 和 0)、自我建构(INDSC 和 INTDSC 分别编码为 1 和 0)、参与动机和参与意愿(多维)均为标准化数据。2. *为"Boot"

3.3　消费者人格特质研究

消费者人格特质是指消费者在对待客观事物的态度和社会行为方式中所表现出的较为稳定的心理特征,属于消费者心理因素的范围。在销售活动中,消费者人格的差异是形成各种独特的购买行为的主要原因。消费者千差万别的人格特点不仅表现在现实生活中,也往往表现在他们对商品购买活动中各种事物的态度和习惯化的购买方式上。

知名品牌之所以能够获得消费者的青睐,是因为他们往往能够从消费者的人格特质着手，将品牌个性塑造成为与消费者人格特质相近的，能够引起消费者共鸣的品牌。比如，叛逆风格的"凡客体"让凡客诚品成为年轻草根追捧的对象，使品牌一夜爆红；江小白曾经利用生活职场上的喜怒哀愁戳中"80后""90后"的心；杜蕾斯也借势隐晦段子提升了自己在消费者中的关注度。

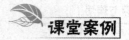

基于九型人格模型的品牌个性量表研究

（资料来源：许志炜，黄静，刘洪亮.基于九型人格模型的品牌个性量表研究[J]. 营销科学学报，2015(1): 20.）

1. 九型人格问卷测试

九型人格是一种能较好预测人的行为和动机的工具。九型人格理论是把人格的类型按照人的核心欲望与核心恐惧划分成3个大类：情感（heart）、思维（head）和本能（body）。每3个大类中又分3个类型。情感三元组分为2号性格博爱者，3号性格实干者，4号性格浪漫主义者；思维三元组分为5号性格思考者，6号性格怀疑论者，7号性格享乐主义者；本能三元组又分为8号性格领导者，9号性格和平主义者，1号性格完美主义者。九型人格认为，在每一种性格中，都有一个最深层次的核心欲望和核心恐惧，尽管人的欲望和恐惧似乎是无穷无尽的，但总有一个最核心的欲望和恐惧起了最重要的支配作用，就是这种恐惧和欲望决定了我们的性格（见表3-14）。

表3-14 九型人格的核心恐惧与核心欲望

类别	核心恐惧	核心欲望
第1型完美主义	怕做错事，变坏、变堕落	希望自己是对的、好的、贞洁的、有诚信的
第2型博爱者	不被人爱，不被人需要	感受爱的存在
第3型实干者	没有成就，一事无成	感觉有价值，被世人接受
第4型浪漫主义	没有独特自我认同和存在的意义	寻找自我，在内在的感性中找到自我认同
第5型思考者	无助、无知、无能	能干、知识丰富
第6型怀疑论者	得不到支援和引导，单凭自己无法生存	得到支援及安全感
第7型享乐主义	被约束，被剥削，困于痛苦	追求快乐、满足、新鲜、得偿所愿
第8型领导者	被认为软弱，被控制，被侵犯	做强者，捍卫自己利益，自己决定自己命运
第9型和平主义	失去与分离、冲突	维系内在的平静及安稳

将描述人格特征的66个词汇打乱无序排列，发给受试者，然后给出9段不同人格的描述，让受试者分别想象9个人，这9个人是非常有代表性的9种不同人格，并给出此人格中的某些代表性人物，按与这个人性格的相似程度进行打分（5级量表）。

例如，描述第1型人格的问卷：他们是志存高远的理想主义者，有强烈的是非感，自我约束，坚持原则，觉得推进每件事都是他们义不容辞的责任，想要事事正确。他们是改革家、鼓动家、批评家，害怕犯错误，一切事物都必须和他们的理想一致；他们爱挑剔，爱挑错，有道德感，追求完美。在不健康心理状态下他们可能非常教条，缺乏容忍力，没有弹性，只有他们知道"真理"，别人说的都是错的，喜欢挑人毛病，抓住他人差错不放，而自己做什么都有道理……代表人物有：孙中山、乔布斯、撒切尔夫人。

下列 66 个词组中，哪些词组可以用来描述这个人？请在每个词组后按（–2 完全不适合；–1 有点不适合；0 不确定；1 有点适合；2 完全适合）打分。

在表 3-15 中，可以看到每个维度的特征因素的题项间相关系数（item-total correlation）普遍大于 0.3，如果某一项小于 0.3，则意味着该特征与此维度联系并不紧密，必须抛弃。在此项数据中，整体相关性是令人满意的，Cronbach's α 值皆大于 0.7，证明无论删除哪个特征，都不会影响其内部可靠性。

于是我们得到一个由代表性词汇组成的性格维度的特征表，如表 3-15 所示。

表 3-15 内部可靠性检验量表

维度	项目	维度平均值	维度方差	题项间相关系数	Cronbach's α 值
第 1 型	讲规矩	1.32	0.34	0.712	0.825
	讲原则	1.30	0.46	0.788	0.724
	完美主义	1.89	0.08	0.833	0.823
	一丝不苟	1.81	0.11	0.826	0.846
	坚守教条	1.64	0.56	0.782	0.788
	吹毛求疵	1.58	0.58	0.877	0.751
	黑白分明	1.43	0.77	0.788	0.801
第 2 型	有爱心	1.92	0.05	0.901	0.895
	温暖	1.43	0.88	0.821	0.789
	关怀	1.85	0.33	0.798	0.876
	重付出	1.54	0.22	0.823	0.781
	乐善好施	1.88	0.31	0.898	0.812
	热心	1.89	0.34	0.781	0.721
	感性	1.54	1.01	0.702	0.708
	同情心	1.66	0.89	0.784	0.801
第 3 型	成就	1.93	0.06	0.905	0.887
	成功	1.96	0.03	0.911	0.898
	竞争	1.87	0.87	0.852	0.846
	进取	1.69	0.76	0.781	0.766
	注重形象	1.67	0.81	0.701	0.781
	重名利	1.53	0.45	0.764	0.801
	实用主义	1.65	0.77	0.711	0.811
第 4 型	独特	1.82	0.87	0.788	0.781
	有品位	1.95	0.1	0.723	0.775
	多愁善感	1.87	1.02	0.643	0.781
	敏锐	1.61	1.01	0.623	0.801
	浪漫	1.91	0.52	0.888	0.872
	美感	1.41	0.77	0.792	0.702
	灵感	1.31	0.87	0.701	0.735

第 3 章 消费者行为研究

续表

维度	项目	维度平均值	维度方差	题项间相关系数	Cronbach's α 值
第 5 型	有学问	1.54	0.64	0.731	0.702
	有深度	1.43	0.88	0.702	0.755
	冷漠	1.32	0.98	0.682	0.711
	热衷寻求知识	1.95	0.17	0.889	0.892
	喜欢分析	1.88	0.21	0.842	0.878
	喜欢研究	1.85	0.32	0.838	0.811
第 6 型	忠诚	1.32	0.31	0.782	0.711
	警觉	1.21	0.81	0.711	0.702
	谨慎	1.33	0.65	0.721	0.717
	重承诺	1.41	0.76	0.821	0.801
	焦虑	1.21	0.78	0.763	0.781
	忧患意识	1.31	0.71	0.721	0.702
	值得信赖	1.21	0.88	0.722	0.701
	团结	1.87	0.65	0.799	0.711
第 7 型	阳光	1.01	0.65	0.689	0.701
	乐观	1.44	0.88	0.671	0.722
	外向	1.72	0.71	0.681	0.769
	物质主义	1.55	0.67	0.712	0.821
	探索新鲜事物	1.43	0.71	0.782	0.705
	追求快乐	1.87	0.42	0.882	0.841
第 8 型	攻击性	1.78	0.81	0.622	0.712
	权力	1.92	0.91	0.654	0.792
	掌控	1.76	0.64	0.821	0.844
	冲动	1.67	0.88	0.712	0.701
	领袖	1.89	0.12	0.733	0.754
	地位	1.62	0.89	0.642	0.882
	挑战	1.44	1.01	0.681	0.784
	强势	1.81	1.13	0.677	0.772
第 9 型	平和	1.94	0.08	0.878	0.869
	耐心	1.66	0.66	0.881	0.702
	稳定	1.76	0.76	0.654	0.754
	持久	1.03	0.81	0.783	0.703
	包容	1.12	0.43	0.732	0.723
	低调	1.45	0.54	0.683	0.821
	淡薄	1.54	0.64	0.812	0.721
	甘于现实	1.33	0.32	0.743	0.786
	被动	1.38	0.54	0.811	0.754

2. 品牌个性维度验证

选取46个有代表性的品牌（这些品牌在前测部分被证明是受试者普遍熟悉的品牌）分别是：维珍、维多利亚的秘密、古驰、阿玛尼、路虎、万达、路易威登、可口可乐、百事可乐、华为、联想、苹果、王老吉、淘宝、索尼、微软、奔驰、阿迪达斯、松下、宝马、中国人保、劳力士、凯迪拉克、丰田、力士、耐克、保时捷、班尼路、谷歌、麦当劳、东芝、沃尔沃、万宝路、迪斯尼、海尔、宝洁、别克、Zippo、香奈儿、南方食品、Hello Kitty、腾讯、雅马哈、本田、三星、奇虎360。

实验步骤是向受试者一一展示这46个品牌，然后让受试者填写问卷，使用制作好的性格量表，让受试者对该品牌在量表中的9个性格维度一一打分（5级量表）。实验开始时在大屏幕上一一展示这46个品牌，包括名字、logo和代表性产品。为了防止品牌过多导致受试者出现烦躁，测试分为两次进行，第一次先展示23个品牌，一个星期后再展示23个品牌让受试者填写问卷。以下是问卷问题：

如果我们将品牌拟人化，请为这个品牌在以下9种人格维度下打分，请按0～5（–2完全不像；–1大部分不像；0不知道；1有点像；2非常像）分进行评分。

不用一一对号入座，仅仅凭直觉，想象这个品牌如果是一个"人"的话，会拥有哪些人格特征？

3. 研究结果

研究将338名受试者问卷回收，其中剔除8份无效问卷（未完成、未按要求回答等）。然后将每个品牌在每个性格维度上的得分汇总，选取每个品牌得分最高的一个人格维度进行分类。结果（显示每个品牌最高3项人格得分）如下。

在9个人格中，第1型人格得分最高的品牌（苛刻严谨的完美主义者）：

苹果（M_1=1.62；median=2；SD=0.48）（M_4=1.45；median=2；SD=1.03）（M_7=1.42；median=1；SD=1.68）

保时捷（M_1=1.68；median=2；SD=0.82）（M_4=1.21；median=1；SD=0.91）（M_7=1.33；median=1；SD=0.54）

路易威登（M_1=1.61；median=2；SD=0.45）（M_4=1.35；median=1；SD=0.27）（M_7=1.41；median = 2；SD=0.28）

在9个人格中，第2型人格得分最高的品牌（注重情感与关系的爱心者）：

Hello Kitty（M_2=1.89；median =2；SD=0.61）（M_9=1.15；median=2；SD=1.03）（M_7=0.62；median=0；SD=1.01）

中国人保（M_2=1.78；median=2；SD=1.03）（M_6=0.78；median=1；SD=1.11）（M_3=0.21；median=0；SD=0.50）

海尔（M_2=1.75；median=2；SD=0.43）（M_3=1.31；median=2；SD=0.35）（M_6=1.02；median=1；SD=1.04）

----

4. 结果分析

实验结果发现了一个非常有意思的现象，在46个受试者普遍熟悉的品牌中，很难找到和第9型人格有共同点的品牌。其他类型的品牌个性特点分析如下。

第 1 型品牌。例如，乔布斯曾多次公开声称，把用户体验和喜好放在第一位，绝对不是苹果的风格，苹果只遵循自己的风格。

第 2 型品牌。第 2 型品牌则将"情感"放在最核心的位置，在这个品牌上，体现得最多的就是情感与温暖，如海尔始终将周到的用户服务放在第一位，不惜重金打造动画片，将海尔兄弟正直善良、乐于助人的形象深入人心。

第 3 型品牌。这类品牌是个不折不扣功利主义者，在乎的就是成功、价值和竞争，往往这类性格的品牌有很多，无论是可口可乐，还是麦当劳，抑或是淘宝，给人最突出的印象就是"行动与成就"。

第 4 型品牌。这类品牌以浪漫、敏感、独特为主，其最核心的特点就是寻找自我认同感，尤其是与众不同，如维多利亚的秘密就是一个典型。

第 5 型品牌。这类品牌注重思考、注重创新、注重全局、注重结构，上榜的都是科技企业，如微软、索尼等。

第 6 型品牌。这类品牌的忧患意识非常强烈，品牌体现了一种焦虑和防范不安全感、注重忠诚，如华为、沃尔沃都是其典型代表。

第 7 型品牌。这类品牌追求快乐，新鲜刺激。例如，"打造驾驶乐趣"的宝马，追求快乐的迪斯尼。

第 8 型品牌。这类品牌的特色是一种权力感，强势与权力，力量和地位，如奔驰、路虎等。

在实验中我们观察每种品牌的最高 3 项得分，在实验一中，发现苹果除了有最为强烈的第 1 型人格特征外（$M_1=1.62$；SD=0.48），还带有强烈的第 4 型人格特征（浪漫主义、独树一帜）（$M_4=1.45$；SD=1.03），和第 7 型人格特征（追求物质快乐和新奇的享乐主义）（$M_7=1.42$；SD=1.68）。这刚好非常吻合九型人格模型中的人格相关模式。

3.4　消费者风险态度研究

感知风险（perceived risk）表现为一种假设的心理状态，它实际上就是在产品购买过程中，消费者对产品的质量好坏的未知，从而产生一种不确定的感觉。由此可见，感知风险是指顾客对某种行为结果的不利感受。对于感知风险维度的划分，已有许多学者对风险认知的结构进行了操作化研究，并识别出了财务风险、功能风险、身体风险、心理风险和社会风险等风险维度，Stone 和 Gronhaug（1993）在此研究基础上又增加了时间风险，该风险维度和量表得到了广泛运用。

而风险归因作为阐释风险致因的理论框架，能够有效地挖掘个人感知风险的影响因素；特别是三维归因理论可以针对性地解释影响个人感知风险的因素及其作用过程。该理论从通俗心理学（naive psychology）的角度出发，揭示了人们感知和推测事件产生的原因；并认为人们在进行因果归属界定时需要从主观和客观领域中的 3 个范畴着手，即刺激物（存在）、行动人（人）及所处的关系或情境（时间和形态）。比如，对于众筹风险而言，众筹风险涉及的行动人包括众筹支持者、众筹发起者和众筹平台；涉及的所处关系或者情境主要指众筹环境，包括监管环境（政府监管部门、第三方监管机构和网络舆论等）；涉及的刺激物主要指传统金融（夏雨等，2021）。

预测风险态度和行为是一个陈旧的话题，在吸毒、经济决策、健康和安全决策等许多情境中得到验证。所谓风险态度（risk appetite）是指人们对风险所采取的态度，是基于对目标有正面或负面影响的不确定性所选择的一种心智状态，或者说是对重要的不确定性认知所选择的回应方式。风险态度一般分为3种：风险厌恶（risk averse）、风险中性（risk neutral）和风险偏好（risk preference）。风险厌恶是一个人接受一个具有不确定收益的交易，相对于接受另一个更保险但也可能具有更低期望收益的交易时的不情愿程度。风险中性是相对于风险偏好和风险厌恶的中间概念，既不回避风险也不主动追求风险，通常风险中性的投资者对自己承担的风险并不要求风险补偿。风险偏好是指人们愿意主动追求风险，喜欢收益的波动性胜于收益的稳定性的态度。

一方面，顾客在参与购买过程中，大多情况下会对未来收益与风险存在不确定性，而各方面存在的不确定性会导致顾客主动搜索与产品、品牌、企业等相关的信息，从而减少风险。另一方面，顾客参与产品的服务过程或主动进行搜索也可能是受到利益的驱动，如Eisenbeiss等（2014）指出，理财顾客主动参与信息搜寻、提高搜索精确度的动机与其所期望的参与收益相关。

也有研究发现，感知风险与决策行为经常与情绪、认知等因素交织在一起，是一种综合决策模式。不仅如此，一些外在和内在的因素也会对决策行为产生影响。比如，Bechara等（1998）认为，决策不仅仅是一个认知过程，还包括输入情绪或动机相关反馈等大量信息，而后对其进行认知加工的过程。此外，Kuo等（2009）研究表明，信息表征方式会造成情绪变化，而此种情绪变化反过来又会对认知策略进行改变，进而影响决策行为。

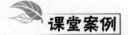

课堂案例

类人智能机器人（HIR）社会价值替代与风险态度研究

（资料来源：唐小飞，等. 类人智能机器人社会价值替代与风险态度研究[J].
南开管理评论，2021（6）：4.）

1. 研究背景

由于人工智能技术的突破性进展，类人智能机器人（humanoid intelligent robot，HIR）的出现已经成为服务营销领域最具戏剧性的变化之一。彭博社（Bloomberg，2017）指出，由于它们拥有像人类一样的言谈举止和情感，很容易让人产生共鸣，因此，企业可以创造出更积极的轰动效应。从机器人保姆，到使用机器人照顾老年人，甚至是提供性服务，它们成为服务创新领域的代表。不仅如此，HIR作为一个新兴的现实事物，将会越来越多地替代更多行业的人类服务（Harris et al.，2018）。据国际机器人联合会（International Federation of Robotics，2019）估计，到2022年用于个人和家庭的智能机器人销量将达到6110万台，估计价值115亿美元，中国将与美国、欧盟、日本和韩国一道，跻身全球五大机器人单一市场之列。有统计数据显示，约86%的零售营销项目已经启动了投资人工智能的计划（Persado，2017）。虽然创造出看起来尽可能像人类的智能机器人是机器人行业中的重要里程碑，但应用类人智能机器人的企业面临着两个潜在的营销难题。首先，"恐怖谷"理论认为，与高度类似人类的智能机器人打交道会让人恐惧不安，降低了人类自身的社会存在感（Mori et al.，2012），这可能会抑制消费者对 HIR 采纳意愿。其次，拥有智能的类人机器人重塑了许多行业的社会功能，正在日益替代各行各业的工作，对人们就业构成了威胁（Li et al., 2019）。出于 HIR 在全球范围内推广可能会导致大多数人失业的担忧，可能会遭遇大规模的消费抵制。

2. 研究假设

费孝通先生的"差序格局"理论认为，每个网络都是以"己"作为中心，按照血缘、地缘、业缘结成社会关系网络。借鉴费孝通先生的"差序格局"理论，将以"自我"为中心，按照"自我""亲情""友情""智力"和"体力"5 个层级从强到弱、向外延伸，由此形成的社会价值替代层级命名为"替代差序格局"。"替代差序格局"以"自我"为中心对应"差序格局"以"己"为中心、以"血缘"对应"亲情"、以"地缘"对应"友情"、以"业缘"对应"智力劳动"和"体力劳动"。如图 3-5 所示，进一步，Batra 等人（1990）认为顾客购买消费产品和服务有两个基本目的：一是为了实现享乐性的利益；二是为了实现实用性（工具性）的利益。由此可以推断，体力替代和智力替代产生实用性利益，属于社会功能价值替代范畴，友情替代、亲情替代和自我替代产生享乐性利益，属于社会存在价值替代范畴。

H1：体力替代和智力替代属于社会功能价值替代维度范畴；友情替代、亲情替代和自我替代属于社会存在价值替代维度范畴。

科技的发展为消除自然带来的危害和风险提供了基础，同时，社会将面临越来越多的技术风险（Knight, 1921）。正如 HIR 走进人类生活，为人类的生活和生产带来便利、享乐、效率和效益的同时，也正在唤起人类的风险感知。

H2：社会功能价值替代和社会存在价值替代显著增强了消费者风险感知，但社会存在价值替代相较社会功能替代对消费者风险感知的影响更大。

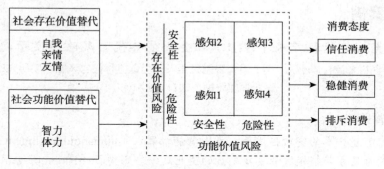

图 3-5　研究概念模型

3. 实验 1

实验 1 的目的是检验 H1，HIR 的社会价值替代的层级要素。研究认为社会价值替代层级主要包括"体力→智力→友情→亲情→自我"等 5 个关键性要素。其中，体力替代和智力替代属于社会功能价值替代维度范畴；友情替代、亲情替代和自我替代属于社会存在价值替代维度范畴。

3.1 正式实验流程

由企业中高层管理者组成的 79 名总裁班学员作为被试，需要看完一段视频"HIR 的社会价值"，在观看视频过程中被试需要想象 HIR 像人一样能够做哪些事，包括功能层面和精神层面的。此外，为了加强操控效果，被试在看完视频之后还需要尽可能详细地描述，视频中的 HIR 像人一样能够做哪些事，包括功能层面和精神层面，时间和字数不限。随后，所有被试在 7 级量表上完成社会价值替代层级的测项（Voss et al., 2003），采用翻译与回翻程序，并对翻译中如何措辞进行深入讨论，以确保中英文量表的含义相同。每个社会功能价值替代和社会存在价值替代属性包括 10 个问项的测项，均采用 7 级评分语义差异量表。例如，体力替代，"HIR 走进人类，对于我来讲，体力替代对社会功能价值替代方面是有用的/无用的、有帮助/无帮助、起作用/不起作用等"。

采用探索性因子分析法对问卷的信度和效度进行分析。信度主要考查实验数据的内部一致性系数，效度主要考察结构化效度指标。本文将社会价值替代层级分为两个因子，分别对应于社会存在价值替代（5 个题项）和社会功能价值替代（5 个题项），因子载荷都大于 0.65，累积解释度（cumulative）介于 60%~80%范围内。根据有关统计指标的要求，统计结果显示，所有变量的 Cronbach's α 值超过 0.70，说明测量题项的可靠性较高。项目-总体相关系数（item-total correlation）反映了维度的内部结构，所有题项间的内部相关系数值均介于 0.5~0.8 范围内。另外，量表的 KMO 值均大于 0.7，并通过 Bartlett 球形检验（$p<0.01$），均说明实验问卷有较好的信度和结构效度。因此，实验设计科学严谨，可以用来进行假说检验，分析结果如表 3-16 所示。

表 3-16 实验数据的信度和效度检验结果

测量题项 视频"HIR 走进人类生活中"，对于我来讲，	社会功能价值替代				社会存在价值替代					
	体力		智力		友情		亲情		自我	
	因子载荷	题项间相关系数	因子载荷	题项间相关系数	因子载荷	题项间相关系数	因子载荷	题项间相关系数	因子载荷	题项间相关系数
1. ××无用的/有用的	0.900	0.872	0.725	0.587	0.896	0.847	0.793	0.655	0.728	0.535
2. ××无帮助的/有帮助的	0.880	0.780	0.806	0.660	0.728	0.658	0.796	0.635	0.762	0.609
3. ××不起作用的/起作用的	0.882	0.802	0.783	0.729	0.735	0.666	0.685	0.507	0.902	0.847
4. ××不必要的/必要的	0.760	0.650	0.801	0.701	0.847	0.748	0.889	0.812	0.849	0.760
5. ××不实用的/实用的	0.828	0.690	0.753	0.674	0.851	0.759	0.940	0.885	0.905	0.843
6. ××没有乐趣的/有乐趣的	0.689	0.513	0.855	0.823	0.900	0.829	0.784	0.614	0.828	0.691
7. ××不令人兴奋/令人兴奋	0.834	0.716	0.843	0.743	0.770	0.666	0.811	0.657	0.817	0.741
8. ××不令人高兴/令人高兴	0.834	0.698	0.748	0.647	0.855	0.832	0.838	0.730	0.896	0.865
9. ××不令人激动/令人激动	0.819	0.702	0.769	0.633	0.728	0.679	0.847	0.729	0.907	0.848
10. ××不令人愉快/令人愉快	0.734	0.564	0.778	0.666	0.921	0.888	0.878	0.825	0.813	0.670

注：××表示体力、智力、友情、亲情和自我等 5 个变量

3.2 数据分析与假设检验

体力替代和智力替代属于社会功能价值替代维度范畴；友情替代、亲情替代和自我替代属于社会存在价值替代维度范畴。

每个社会价值替代层级都可能既产生社会功能价值替代，又产生社会存在价值替代。研究在判断社会价值替代层级属于何种替代维度时，主要看该层级主要是产生社会功能价值替代还是社会存在价值替代。判定一个社会价值层级属于某一价值替代，需要进行以下两步检验：①社会价值替代层级在该利益维度上的得分是否大于4，如果得分小于4，表明社会价值层级不属于该替代维度；②如果社会价值替代层级在两个维度上都大于4，表明该层级既可能属于社会功能价值维度又可能属于社会存在价值替代维度，这时样本则需通过配对 t 检验。根据上述检验思路，为了检验 HIR 的"体力、智力、友情、亲情和自我"5个层级在社会功能价值替代和社会存在价值替代两个维度上是否显著不同，本研究采用 t 检验方法，如表3-17所示。

表3-17　研究变量的描述性统计结果

变量	最小值		最大值		均值		标准差	
	社会功能价值替代	社会存在价值替代	社会功能价值替代	社会存在价值替代	社会功能价值替代	社会存在价值替代	社会功能价值替代	社会存在价值替代
体力	1.6	1.2	7.0	6.0	5.013	3.570	0.928	1.016
智力	1.8	2.0	7.0	6.0	5.035	4.238	0.713	0.957
友情	1.4	2.0	6.2	7.0	3.372	4.334	1.125	1.187
亲情	1.0	1.2	6.4	6.8	2.992	4.441	1.162	1.153
自我	1.0	1.4	6.2	7.0	3.360	4.575	1.055	1.164

数据分析结果表明，对体力的功能价值替代得分显著高于中值4（$t=9.695$, $p<0.01$），而存在价值替代显著低于中值4（$t=-3.766$, $p<0.01$），说明消费者认为将体力归属到功能价值替代维度更为合适。对智力的功能价值替代得分显著高于中值4（$t=12.906$, $p<0.01$），同时存在价值替代得分也高于中值4（$t=2.211$, $p>0.05$），说明自我对消费者可能同时产生功能价值替代和存在价值替代。为了进一步比较消费者更看重智力的哪一方面替代，本研究对智力的功能价值替代得分和存在价值替代得分又做了配对样本 t 检验，结果表明功能价值替代得分显著大于存在价值替代得分（$t=8.835$, $p<0.01$），说明顾客更关注智力的功能价值替代。对友情的功能价值替代得分显著低于中值4（$t=-4.959$, $p<0.01$），而存在价值替代得分显著高于中值4（$t=2.503$, $p<0.05$），说明消费者更关注友情的存在价值替代。对亲情的功能价值替代得分显著低于中值4（$t=-7.710$, $p<0.01$），而存在价值替代得分显著高于中值4（$t=3.395$, $p<0.01$），说明消费者更关注亲情的存在价值替代。对自我的功能价值替代得分显著低于中值4（$t=-5.398$, $p<0.01$），而存在价值替代得分显著高于中值4（$t=4.389$, $p<0.01$），说明消费者更关注自我的存在价值替代。综合以上分析结果，假设 H1 得到了数据支持，各社会价值替代层级得分曲线和分布，如图3-6所示。

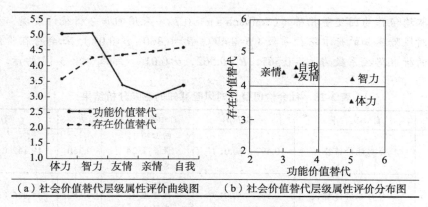

（a）社会价值替代层级属性评价曲线图　　（b）社会价值替代层级属性评价分布图

图3-6　社会价值替代层级属性评价和分布图（唐小飞等，2021）

4. 实验2

实验2的目的是检验H2：HIR功能价值替代和存在价值替代对风险感知的影响作用。

4.1 实验刺激物的选取

本实验选取视频1"Atlas动作机器人：机器人到底能做到哪些事情？"作为社会功能价值替代象征展示；选取视频2"Sophia社交机器人：这个机器人告诉你人类的未来"，作为社会存在价值替代象征展示，并通过一个独立的前测对这两段视频展示刺激物选取的有效性进行了测量和检验。同样，将49名在校大学生被试分为两组，一组24人和二组25人，在7级量表上分别就"机器人到底能做到哪些事情？"和"这个机器人告诉你人类的未来"的功能象征性和存在象征性进行评价（White et al., 2011）。配对样本t检验的结果显示，一组被试对视频1的功能价值替代象征性评价（$M=5.08$，$SD=1.27$）显著地高于对视频2的评价（$M=3.44$，$SD=1.13$；$t(23)=10.22$，$p<0.01$）；二组被试对视频2的存在价值替代象征性评价（$M=4.89$，$SD=1.68$）显著地高于对视频1的评价（$M=3.36$，$SD=1.43$，$t(24)=-5.77$，$p<0.01$），表明选取视频1和视频2分别作为社会功能价值替代和社会存在价值替代的实验刺激物是合适的。

4.2 正式实验流程

所有被试在实验室的电脑上依次完成所有任务。具体而言，将来自由企业中高层管理人员组成73名EMBA学员的被试分为两组，其中社会功能价值替代组（36人）观看"Atlas动作机器人：机器人到底能做到哪些事情？"，社会存在价值替代组（37人）观看"Sophia社交机器人：这个机器人告诉你人类的未来"。在观看视频过程中被试需要想象自己未来生活和工作的环境如果变成这样，对自己会带来什么影响。然后在7级量表上分别对两组视频的社会价值替代进行评价，其中包括社会功能价值替代和社会存在价值替代各4个测项（1=一点也不同意，7=非常同意）。此外，为了加强操控效果，被试在看完视频之后还需要尽可能详细地描述自己面对这种未来的体会和感受，时间和字数不限。随后，所有被试在7级量表上完成风险感知的具体测项（Fischhoff et al., 1978）。最后，被试填写性别、年龄等个人信息，并领取实验报酬。

4.3 实验结果与讨论

为了检验社会（功能与存在）价值替代对风险感知的影响，首先对各变量的测量题项得分各自取均值作为因变量指标（Cronbach's α > 0.7）。采用回归分析统计发现，社会功能价值替代对风险感知的标准路径系数（β=0.497，R^2=0.360，$p<0.01$），社会存在价值替代对风险感知的标准路径系数为（β=0.567，R^2=0.562，$p<0.01$），结果如表3-18所示。

表3-18 社会价值替代对风险感知的影响分析结果

因变量	自变量	系数$\beta(p)$	自由度（df）	R^2	$F(p)$
风险感知	社会功能价值替代	0.497（<0.01）	回归项 1 误差项 34 总计 35	0.360	19.142（<0.01）
	社会存在价值替代	0.567（<0.01）	回归项 1 误差项 35 总计 36	0.562	44.885（<0.01）

注：$p<0.05$，表示在5%水平上显著；$p<0.01$表示在1%水平上显著

独立样本 t 检验结果表明，Sophia 社交机器人组的被试（M=4.67，SD=1.14）比 Atlas 动作机器人组的被试（M=4.03，SD=0.90）有着更高的风险感知 [$t(71)$=−2.67，$p<0.01$，d=0.63]，即社会存在价值替代比社会功能价值替代对风险感知的影响更大，故假设 H2 得到支持。

3.5 跨文化消费态度研究

如果你行驶在高速公路上，看到前面行驶着一辆东倒西歪、慢腾腾的车，你很可能认为这是一位女士驾驶；如果是一辆横冲直撞、超速驾驶的车，你可能认为这是一位青年男士在驾驶。在中国这样假定或推测十有八九不会出错，但在其他很多国家，如美国，情况也许并非如此。对速度或其他驾驶习惯所带有的象征含义缺乏了解将会导致严重后果。可以说，不同文化下某些符号、数字、颜色的心理暗示是不同的。尽管有些符号、标记在不同文化下其含义各不相同，但也有很多标记可以跨越国界，在多个国家传递相同或类似的信息。

下面是一些由于缺乏了解跨文化差异而导致营销失败的实例。

- 一家制造水上娱乐产品的公司在马来西亚蒙受了巨大损失，原因是公司产品的主导颜色是绿色，而绿色在马来西亚则与杂乱和疾病相联系。
- 美国一家著名的高尔夫球制造商最初在进入日本市场时遇到了麻烦，原因是该公司把高尔夫球以 4 个为一盒进行出售，而数字 4 在日本是死的象征。
- 百事可乐将其在南亚的霸主地位拱手让给可口可乐，原因之一是它不适当地将其销售设备和冷藏箱的颜色由原来很庄重、豪华的蓝色改变为浅蓝色。浅蓝色在南亚地区与死亡、奔丧相联系。
- 绝大多数中国商务旅行者对联合航空公司机上服务员在环太平洋航线为头等舱乘客所举行的短暂欢迎仪式而感到震惊。在这个仪式上，每位服务员很自豪地佩戴一

朵白花,而白花在亚洲是死亡的符号。
- 美国电话电报公司在俄罗斯和波兰不得不更改其大拇指朝上的广告。在这则广告里,有出示手掌的镜头,这种方式被认为带有侵犯的意味。所做的改动其实很简单,是将拇指朝上的手势改为显示手背而不是手心。

跨文化营销活动,尤其是跨文化广告应在多大程度上实行标准化,目前仍在争论当中。一些跨国性广告很少做变动便在很多国家播放,这种标准化营销策略的确能大幅度节省费用,然而这些广告也可能会因为冒犯消费者而受到抵制。

虽然文化不能直接观察,但可以从一个国家群体或人群中得到诠释。比如,使用两个最具文化和市场代表性的国家(美国和中国)的数据来做跨文化研究。霍夫斯泰德指出,美国相对于中国具有更高的个人主义(ID)、更低的不确定性规避(UA)和长期导向(LTO)。因此,下表结合了"个人主义—低不确定性规避、低长期导向"和"集体主义—高不确定性规避和高长期导向",以及霍尔提出的内容维度(低背景性和高背景性)形成两类文化类别来描述美国和中国的文化特征,如表3-19所示。

表3-19 两种类型的国家文化特征

文化构念	类型 Ⅰ	类型 Ⅱ
个人/集体主义(ID)	高 ID,即集体的目标、需求和价值依从于个人方面;自我独立;松散的社会网络;相对偏好短期和"肤浅"的关系	低 ID,即个人的目标、需求和价值依从于集体方面;相互依靠;紧密的社会网络;相对偏好短期和"深入"的关系
强/弱不确定性规避(UA)	低 UA,对不确定性和多样选择具有高度容忍性;人们更喜欢非正式的风险控制安排	高 UA,对不确定性和多样选择具有低容忍性;人们更喜欢结构化的风险控制安排
长/短期导向性(LTO)	低 LTO,较不注重传统、惯例或历史;强调个人稳定的价值观	高 LTO 用传统、惯例或历史来评价事物;强调忠诚、持久、信任、节俭等价值观
高/低背景性	低背景性,人们从直接和正式的信息来源获得决策信息,依靠书面或口头内容来诠释消息	高背景性,人们从个人信息网络来源获得决策信息,依靠背景线索来诠释消息
代表国家	美国	中国

"蛇吞象"式民族品牌跨国并购后的品牌战略研究:跨文化视角

(资料来源:郭锐,陶岚."蛇吞象"式民族品牌跨国并购后的品牌战略研究:跨文化视角[J]. 中国软科学,2013,000(009): 112-123.)

1. 研究背景

随着2009年金融危机和2011年欧债危机的爆发,中国民族品牌(本文中指生产经营始于并注册在中国内地的品牌)为了加快其国际化进程,争先恐后地花巨资跨国并购一些国外强势品牌(品牌资产优于民族品牌)。2012年5月,万达集团以26亿美元并购全球第二大院线 AMC 公司;2012年1月,山东重工潍柴以3.74亿欧元获得全球豪华游艇巨头意大利法拉帝集团75%的控股权；2009年6月，吉利收购福特旗下的沃尔沃汽车品牌，金额达到近20亿美元；腾中重工也曾欲以1.5亿美元收购通用豪华越野车品牌"悍马"。

虽然，大家都为中国民族品牌的"壮举"欢呼雀跃，但是消费者却在这种有悖常态的"蛇吞象"（品牌资产较差的品牌并购品牌资产较好的品牌）式的民族品牌跨国并购中产生了对并购后品牌的认知失调，而这种认知失调就是由于"蛇吞象"式跨国并购后被并购品牌附有两种不匹配的品牌信息（中方弱势品牌信息和国外强势品牌信息）而使消费者产生的认知冲突。因而，在不同文化背景下的消费者产生了普遍质疑，从以下的中美市场反应中可见一斑。

"如果万达并购AMC成功，我将不再去AMC影院看电影"——美国《华尔街日报》评论。腾讯网络调查显示（截至2012年6月22日），将近一半（48.61%）的消费者认为万达经营不好AMC。接近完成收购瑞典沃尔沃的中国头号民营汽车生产商——吉利汽车（面临另一个巨大挑战，或是说服注重身份的中国消费者来购买中国制造的沃尔沃汽车。

因此，民族品牌在"蛇吞象"后首先要解决的消费者问题就是：针对"蛇吞象"的跨国品牌并购造成的不同文化背景下的消费者认知失调，采取怎样的并购后品牌战略才能减轻该认知失调，从而获得消费者的积极评价和重复购买，最终提升并购双方的品牌绩效。

2. 研究假设

当品牌要素战略采用单一品牌战略并且营销支持战略采用维持被并购品牌原价的策略（相对于联合品牌/维持原价、灵活品牌/维持原价、新品牌/维持原价、单一品牌/降低价格、联合品牌降低价格、灵活品牌/降低价格、新品牌/降低价格），则消费者会对并后的并购方和被并购方的品牌评价和重购意愿最好。

3. 研究方法

该研究采用中美消费者两大类的4（品牌要素战略：新品牌、联合品牌、灵活品牌和单一品牌）×2（营销支持战略：维持价格和降低价格）混合设计，品牌要素战略将作为组内因子，而营销支持战略则为组间因子。因变量为目标品牌的态度和重购意愿的评价。60名来自武汉大学和58名来自美国阿尔弗莱德大学的老师作为被试来完成本实验。

两类并后的被并购品牌（中英文）被创造，每对包括印有单一品牌名称（保持原被并购品牌名称）、联合品牌（并后品牌名称并列）、灵活品牌（采取并购品牌名称背书于被并购品牌名称）的图片。为了确保这些品牌名称中差异确实是唯一存在的，30人（中、美）的前测根据Aaker的品牌资产量表来确定沃尔沃（$M_中$=5.68和$M_美$=5.76）、吉利（$M_中$= 4.52，$p<0.1$ 和 $M_美$=2.80，$p<0.1$）及悍马（$M_中$=5.85 和 $M_美$=5.89）和腾中重工（$M_中$=3.31，$p<0.1$ 和 $M_美$=1.70，$p<0.1$）确实都是前者是强势品牌，而后者是弱势品牌。这次实验的一类品牌是"沃尔沃""吉利-沃尔沃""沃尔沃吉利旗下品牌""吉沃"和"悍马""腾中重工-悍马""悍马-腾中重工背书""腾马"。每个被试会受到这两类其中一类的刺激。

当被试就位时，我们告知他们，就两类并后的品牌名称作评价。被试首先被告知他们将以原价购买他们所看到的并后强势品牌，然后再观看15分钟的其他无关影片，最后再进行其他3种品牌名称的测试。另外一组被试则被告知他们将以比原价较低价格购买到他们所看到的并后强势品牌,其他程序与上一组一致。出示的附有品牌名称的产品图片中产品是同一产品,因此可以排除产品类别的影响。接着,在被试看完图片后,如图 3-7 所示,他们将接着完成一份问卷。

图 3-7　实验刺激图片(郭锐,陶岚,2013)

首先,被试要回答一份完整的一系列来自 Aaker 的品牌态度和重购意愿问卷,他们将评价品牌名称是基于 7 点量表 [即"喜欢/不喜欢(like/not like)"]"值得称赞的/不值得称赞的(worthy of praise/not worthy of praise)""根本不享受/非常享受(enjoyable/not enjoyable）""完全不满意/非常满意（completely unsatisfactory/completely satisfactory）"和"肯定不重购/肯定重购（repurchase definitely/not repurchase definitely）"这个品牌。我们将这些问项的平均值作为品牌绩效评价指标（α=0.97）。为了评价品牌名称的操控，被试要回答品牌名称和价格多大程度上是有区别的（1="根本没有 not large at all"，7="非常大 very large"）。这些问项的平均值构成了一个感知的品牌名称和价格差异指标（$α_{中}$=0.89 和 $α_{美}$=0.83；$α_{中}$=0.87 和 $α_{美}$=0.90）。

其他解释变量测量。除了包括品牌要素战略、营销支持战略和次级联想杠杆战略外，还有其他的因素来解释为什么不同的品牌名称会影响到品牌绩效或评价。首先，本文所选取的品牌名称会引起不同的象征，因此品牌名称的不同含义会导致这一结果。为测试该可能性，被试完成了一些关于是否品牌名称导致他们思考一些事情。例如，"民族主义"和"品牌熟悉程度"。其次，也有可能是品牌名称文字差异（被并购国外品牌在并购品牌之前或后）更易产生积极或消极评价。在表 3-20 中，可以看出在本文实验里中国、美国消费者在品牌熟悉程度、民族主义和文字差异等对品牌绩效无显著影响，因此，这些变量将不作为以下研究的控制变量。

表 3-20　品牌要素战略和营销支持战略作用的其他解释检验

其他解释变量	文化类型Ⅰ（美国）		文化类型Ⅱ（中国）	
	$β$	p	$β$	p
品牌熟悉程度	0.121	0.147	0.152	0.532
民族主义	−0.029	0.434	−0.069	0.325
文字差异	0.098	0.236	0.113	0.526

4. 结果和讨论

操控检验。为了测试中、英文品牌名称展示的顺序是否影响品牌评价，本文设计 LME 模型，其中包括设计因子和它们的交互作用，另外还有顺序的哑变量及每个自变量和哑变量间的交互作用。结果显示，中、英文品牌名称的展示的顺序变量作用不显著（$ps_{中}$>0.10 和 $ps_{美}$>0.10）。因此，本文将不再讨论该顺序变量。最后，为了评价品牌名称和价格的操控，本文也设计 LME 模型，其中把感知的品牌名称差异和感知价格差异作为因变量。结果发现中、美消费者仅有品牌名称战略和营销支持战略的主效应（$β_{中}$=0.237，t=2.81，p<0.01；$β_{中}$=0.255，t=2.63，p<0.01；$β_{美}$=0.347，t=3.98，p<0.01；$β_{美}$=0.441，t=3.69，p<0.01）。因此，操控是成功的。

结果评价。当把品牌绩效作为的因变量时，LME 模型产生了显著的主效应：包括品牌要素战略中名称战略（$β_{中}$=0.901，t=2.29，p<0.05 和 $β_{美}$=0.581，t=1.30，p<0.01）和营销支持战略中的价格战略（$β_{中}$=1.311，t=2.19，p<0.05 和 $β_{美}$=0.521，t=3.09，p<0.01）。而且，更重要的是，两者有显著的交互作用。当品牌名称采用维持原价的单一品牌战略时，被试比其他 7 种情况更积极评价品牌（$M_{中}$=5.26 和 $M_{美}$=4.93，p<0.05），其他 7 种情况为维持原价的联合品牌战略是维持原价的联合品牌（$M_{中}$=4.25，p<0.001；$M_{美}$=4.31，p<0.001）、维持原价的灵活品牌战略（$M_{中}$=3.68，p<0.001；$M_{美}$=3.57，p<0.001）、维持原价的新品牌战

略（$M_中$=4.01, $p<0.001$; $M_美$=3.84; t=3.87, $p<0.001$）和降低价格的单一品牌战略（$M_中$=3.44, $p<0.001$; $M_美$=3.52, $p<0.001$）、降低价格的联合品牌（$M_中$=3.31, $p<0.001$; $M_美$=3.36, $p<0.001$）、降低价格的灵活品牌战略（$M_中$=3.26, $p<0.001$; $M_美$=3.21, $p<0.001$）、降低价格的新品牌战略（$M_中$=3.05, $p<0.001$; $M_美$=2.96, $p<0.001$）。以上数据支持了研究假设，即中国、美国消费者都觉得中国民族品牌并购国外强势品牌后应该采取单一品牌（品牌名称不变）和维持原价（价格不变）。

即测即练

自学自测　扫描此码

新产品测试研究

本章首先提出了创新的重要性和感知产品创新的维度,然后详细介绍了新产品概念测试、新产品命名、新产品包装和新产品味觉研究,最后就新产品的采纳意愿进行了讨论,本章是市场研究中的又一重要内容。

1. 了解新产品概念测试技术;
2. 了解新产品命名条件和步骤;
3. 了解新产品包装特征对消费者购买意向的影响;
4. 了解味觉营销如何影响对新产品的认知。

1. 新产品概念的测试方法;
2. 新产品命名的方法和测量;
3. 包装特征的情景实验设计;
4. 味觉营销影响力的量化。

竹叶青茶极致创新打造大国品牌

(案例来源:本案例由唐小飞教授编写)

竹叶青茶,是国际公认的大国品牌,也是我国最有影响力和销量最好的绿茶品牌。根据中国茶叶流通协会公布的数据显示,2010—2022年这十多年间,竹叶青茶在全国高端绿茶市场的占有率始终位居第一,甚至还被作为国礼赠送给俄罗斯总统普京、梅德韦杰夫,摩纳哥阿尔贝亲王等各国领导人。

那么,竹叶青茶作为数万个茶叶品牌中的一个,为何它能独放光彩?竹叶青茶成功的关键是什么?

高端消费的趋势：社会驱动与自我驱动

随着社会经济的发展，中产阶层的崛起，在社会驱动与自我驱动的双重作用下，消费需求不断升级，消费者从购买必需品逐渐过渡到追求高品质、个性化、健康环保等方面，"悦己"消费趋势凸显。所谓"悦己"消费，是指人们越来越注重生活品质的升级和享受自我，期望通过购物实现心理和身体两方面的愉悦和满足。

受社会驱动和自我驱动的影响，消费者消费升级的基本路径包括 3 个阶段，如图 4-1 所示。

- 物质需求：基本功能满足；
- 物质升级：追求大品牌、高品质的商品；
- 精神升级：现在消费、未来受益；追求产品的"精与美"；被情怀所打动。

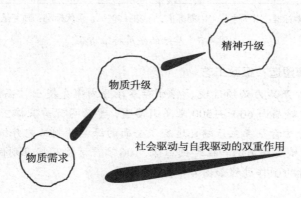

图 4-1　消费心理驱动因素

高端品牌的条件：工匠精神和极致创新

什么是极致创新？根据赵惠田在《发明与创新》杂志中的解释说，"极致创新"一词源于数学领域中的"极限"一词，在数学中极限的含义为一个变量按一定规律变化，最终会接近所设定的值，该值即称为其变量的极限。

用在商业中，极致创新则是指一种接近和达到最终、最高成就的创新方法。当然，随着社会发展的不同阶段，往往企业会经历多次变革和创新，如图 4-2 所示。

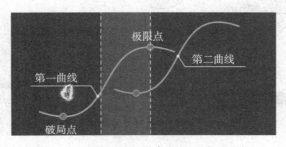

图 4-2　创新与极限（来源：百度图片）

竹叶青茶的品牌塑造：极致造型

茶数以万种、各有风情，万千姿态，何以竹叶青茶能在中国绿茶中得宠呢？竹叶青茶

第 4 章　新产品测试研究

的成功离不开其背后独具特性的商业逻辑,那就是以产品极致创新来成就其大国品牌。

中国传统的绿茶世界的规则是,芽叶等级越高,叶越少,芽越多,一芽一叶就到了极限(见图4-3)。竹叶青茶只取芽心,去掉芽叶后,它可以在杯里呈现独芽呈舞的形态,茶叶根根竖立,上下沉浮,形成了竹叶青独特的视觉标志。产品极致创新使竹叶青成为中国高端绿茶的代表,而论道竹叶青更是成了茶行业里公认的奢侈品,其地位从高级也向极致提升。

图4-3 茶叶的发展标准进化

竹叶青茶的品牌塑造:极致工艺

要塑造品牌力,产品力必须过硬。竹叶青茶在业内率先提出"高山、明前、茶芽"3大标准,茶芽均源自峨眉山600~1500米高山茶园,于清明节前采摘,仅取鲜嫩饱满茶芽。除了严把采摘端,竹叶青在生产端也进行了全面的绿茶精制工艺升级,38道加工工序、5重锁鲜科技留住了峨眉高山的一抹鲜爽滋味,106项严苛检测标准则保证了每一杯竹叶青茶的安全放心,茶叶的制作过程如图4-4所示。

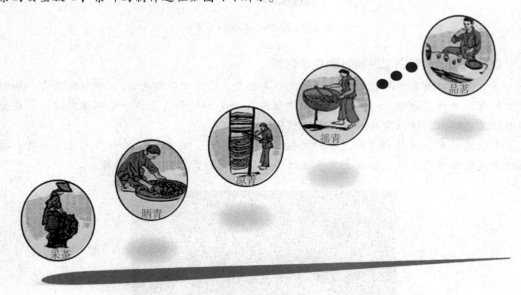

图4-4 茶叶的制作过程(来源:百度图片)

极致创新的机理:5个关键要素

极致创新是开发好产品,塑造知名品牌的关键和核心(见图4-5)。那,如何才能打造出具有极致创新性质的好产品呢?

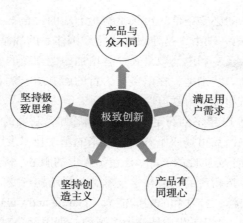

图 4-5　极致创新的原则

- 产品与众不同

产品要有独特的个性，形成差异化，这是产品得以存在的理由，也是用户认为有价值的地方，并愿意与之交换。只有创造出产品差异，才可能在个性化社会的消费者之间建立起牢固的品牌连接。

- 满足用户需求

产品的本质就是为了满足用户的需求，简单来说，"解决问题"和"制造兴奋点"都是为了满足用户需求。通常产品的功能价值只能解决用户的基本需求，而为品牌赋予体验价值和传播价值才能超越用户需求，并为用户制造购买产品的兴奋点。

- 产品有同理心

产品创新只有真正地将自己置换到用户的使用过程中，去认真感知每一个细节，每一个流程，每一道工序，才可能真正地感同身受。也只有基于这样的同理心开发出来的创新产品才可能最大限度地满足用户的需求。

- 坚持创造主义

要把创造客户价值作为产品创新的基本信仰，只有具备了这种信仰，才不会担心产品被客户轻易淘汰。你为客户创造的价值越多，客户就会更愿意与你站在一起，道理就是这样。

- 坚持极致思维

极致思维就是要超出用户预期，能让用户惊喜，突破极限。正如竹叶青茶的策划团队将几百年来公认的"一芽一叶"这样一种高端绿茶的标准，通过大胆创新，坚持把绿茶的一系列指标提升到极致，并最终以"独芽形态"诠释了中国高端绿茶的全新标准，成就了作为大国品牌的竹叶青茶。

4.1　新产品创新概念测试

对国家和民族而言，创新是经济与社会发展进步的核心推动力；对企业而言，创新是获得竞争优势、领先市场的必要条件。市场是检验创新的试金石。党的十九大报告明确提出："创新是引领发展的第一动力，是建设现代化经济体系的战略支撑。"不可否认，尽管近年来中国企业研发投入及专利申请数量在显著增加，但创新的质量仍有待提升，高质量专利的研发能力亟须提高。特别地，在以美国为首的西方国家挑起的不断升级的贸易冲突中更加凸显了制造业创新和转型的紧迫性。

菲利普·科特勒在 1997 年将创新定义为被市场感知为新颖的产品或服务。经济合作组织对创新的定义是由新的产品市场或服务机会带来的基于技术发明的一系列循环往复的过程。创新的形式不仅局限于实质性的产品，还包括无形的服务。构成创新的基本要素是"创新性"。宏观的"创新性"指新产品创造科学技术和市场结构转变的能力，微观的"创新性"是新产品影响公司现有资源，技术和战略的能力（Garcia and Calantone, 2002）。需要注意的是，从消费者层面来看，"创新性"是一个主观的心理因素，对创新性的感知因人而异。因此，从消费者视角出发，将创新性定义为"消费者感知到的产品或服务的新颖性程度"，这也更符合消费者研究文献的惯例。

无论是追求功能价值的产品创新还是实现关系价值的服务转型，均可以创造顾客价值、建立竞争优势。对于追求技术和产品创新的产品逻辑而言，追求领先性技术或产品，可以提高产品质量、建立品牌形象，将企业与竞争对手有效地"隔离"，最终获得品牌溢价和超额利润。与之相对应地，企业也可以向价值链下游转移和升级，尝试为顾客提供综合性解决方案。无形的服务与有形产品的融合，使得综合性解决方案具有隐性化和复杂性特征，从而产生更高的因果模糊性。融入服务要素不仅可以创造独特的、定制化的顾客价值，还可以提高顾客保留率。

中国学者崔成洪在 2022 年回顾过往研究指出，感知产品创新是消费者对某个产品在新颖性等方面与其他同类产品区别程度的主观判断。现阶段研究表明，感知产品创新对企业创新绩效和新产品开发绩效等内容的解释力和预测力较强，但对于如何测量感知产品创新性的观点尚未统一。结合相关研究的成果和中国消费者对创新产品的主观认知状态，得出以下 4 个维度是感知产品创新的重要构成。

• 感知新颖性

感知新颖性是指高新技术产品相对于现有产品的创新程度，创新程度由技术附加值所决定。感知新颖性可以通过技术创新来实现，这将作为外在的功能益处直接作用于消费者，最终帮助消费者获得效用。

• 感知有意义

高新技术产品具有的高技术附加值是新技术和新产品的一种形式。因此，感知有意义与消费者认为高新技术产品可以节省他们的时间、精力或者获得更好的产品体验有关。

• 感知便利性

高新技术产品的安全有效使用一般要求顾客具有一定的经验和知识。大量研究证明，产品便利性越高，消费者购买该产品获得的效用越大。此外，也有研究发现感知便利性对顾客购买这种产品的意愿或者使用此种技术的意图存在影响。

• 感知风险性

消费者在购买过程中更倾向于避免错误，而不是选择最大化的效用。感知风险性是指消费者购买和使用高新技术产品时认为自身面临某些损失或危险的程度。

课堂讨论

移动健身 App 使用意愿研究——基于技术准备度与技术接受模型（TRAM）

（资料来源：崔洪成. 移动健身 App 使用意愿研究：基于技术准备度与技术接受模型（TRAM）[J]. 中国体育科技，2022（5）：104-113.）

Davis 等人（1989）提出的技术接受模型（TAM）是信息系统研究领域中最具影响力的理论之一，该模型认为用户对新技术和新产品的感知有用性和感知易用性会影响其使用态度，从而影响使用意愿，进而影响其使用行为。技术接受模型提出了两个主要的决定因素：①感知有用性，反映一个人认为使用一个具体的系统对他工作业绩提高的程度；②感知易用性，反映一个人认为使用一个具体的系统的容易程度。

虽然 TAM 已被证实是能较好地预测新技术使用意愿的理论模型，但 McFarland 等人（2006）认为，TAM 对个体特征关注不够，应对其进行扩展，以进一步增强对技术接受行为的解释和预测。为了对 TAM 进行扩展，Lin 等人（2005，2007）的研究证实将技术准备度与 TAM 进行整合，形成新的模型 TRAM，既可以提高人们对技术使用意愿的预测能力，也有助于更深入地了解人们对技术接受行为，他们着重指出技术准备度是 TAM 预测技术感知有用性和感知易用性的前提和基础（见图 4-6）。TRAM 进一步揭示了用户采纳新技术产品的基本心理过程，即技术准备度→感知易用性→感知有用性→使用意愿（use intention，UI）（崔成洪，2022）。

图 4-6 技术准备度与技术接受模型（Lin et al., 2007）

课堂案例

儿童智能牙刷和 App 使用意愿研究

（资料来源：本案例由唐小飞教授编写）

1. 研究背景

Grush 作为国际口腔护理行业的知名品牌，从 2014 年前后进入中国儿童口腔护理市场，6 年时间过去了，Grush 几乎占领了中国儿童牙刷细分市场的"龙头地位"，即便是被认为难以撼动的传统儿童牙刷市场"蛋糕"也被 Grush 狠狠地分走了一大块。Grush 是如何做到的呢？答案很简单，产品创新是 Grush 儿童智能电动牙刷成功的关键所在，这也是 Grush

在儿童口腔护理产品上切分蛋糕的商业逻辑起点。

创新最早由美国经济学家熊彼特在 1912 年出版的《经济发展理论》中提出。他认为，开发一款新的产品、开辟一个新的细分市场（云南白药牙膏）、加入一种原材料显著提升产品性能（何首乌洗发液），以及构建一种新的商业模式（共享经济）都可以被认为是创新。

Innovation 翻译成中文是指"创新"，它的首字母 I，可以被理解为 Insight，暗含"洞察"之义；它的尾字母 N，可以被理解为 New value，暗含"新价值"之义（见图 4-7）。创新的本质就是"发现新价值"。因此，业内人士指出，创新产品必须满足以下 3 个方面的需求，即最新的、可实现的和有商业价值的（见图 4-8）。

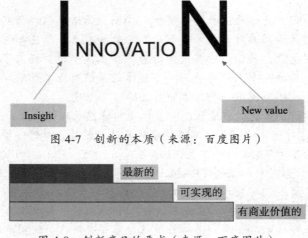

图 4-7　创新的本质（来源：百度图片）

图 4-8　创新产品的要求（来源：百度图片）

其实，有商业价值的产品要么能解决用户的痛点，要么能为用户制造兴奋点。换句话说，你只有为熊孩子刷牙制造兴奋点，才能让熊孩子心甘情愿地抢着去刷牙，才可能解决父母的痛点。那么问题来了，这些熊孩子为什么会心甘情愿地去刷牙，而且还要抢着去刷牙？

产品创新的突破口在什么地方？作为创业团队的首领，专家王勇竞博士此时此刻最应该做的最重要的事情又该是什么呢？当然是做市场调研，通过市场调研分析这些熊孩子们当下共同的、得分最高的兴趣点是什么，答案居然是"玩游戏"。Grush 智能儿童牙刷把刷牙和游戏结合在了一起。刷牙前，在手机或平板上打开与牙刷联动的 App。神奇的事情发生了！刷牙动作一启动，手机屏幕大嘴怪的门牙位置会出现一个"小怪兽"，在自己的牙齿上刷上几下，"小怪兽"就消失了。另外的"小怪兽"就出现在其他地方，"消灭一个出现一个"（见图 4-9）。

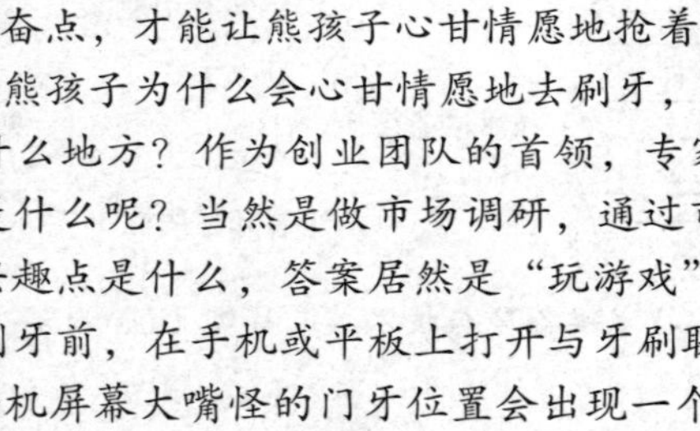

图 4-9　Grush 智能儿童牙刷（来源：百度图片）

当然，Grush 智能儿童牙刷的成功不仅在于能让熊孩子们乖乖刷牙，而且还在于让父母可以参与到游戏中，对孩子的刷牙情况进行监督。Grush 记录下孩子刷牙的时间和位置，然后同步到父母的 App，让父母可以随时了解自己孩子刷牙的情况，还可以在小孩刷牙时引导孩子科学刷牙，不留下任何的死角，父母的可参与性进一步增强了父母的购买意愿。

在科技高度发达，人类需求层次不断提升的今天，产品创新要重点考虑以下几个方面。

首先，产品创新是在满足用户某种或多种心理动机的前提下进行的。

其次，产品创新必须考虑用户的体验感，包括现代科技的应用。

最后，产品创新还要考虑跨界融合，如贵州茅台和瑞幸咖啡联名发布酱香拿铁产品，瑞幸咖啡公布的数据显示，该产品首日即收获销量 542 万杯、销售额超 1 亿元的亮眼成绩。"年轻人的第一杯茅台，中老年人的第一杯咖啡"，跨界融合创新创造了一个新的市场需求。

这就是说，谁的产品能够更好地解决消费者面临的痛点问题，能够更好地满足消费者的心理需求，能提供更好的产品体验感，谁就有更多的可能从行业市场中分得更大的蛋糕。那么，智能儿童牙刷市场是否值得继续投资呢？他能否持续挤压传统儿童牙刷市场这块蛋糕呢？根据国际品牌战略研究所公布的一份报告显示，2020 年全年，儿童智能牙刷零售额约 75 亿元，零售量为 4100 万支，预计未来线上、线下全渠道零售额规模有望突破数百亿元。随着智能技术的发展，消费者通过产品创新增进家长对儿童智能牙刷的采纳意愿的重视程度会不断提升。

2. 研究假设

本研究根据文献推演共作出 10 个假设，详见表 4-1。

表 4-1 研究假设汇总表

H1	a	家长乐观主义正向显著影响儿童智能牙刷和 App 感知易用性
	b	家长乐观主义正向显著影响儿童智能牙刷和 App 感知有用性
H2	a	家长创新精神正向显著影响儿童智能牙刷和 App 感知易用性
	b	家长创新精神正向显著影响儿童智能牙刷和 App 感知有用性
H3	a	家长不舒适感负向显著影响儿童智能牙刷和 App 感知易用性
	b	家长不舒适感负向显著影响移动儿童智能牙刷和 App 感知有用性
H4	a	家长不安全感负向显著影响移动儿童智能牙刷和 App 感知易用性
	b	家长不安全感负向显著影响移动儿童智能牙刷和 App 感知有用性
H5		儿童智能牙刷和 App 感知易用性正向显著影响感知有用性
H6		儿童智能牙刷和 App 感知易用性正向显著影响使用态度
H7		儿童智能牙刷和 App 感知有用性正向显著影响使用态度
H8		儿童智能牙刷和 App 感知有用性正向显著影响使用意愿
H9		儿童智能牙刷和 App 使用态度正向显著影响使用意愿
H10	a	家长健康意识正向显著影响儿童智能牙刷和 App 感知易用性
	b	家长健康意识正向显著影响儿童智能牙刷和 App 感知有用性

3. 研究方法

本研究提及的儿童智能牙刷和 App 主要指 Grush 品牌。2020 年 5—10 月，本研究利用问卷星平台编制问卷，并进行数据收集。有效问卷调查的样本特征详见表 4-2。

表 4-2　有效问卷调查的样本特征

特　征	分　类	人数/人	比例/%
性别	男	334	52.3
	女	305	47.7
学历	高中及以下	63	10.0
	专科	20	3.0
	本科	425	66.5
	研究生及以上	131	20.5
年龄	≤18 岁	63	10.0
	18～35 岁	435	68.1
	36～50 岁	134	20.9
	>50 岁	7	1.0
移动健身 App 使用情况	使用	287	44.9
	不使用	352	55.1

本研究所有变量的测量工具在以往的研究中已得到良好验证。Parasuraman 等人（2015）开发的技术准备度指数量表，用来衡量人们接受和使用新技术的倾向。该量表包含乐观主义、创新精神、不舒适感、不安全感 4 个维度共计 16 个题项，其中乐观主义包含 4 个题项，如"新产品的使用有助于提高我们家庭的生活质量"等；创新精神包含 4 个题项，如"一般来说，我是我的朋友（圈）中率先使用这个创新产品的人"等；不舒适感包含 4 个题项，如"有时候，我认为该创新产品不是为普通人使用设计的"等；不安全感包含 4 个题项，如"太多的创新产品（或服务）会分散人们的精力，一定程度上对人有害"等。健康意识的测量应用 Mohan 等人（2004）开发的健康意识测量量表，包括 5 个题目，如"尽我所能地让孩子好好刷牙对我来说非常重要"等。根据 Davis 等人（1989）、Venkatesh 等人（2000）和 Davis（1993）相关研究，对用于测量 TAM 中相关变量的题项进行适当改编，测量儿童智能牙刷和 App 感知有用性、感知易用性、使用态度、使用意愿，其中感知有用性包括 5 个题项，如"儿童智能牙刷和 App 可以帮助我的孩子养成良好的刷牙习惯"等；感知易用性包括 4 个题项，如"学会使用儿童智能牙刷和 App 很容易"等；使用态度包括 4 个题项，如"使用儿童智能牙刷和 App 是一个明智的选择"等；使用意愿包含 4 个题项，如"接下来，我会使用儿童智能牙刷和 App"等。所有量表均使用李克特 7 级量表进行打分，从非常不同意=1 到非常同意=7。

4. 信度与效度检验

利用 AMOS 22.0 做验证性因素分析，在乐观主义测量模型验证过程中，模型拟合良好，不需要进行修正；在创新精神、不舒适感和不安全感测量模型的验证过程中，3 个测量模型均拟合不好，经修正去掉因素负荷量低且卡方值较高的题项 4 后均符合恰好辨识（just identified），模型拟合良好。感知易用性测量模型去掉因素负荷量低且卡方值较高的题项 1 符合恰好辨识，模型拟合良好。健康意识测量模型、感知有用性测量模型、使用态度测量模型、使用意愿测量模型均拟合良好，不需要进行修正；Hair 等人（2010）指出，聚合效度的评价可以从 3 个方面来进行判断：平均方差萃取量 AVE 大于 0.5；标准化因子载荷应至少为 0.5；构建信度 CR 大于 0.7。本研究 AVE 大于 0.5，所有标准化的因子载荷在 0.6～0.9 之间，CR 大于 0.7，说明本研究测量量表具有良好的聚合效度。在区别效度方面，Hair 等人（2010）认为，区别效度评价准则为各因子 AVE 的算术平方根需大于该潜变量与其他潜变量之间的相关系数。本研究量表各潜变量 AVE 开方后的值大于 0.7，因此，认为本研究量表拥有较好的区别效度。此外，本研究各测量量表 Cronbach's α 系数均大于 0.7，说明各量表都具有较好的内部一致性，详见表4-3。

表 4-3 信效度汇总表

变量	题项	参数显著性估计				题目信度		建构信度	聚合效度	Cronbach's α 系数
		Unstd	s.E.	z-value	p	Std	SMC	CR	AVE	
乐观主义	OP1	1				0.621	0.386	0.815	0.526	0.813
	OP2	1.304	0.091	14.373	<0.001	0.768	0.590			
	OP3	1.363	0.093	14.592	<0.001	0.796	0.634			
	OP4	1.049	0.077	13.650	<0.001	0.703	0.494			
创新精神	IN1	1				0.627	0.393	0.797	0.573	0.802
	IN2	1.485	0.109	13.590	<0.001	0.903	0.815			
	IN3	1.224	0.085	14.438	<0.001	0.715	0.511			
不舒适感	DIS1	1				0.652	0.425	0.760	0.517	0.758
	DIS2	1.246	0.100	12.454	<0.001	0.830	0.689			
	DIS3	1.05	0.081	12.921	<0.001	0.662	0.438			
不安全感	INS1	1				0.654	0.428	0.759	0.514	0.755
	DIS2	1.246	0.100	12.454	<0.001	0.830	0.689			
	DIS3	1.05	0.081	12.921	<0.001	0.662	0.438			
健康意识	HC1	1				0.821	0.674	0.850	0.538	0.850
	HC2	0.989	0.042	23.703	<0.001	0.871	0.759			
	HC3	0.687	0.044	15.662	<0.001	0.607	0.368			
	HC4	0.855	0.042	20.239	<0.001	0.749	0.561			
	HC5	0.665	0.045	14.688	<0.001	0.574	0.329			
感知易用性	PEOU2	1				10.863	0.745	0.871	0.692	0.914
	PEOU3	1.023	0.046	22.356	<0.001	0.812	0.659			
	PEOU4	0.986	0.044	22.518	<0.001	0.820	0.672			

续表

变量	题项	参数显著性估计				题目信度		建构信度	聚合效度	Cronbach's α 系数
		Unstd	s.E.	z-value	p	Std	SMC	CR	AVE	
感知有用性	PU1	1				0.820	0.672	0.917	0.689	0.916
	PU2	0.865	0.039	22.275	<0.001	0.776	0.602			
	PU3	1.034	0.039	26.487	<0.001	0.877	0.769			
	PU4	1.052	0.040	26.095	<0.001	0.868	0.753			
	PU5	0.961	0.041	23.412	<0.001	0.804	0.646			
使用态度	ATT1	1				0.859	0.738	0.917	0.735	0.917
	ATT2	1.024	0.037	27.506	<0.001	0.854	0.729			
	ATT3	1.056	0.035	29.748	<0.001	0.897	0.805			
	ATT4	0.988	0.039	25.580	<0.001	0.817	0.667			
使用意愿	INT1	1				0.866	0.750	0.906	0.709	0.903
	INT2	1.019	0.033	31.050	<0.001	0.913	0.834			
	INT3	1.061	0.037	29.006	<0.001	0.872	0.760			
	INT4	0.793	0.039	20.518	<0.001	0.702	0.493			

5. 检验结果

本研究有效问卷为 639 份，模型中被估计的自由参数 85，样本数量/自由参数 = 639/85 = 7.52，达到了 Bentler 等指标要求。运用 AMOS 22.0 软件对假设结构方程模型进行分析，结构方程模型分析结果表明，AGFI = 0.872、GFI = 0.851，略低于 0.9，其余相关拟合指标都达到相关要求。通过分析结果可以得出利用本模型去验证相关假设是合适的。

利用 AMOS 22.0 软件分析检验本研究假设，除假设 H3a、H3b、H4a、H4b 被拒绝外，其余假设均被接受，如表 4-4 所示。

表 4-4 研究假设检验表

假设	路径关系	p	检验结果
H1a	感知易用性←乐观主义	<0.001***	支持
H1b	感知有用性←乐观主义	<0.001***	支持
H2a	感知易用性←创新精神	<0.001***	支持
H2b	感知有用性←创新精神	0.001**	支持
H3a	感知易用性←不舒适感	0.067	拒绝
H3b	感知有用性←不舒适感	0.008**	拒绝
H4a	感知易用性←不安全感	<0.001***	拒绝
H4b	感知有用性←不安全感	0.266	拒绝
H5	感知有用性←感知易用性	<0.001***	支持
H6	使用态度←感知易用性	<0.001***	支持
H7	使用态度←感知有用性	<0.001***	支持
H8	使用意愿←感知有用性	<0.045*	支持
H9	使用意愿←使用态度	<0.001***	支持
H10a	感知易用性←健康意识	<0.001***	支持
H10b	感知有用性←健康意识	0.003**	支持

乐观主义、创新精神、健康意识是影响儿童智能牙刷和 App 用户感知有用性和感知易用性的前因变量，并对使用意愿产生间接影响。感知有用性、使用态度对儿童智能牙刷和 App 用户使用意愿直接产生显著影响（见图 4-10）。

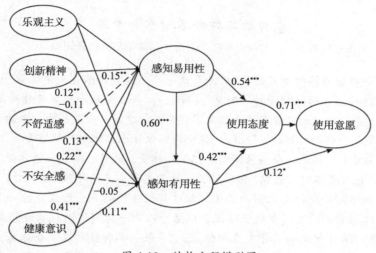

图 4-10　结构方程模型图

4.2　新产品命名研究

在为产品命名时，必须用科学的方法对新产品名称进行测试，其目的是要从许多新产品名称方案中，找出最能传达所期望形象的新产品名称。里斯和特劳特在《定位》曾说过这样一句话，"假如一个人强迫你喝一杯 H_2O，你的反应很可能不好；但如果一个人请你喝一杯水，你可能会觉得味道很不错"，这表明特定物质的名称虽然不会改变物质的物理属性，但至少会影响人们对它的感知。

4.2.1　新产品命名的原则

一个好的产品名称应尽可能满足下列原则。

1. 易读

一个好的新产品名称一定要读起来朗朗上口，易读易记，通常一个命名原则是品牌名称不能超过 4 个音节。例如，好时公司在美国成功地开发一种新产品名称为 Watchamacallit 的糖果，然而，这种糖果在推向加拿大时，不得不更名为 Spedial Crisp。另外一个例子是索尼公司，该公司原名为"东京通信工业株式会社"，在逐渐迈入国际化时，盛田昭夫感觉公司全名实在过于冗长，不利于品牌的传播，希望能想出能够像 IBM 那样好记又国际化的名称，事实证明改名为索尼是一个非常英明的决定。

在我国，由于有很多种地方语言，所以新产品名称除了普通话易读外，还要使产品目标市场中某些地方语言易读。此外，还要注意新产品名称的同音异义字、英文缩写的巧合发音，以避免引起负面影响。

成功的品牌命名耐克和苹果

（资料来源：本案例由探鸣（上海）品牌策划有限公司编写）

在谈论一个明智的品牌命名时，"耐克"是一个不能被排除在外的品牌。"耐克"这个名字来源于希腊神话中的胜利女神"耐克"（Nike），与公司倡导的体育精神不谋而合，该品牌名称是通过将 Nike 的发音替换为的美国发音而创建的。耐克作为一个运动品牌，承载着"胜利"的象征，运动的精神，"Nike"这个词不仅让人们联想到胜利女神"耐克"，而其本身又短又容易发音，因此，极易被消费者记忆和接受。此外，耐克标志体现了胜利女神耐克的翅膀，同时让人联想到回旋镖，体现了胜利的意志和体育精神，正因如此，品牌名称"耐克"具有让人联想到耐克标志胜利的效果。就这样诞生的耐克，已经成为一个全球性的运动品牌，在全球消费者的脑海中烙下印记，以至于人们一想到运动鞋就会想到耐克。

"苹果"具有易于记忆和易于发音的优点。"苹果"品牌被印在了全球客户的脑海中。当你听到苹果这个品牌名称时，每个人都会想到一个咬一口的苹果。苹果的标志最初是牛顿和一棵苹果树，后来改为苹果。此外，Apple 在进行产品线延伸时尽量保留共有的名称元素，其大多数产品都以"i"开头，如 iPod、iTunes 和 iPhone。这里的共有元素"i"具有多重含义，首先，"i"是 internet，代表该电脑能非常快速的联网；其次，"i"还是 individual，代表独特的个性，贴合苹果的理念；最后，"i"还代表着 inspire，也就是激发，寓意着用户能够通过苹果产品创造出无与伦比的成就。通过将"i"这个词扩展到 Apple 的各种产品，客户可以更轻松地将品牌与它联系起来。联想方法影响人的感知，通过联想品牌命名策略对品牌识别非常有帮助。

2. 易记

显然，消费者在购买时能回忆起新产品名称是十分重要的，因此新产品名称必须让人容易记住，不能太技术化、隐晦难懂，如甲酮丙二醇、冬冠 180、普尔斯马特这样的名字显然是比较失败的品牌命名。此外，许多公司喜欢用首写字母缩写词作为名字，如 National Cash Register 缩写成 NCR，虽然简单了，但如果不能有效建立起联想关系，所起的类似名字可能很难让人牢记。

如何起一个"简单、易记"的好品牌名

（资料来源：零分贝创新策划，2020）

某公司是一个专业治理甲醛的企业，原来公司产品品牌名称是：**博纳森**。根据市场调

研，产品主要面对的目标人群为有孩子的妈妈群体（家庭女性占着70%的治理甲醛刚性需求），所以我们进行了"人格化"的产品定位：室内新鲜空气的卫士，根据此定位，我们新"品牌名称"起名思维是，通过借势已有认知，在未来传播上省钱方面考虑。

经过长时间研究，企业目标人群确定为孩子在10岁以下的妈妈群体，因此我们选择了大家比较熟知的卡通形象《汪汪队立大功》中的环保犬——"灰灰"作为品牌名称，通过借势，减少企业传播投入，从而加深对企业印象，如图4-11所示。

图4-11　灰灰护卫logo
（来源：零分贝创新策划）

3. 独特

新产品名称必须和同类产品的其他新产品有所区别，这样才不容易混乱。一个有区别的名称常是定位战略的一个重要组成部分，它有助于建立一个独特的新产品形象。此外，新产品名称应该具有防止竞争者模仿的特点。

释放个性主打潮流，比亚迪F品牌定名为"方程豹"

（资料来源：https://baijiahao.baidu.com/s?id=1768210960325469432&wfr=spider&for=pc.）

比亚迪于2023年6月正式官宣了一款个性化的汽车，其品牌命名为"方程豹"。据悉，方程豹汽车正是比亚迪集团基于消费者个性化需求打造的全新新能源汽车品牌，将采用全新的专业技术平台和技术，打造更适合个性张扬追求潮流的年轻用户的用车体验。"方程"代表了人们利用规则探索未知的精神，背后折射的正是比亚迪用专业技术创造全新产品，积极进取的精神；"豹"取自大自然，代表着动物天然的野性与放肆，更代表了用户对于个性产品的追求，蕴含变化与灵动；两者看似风马牛不相及，却被比亚迪巧妙结合，将方程中蕴含的规则与标准和豹中释放的野性与灵动碰撞，激发出这款极具个性的品牌精神，也体现了比亚迪对于未来汽车生活的大胆探索，如图4-12所示。

图4-12　比亚迪广告设计
（来源：百度图片）

4. 树立形象

选择新产品名称时应考虑的一个重要因素是形象，即新产品名称在消费者心目中所产生的知觉。新产品名称应该让消费者迅速联想到是哪一类产品，有哪些特点。一个新产品名称传递的产品特点和利益越清晰，与产品定位、产品概念越吻合，产品成功的机会就越大，如"康师傅"清晰地表达出厨师这一行业特点；"蒙牛"喻意内蒙古的奶牛；"飘柔"很容易让人联想到柔顺头发的功能特点。还有其他产品名称，如海飞丝、宝马、劲霸、奔驰、可口可乐等品牌名称都具有让消费者迅速联想到产品类别的作用，达到了较好的传播效果。新产品名称所建立的形象除了联系产品类别和产品特点外，还可以帮助树立一种新产品个性，这种新产品个性比产品的物质特点更为重要。

饮料品牌六个核桃名字的由来

（资料来源：https://name.95447.com/mzqs/3999.html.）

六个核桃是我国一种知名的饮料，属植物蛋白类饮料，富含丰富的植物营养，是养元益智的代表性饮料，以"安全、好喝、健脑"的内在品质，"经常用脑，多喝六个核桃"的品牌诉求，著名主持人鲁豫担纲代言人，缔造了中国饮料史上"飞"一般的销售传奇，连续多年核桃乳饮料在全国销量领先。

为什么叫六个核桃？核桃具有其他植物干果不可比拟的高营养，其营养价值明显高过杏仁、花生等其他干果，是"干果之王"。核桃中富含极具营养价值和保健功效的不饱和脂肪酸，长期食用可以"益智、补脑、润肤、养发、增强体质"。正是由于核桃具有很多对人体有益的营养物质，孩子"喝了"更聪明、女人"喝了"更美丽，老年人"喝了"更健康。所以该产品选择以核桃为原料。营养学家认为：1公斤核桃仁相当于5公斤鸡蛋或9公斤鲜牛奶的营养量（比一比每100克可食部分营养成分）。从中医角度说，每人每天吃5～6个核桃是非常有益身体健康，且补脑益智。

此外，六个核桃之所以能够成为植物蛋白饮品的品类第一，还极大受益于其品牌命名完美契合了"以形补形"的中国传统思维，增强了人们对其的认知度与接受度。"同类相生""相似相生"等思想来源于原始人类的交感思维（张全成和曹忠鹏，2016），鉴于中国人普遍接受食补思想，考虑到核桃果肉纵横的沟壑外形与大脑极为相似，因此吃核桃补脑的说法也极易被人们普遍接受（周懿瑾等，2011）。

4.2.2　新产品命名的步骤

为新产品命名通常要遵循3个步骤：构想新产品名称、筛选初步选出的名称、新产品名称定量测试。

通常在新产品名称定量测试中需测试如下项目：①联系名称的即时反应；②适合产品定位的程度；③适合产品类别的程度；④对新产品名称的喜欢程度（或对新产品名称的总体评价），喜欢和不喜欢的地方；⑤名称的易读性（本地方言、普通话、英语）；⑥名称的易记性；⑦名称的独特性；⑧名称的形象。

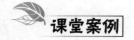

中国生态荣昌猪新产品命名测试

当进行中国生态荣昌猪新产品命名测试时,访问员需出示"新产品名称"小卡片,如图4-13所示。

图4-13 新产品名称图片

访问员读出:"现在您看到的是一个猪肉产品的具体介绍,请您仔细阅读几遍,然后我会问您一些问题。"

Q1. 首先,请问当您第一次看到这个新产品名称时,您想到的是什么呢?

[追问]:除了刚才所说的以外,您还想到什么呢?还有吗?[详细追问]

[出示概念卡,如图4-14所示]

访问员读出:"现在您看到的是一个猪肉产品的具体介绍,请您仔细阅读几遍这个介绍,然后我会问您一些问题。"

生态荣昌猪被誉为世界八大贵族血统猪;
生态荣昌猪从繁育到养殖的全过程都选用生态粗饲料;
生态荣昌猪养殖过程实现了标准化、现代化;
生态荣昌猪的生长环境和气候条件使其肉质无比鲜美;
生态荣昌猪不求最多,但求最好。

图4-14 新产品具体介绍

访问员注意:给被访者足够时间阅读概念卡,然后把"新产品名称"小卡片和概念卡同时出示在被访者面前。

Q2. 下面我想请您再看一看这个新产品名称。根据您刚才读到的对这个××新产品的介绍,您觉得这个名称是否适合于这个产品呢?请您用卡片上的5段尺度来表示。(单选)
( )

非常不适合……………………………………1

不太适合……………………………………………………2
说不上是适合还是不适合……………………………3→跳问 Q4
比较适合……………………………………………………4
非常适合……………………………………………………5

Q3. 请问您为什么这么说呢?

[追问]：还有什么其他原因吗?还有吗?[详细追问]

_____（   ）

下面我们再回过头来看一看这个新产品名称本身。

Q4. 请问您喜欢这个新产品名称的哪些地方呢?[详细追问]

[追问]：除了刚才所说的以外，您还喜欢这个名称的哪些地方呢?还有吗?

_____（   ）

Q5. 那么请问这个新产品名称有哪些地方是您不喜欢的呢?[详细追问]

Q6. 请问把所有的因素都考虑在内，卡片上哪句话最能代表您对这个新产品名称的总体看法呢?（单选）   （   ）

非常差………………………………………………………1
比较差………………………………………………………2
不算好也不算差……………………………………………3
比较好………………………………………………………4
非常好………………………………………………………5

Q7. 请问您觉得这个新产品名称用在一个××上是否合适呢?（单选）   （   ）

非常不适合…………………………………………………1
不太适合……………………………………………………2
说不上是适合还是不适合…………………………………3
比较适合……………………………………………………4
非常适合……………………………………………………5

Q8. 与目前市场上已经有的××产品的名称相比，您觉得这个新产品名称的新颖和独特程度如何呢?   （   ）

一点也不新颖和独特………………………………………1
不太新颖和独特……………………………………………2
稍微有点新颖和独特………………………………………3
比较新颖和独特……………………………………………4
非常新颖和独特……………………………………………5

Q9. 请问您觉得这个新产品名称是否容易记住呢?（单选）   （   ）

非常不容易记住……………………………………………1
不太容易记住………………………………………………2
说不上是容易还是不容易…………………………………3
比较容易记住………………………………………………4
非常容易记住………………………………………………5

Q10. 下面我会读出一些其他消费者对这个新产品名称的一些印象和看法。在我读出每句话以后，请根据您自己对这个新产品名称的印象，用这张卡上的 5 段尺度告诉我您的同意程度。我们这里并没有什么正确或者错误的答案，我们感兴趣的是您的真实想法。（每行单选）

[请从打勾处开始循环]	非常 不同意	比较 不同意	既不同意 也不反对	比较 同意	非常 同意	
它会是一个高质量的产品	1	2	3	4	5	(　)
是一个值得信赖的新产品	1	2	3	4	5	(　)
是一个生态的新产品	1	2	3	4	5	(　)
是一个时尚的新产品	1	2	3	4	5	(　)
适合于任何人消费的新产品	1	2	3	4	5	(　)
是技术先进的产品	1	2	3	4	5	(　)
语感听起来会很舒服	1	2	3	4	5	(　)
价格会很昂贵	1	2	3	4	5	(　)
是国家食品管理部门推荐的新产品	1	2	3	4	5	(　)
能够给健康提供最大的保护	1	2	3	4	5	(　)
和市场上其他猪肉产品有所不同	1	2	3	4	5	(　)
是一个国际性的新产品	1	2	3	4	5	(　)
是健康护理的专家	1	2	3	4	5	(　)
是猪肉产品领域的领导者	1	2	3	4	5	(　)

4.2.3　新产品命名测试的其他方法

1. 测试新产品名称的易读性

可以用问卷调查测试新产品名称的易读性。

[出示卡片]

B1. 广州话读这个名字，您觉得是：（单选）

B2. 它英文名字是____，您觉得是：（单选）

B3. 请你用普通话读一下这个名字，您觉得是：（单选）

	B1 (　)	B2 (　)	B3 (　)
很易上口	1	1	1
较易上口	2	2	2
一般	3	3	3
较难上口	4	4	4
很难上口	5	5	5

2. 测试新产品的易记性

记忆测试常用于确定新产品名称被记住的情况，其方法是在街头拦截目标消费者进行访问。访问时先给被访者观看一份包含被测新产品名称、虚构新产品名称和已有新产品名称的名单。接着，要求这些被访者回忆他们记住的每个新产品名称，统计每个新产品被记住的人数百分比，并将它们排序，被测新产品名称的顺序及百分比可以作为评价相对记忆性的标准。

为了消除被测新产品名称在名单上所处位置的影响，方法是不断改变名单上每个新产品名称的位置。

3. 测试新产品名称的形象

测试新产品名称的形象有 3 种方法。

1）词汇联想法

词汇联想是测试新产品名称的形象的最好方法，其方法是将一份新产品名单（其中包括所要测试的新产品名称）交给消费者，请他们说出和这些新产品名称相关联的词汇是什么。

例如，在国外有一项关于卫生纸新产品名称的研究中，曾用字汇联想法比较 Doeskin 和 Kleenex 这两个名称，结果发现许多被访者能从 Doeskin 这个名称中联想到"柔软""软的""似软毛的"这些词汇，这正是推销卫生纸的一个重要特征。

利用词汇联想法测试新产品名称是否适合该产品的做法是：将一组词汇（包括所要测试的新产品名称）和几种产品交给消费者，请他们将产品和词汇进行连结。从这项测试中，企业可以知道得到新产品的最佳名称。注意测试时应把其他的无关产品排除在外，以防止回答者的人为偏差。

2）语意差别法

语意差别法常用来确定消费者对新产品名称所具形象的反应，其方法是提供若干成对的正反意义形容词，让消费者根据新产品名称所传达的形象圈选。例如：

请就××新产品带给你的印象，在适当的位置上打"√"。

	非常	稍微	普通	稍微	非常	
老式的	−2	−1	0	1	2	现代的
呆板的	−2	−1	0	1	2	活泼的
无情的	−2	−1	0	1	2	感情的
积极的	−2	−1	0	1	2	消极的
温柔的	−2	−1	0	1	2	雄壮的
强烈的	−2	−1	0	1	2	脆弱的
轻的	−2	−1	0	1	2	重的

如果企业希望传达强烈、积极的印象，就必须用消费者认为具有这些特性的新产品名称。

3）句子完成法

句子完成法常用来测试新产品的新产品名称对产品类别的适合性，其方法如下：

首先出示被测试新产品名称,告诉被访者这个名称是某特定产品类别的一个新产品,要求他们描述出该类产品的特性及可能购买的人的类型。例如,下面有 3 种名称,请就每一个名称,将您的想法按次序写出来。

名称甲＿＿＿＿＿＿＿＿＿＿＿＿＿＿＿＿＿＿＿＿＿＿＿＿＿＿（　　）
名称乙＿＿＿＿＿＿＿＿＿＿＿＿＿＿＿＿＿＿＿＿＿＿＿＿＿＿（　　）
名称丙＿＿＿＿＿＿＿＿＿＿＿＿＿＿＿＿＿＿＿＿＿＿＿＿＿＿（　　）

思考题:
(1) 新产品命名的方法。
(2) 新产品命名的步骤。
(3) 新产品命名的测量。

4.3 新产品包装研究

包装被描述为"产品、价格、渠道、促销"四大营销组合策略(俗称"4P")之外的第 5 个"P"(package)。产品包装设计是产品与消费者沟通的重要媒介,可以在产品的销售现场吸引消费者的注意力。消费者的购买意向依赖于其对产品能够满足自己对产品期望的程度的判断,消费者在进入商店之前,尤其是在没有对所要购买的产品考虑太多的时候,其购买意向是由产品在销售现场向消费者传递的元素决定的。产品包装的组成元素包括形状、大小、颜色、图形、材料和设计风格等,不同的包装元素的设计风格也会对消费者的购买意向产生不同的影响。最近有研究发现,绿色的环保产品的包装会显著影响消费者对于环保产品的态度,从而影响其购买意向。相比使用红色,在产品包装上使用绿色可以增强消费者对环境影响的认知,进而提升消费者的购买意向。此外,产品包装使用的材质也会影响消费者对产品的判断,有研究证明,速溶咖啡的不同包装材质(补充包和玻璃罐)的特征对消费者的购买意向具有显著影响(吴水龙等,2022)。

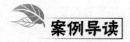

什么使我看起来更绿
——环保产品的包装特征对消费者绿色购买意向的影响

(资料来源:吴水龙,金甜甜,袁永娜,等. 什么使我看起来更绿:环保产品的包装特征对消费者绿色购买意向的影响[J]. 营销科学学报,2022,2(2):17.)

1. 研究背景

想象一名消费者打算购买一瓶环保的、对衣物和身体没有化学物质残留和伤害的洗衣液。此时,有两瓶洗衣液都宣传自身是天然、环保、绿色的。
- A:采用绿色纤维材质的包装,并且包装上面有关于包装环保可回收的声明;
- B:采用红色塑料材质的包装,并且包装上没有任何的环保声明。

此时，在消费者来不及仔细思考和判断、必须仅凭第一印象马上作出购买选择的情况下，消费者一般会选择哪一瓶洗衣液？

事实上，随着环境污染越来越严重，环保问题引起了人们的极大关注。全球调查显示，消费者越来越关心环境保护问题。环保产品是指在生产、使用或处理过程中能显著尽量避免对环境造成危害的一类产品，购买环保产品的行为则被称为绿色消费。很多公司为了占领绿色消费市场，便针对这一市场需求提出了绿色主张，并开始进行绿色营销。

本文通过3个实验测试环保产品的不同包装特征（通过对包装的颜色、材料和包装上有无环保声明的控制）测试消费者对产品的绿色感知价值的评价及对消费者绿色购买意向的影响。此外，还检验了消费者环境认知的变化是如何调节环保产品的包装特征来影响消费者绿色购买意向的。

2. 研究假设

本研究根据文献推演共作出4个研究假设，如表4-5所示，相应的研究概念模型，如图4-15所示。

表4-5 研究假设汇总表

H1	环保产品的绿色包装会影响消费者的绿色购买行为
H1a	当环保产品的包装颜色为绿色时，相比红色包装，能让消费者具有更高的绿色购买意向
H1b	当环保产品的包装材质为天然纤维时，相比硬塑料包装材质，能让消费者具有更高的绿色购买意向
H1c	当环保产品的包装上印有环保声明提示时，相比没有环保声明提示，能让消费者具有更高的绿色购买意向
H2	环保产品的包装特征会影响消费者的绿色感知价值
H2a	当环保产品的包装颜色为绿色时，相比红色包装，能让消费者具有更高的绿色感知价值
H2b	当环保产品的包装材质为天然纤维时，相比硬塑料包装材质，能让消费者具有更高的绿色感知价值
H2c	当环保产品的包装上印有环保声明时，相比没有环保声明，能让消费者具有更高的绿色感知价值
H3	在环保产品的包装特征影响消费者的绿色购买意向的过程中，绿色感知价值起中介作用
H3a	在环保产品的包装颜色影响消费者的绿色购买意向的过程中，绿色感知价值起中介作用
H3b	在环保产品的包装材质影响消费者的绿色购买意向的过程中，绿色感知价值起中介作用
H3c	在环保产品包装上的环保声明影响消费者的绿色购买意向的过程中，绿色感知价值起中介作用
H4	环保产品的包装特征对消费者的绿色购买意向的影响，受消费者环境认知水平的调节
H4a	环保产品的包装颜色对消费者的绿色购买意向的影响，受消费者环境认知水平的调节
H4b	环保产品的包装材质对消费者的绿色购买意向的影响，受消费者环境认知水平的调节
H4c	环保产品包装上的环保声明对消费者的绿色购买意向的影响，受消费者环境认知水平的调节

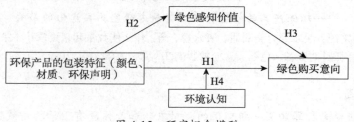

图4-15 研究概念模型

3. 研究方法

设计了一个2（环境认知：高环境认知 vs 低环境认知）×2（包装颜色：绿色 vs 红色）

的组间实验,以检验可能的交互作用。使用了一种虚构的环保洗衣液产品作为实验材料,并通过问卷星的收费样本服务在线上招募了 145 名参与者参与这项研究。所有参与者首先需要回答一份测量消费者环境认知的调查问卷。量表为从"非常同意"到"非常不同意"的李克特 5 级量表,总共有 15 个测量条目,分为针对环境认知中的自然平衡、人类中心主义、人类例外主义、生态环境危机、增长极限 5 个维度。

根据参与者的环境认知量表所得分数,将所有参与者分为高环境认知消费者(环境认知量表得分≤54 分)和低环境认知消费者(环境认知量表得分≥55 分),并将他们随机分到环境认知组合和包装颜色组合的 4 个实验组中。然后,向参与者的电子屏幕上分组发送不同的实验刺激材料(红色包装的环保洗衣液和绿色包装的环保洗衣液的图片和描述,见图 4-16),两组材料中,除了图片中的洗衣液的包装颜色不同,其他设计完全一致。接下来,请参与者填写量表,以评价该产品的绿色感知价值(1=非常不同意,7=非常同意),主要包括 5 个题项($\alpha = 0.878$):"当我看到包装时,我认为该洗衣液是环保的""当我看到包装时,我认为该洗衣液的环保特性为我提供了较大的价值""当我看到包装时,我认为该洗衣液的环保表现契合我的期望""当我看到包装时,我认为该洗衣液比其他产品更环保""当我看到包装时,我认为该洗衣液比其他产品有更强的环境友好性"。之后,请参与者填写消费者绿色购买意向量表($\alpha = 0.881$),主要包括以下 3 个题项:"由于该洗衣液的环保包装,我打算购买此产品""由于该洗衣液看起来更环保,我希望将来购买此产品""总体而言,我很乐意购买该洗衣液,因为我认为它是环保的"。最后,请参与者回答了人口统计学问题并表明他们不是色盲。

图 4-16　洗衣液实验材料 (来源:百度图片)

4. 研究结果

绿色购买意向的主效应检验。首先测试了环保产品包装的颜色特征对绿色购买意向的影响。与红色包装相比,绿色包装的洗衣液被参与者认为更环保,参与者对绿色包装的洗衣液的绿色购买意向显著高于对红色包装的洗衣液[$M_{Green} = 4.52$ vs $M_{Red} = 3.82$,$F(1,131) = 14.063$,$p < 0.001$],因此,H1a 成立。

绿色感知价值的中介效应检验。参与者对同一环保洗衣液的绿色感知价值在洗衣液的包装是绿色包装的条件下($M_{Green} = 4.41$,$SD = 1.07$)高于其在洗衣液的包装是红色包装的

条件下 [M_{Red} = 3.60, $F(1,131)$ = 21.73, $P<0.001$]，因此，H2a 成立。

为检验包装颜色的操控对参与者的绿色购买意向的影响是否确实为绿色感知价值中介，进行了中介效应检验。bootstrapping（n = 5000）迭代检验结果表明，包装颜色通过绿色感知价值间接影响参与者的绿色购买意向，绿色感知价值的中介效应是正向且显著的，在 95% 的置信区间内不包含零（a×b = 0.504，95%CI = 0.2606～0.8103）；多元回归在控制绿色感知价值的条件下进行，包装颜色对参与者的绿色购买意向有显著的影响（b = 0.791，t = 4.078，$p<0.001$，95%CI = 0.413～1.120）。在绿色感知价值存在的情况下，包装颜色对参与者的绿色购买意向的影响是微不足道的（c = 0.195，t = 0.19，p = 0.235，95%CI = -0.128～0.517），表明仅有间接效应存在，也就是说，包装颜色会影响参与者的绿色购买意向，而这种影响是通过对绿色感知价值的影响产生的，因此，H3a 成立。

环境认知的调节效应检验。实验结果表明，环保产品包装颜色和环境认知之间存在显著的交互作用 [$F(3,129)$ = 9.096，$p<0.01$]，因此，H4a 成立。

当参与者的环境认知程度较高时，在绿色包装（与红色包装相比）的条件下，参与者的绿色购买意向更为积极 [M_{Green} = 4.89 vs M_{Red} = 3.53，$F(1,58)$ = 25.787，$p<0.01$]，而当参与者的环境认知程度较低时，在绿色包装和红色包装条件下，被试的绿色购买意向没有显著差异 [M_{Green} = 4.17 vs M_{Red} = 4.03，$F(1,71)$ < 1.0，p > 0.5]。配对比较结果显示，当环保产品的包装颜色为绿色时，高环境认知水平的参与者的购买意向高于低环境认知水平的参与者 [$M_{\text{高环境认知}}$ = 4.89 vs $M_{\text{低环境认知}}$ = 4.17，$F(1,76)$ = 7.38，$p<0.001$]，但当环保产品的包装颜色是红色时，高环境认知水平参与者的购买意向低于低环境认知水平的参与者 [$M_{\text{高环境认知}}$ = 3.53 vs $M_{\text{低环境认知}}$ = 4.03，$F(1,77)$ = 4.375，$p<0.05$] 如图 4-17 所示。研究二的结果支持了 H1a～H4a。

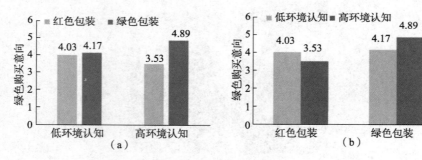

图 4-17 配对比较结果

同理，采用了一组分别为硬塑料包装和天然纤维包装的洗衣液，作为两种不同的实验材料如图 4-18 所示；我们设计了一个 2（环境认知：高环境认知 vs 低环境认知）×2（包装材质：硬塑料 vs 天然纤维）的组间实验，以检验可能的交互作用。配对比较结果如图 4-19 所示。

同理，采用了一组包装无环保声明和包装有环保声明的洗衣液，作为两种不同的实验材料如图 4-20 和图 4-21 所示。设计了一个 2（环境认知：高环境认知 vs 低环境认知）×2（环保声明：无 vs 有）的组间实验，以检验可能的交互作用。与前两项研究一样，我们使用了一种虚构的环保洗衣液产品,并通过问卷星的收费样本服务在线上招募了 120 名参与者参与这项研究,其中男性占比 36.7%,女性占比 63.3%。所有的参与者首先需要回答与研究相同的测量消费者环境认知水平的调查问卷。配对比较结果,如图 4-22 所示。

附录2 研究二 环保产品包装材质的不同操控实验材料

天然纤维材质　　　　　硬塑料材质

图 4-18　洗衣液实验材料（来源：百度图片）

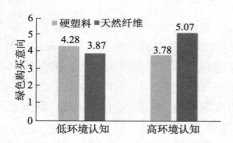

图 4-19　配对比较结果

图 4-20　有环保声明的刺激图片
（来源：百度图片）

图 4-21　无环保声明的刺激图片
（来源：百度图片）

绿色购买意向的主效应检验,H2c 成立。

第 4 章　新产品测试研究

中介效应检验，H3c 成立。

环境认知的调节效应检验，H4c 成立。

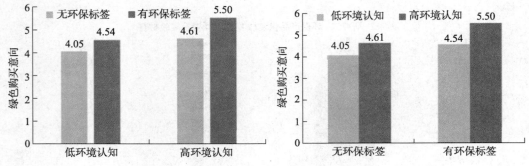

图 4-22　配对比较结果

4.4　新产品味觉研究

要问大家 2012 年印象最深的事情是什么，肯定包括中央电视台一台推出的一部火遍大江南北的美食纪录片《舌尖上的中国》，这部纪录片让全中国的吃货们都守着屏幕流口水，观众看后直呼过瘾。在前些年，谍战剧、偶像剧和宫斗剧等霸屏的时代，突然推出一部饱含情感、赋能文化底蕴的美食纪录片，无疑成为一缕清风，打开了观众的心门。人们开始疯狂地搜寻这些远离都市的美食。比如，杭州西湖醋鱼、绍兴梅干菜烧肉、南溪豆腐干、云南的汽锅鸡……这部纪录片引发的蝴蝶效应还在继续。

味觉营销（fragrance marketing）是指以特定气味吸引消费者关注、记忆、认同及最终形成消费的一种营销方式，是对消费者味觉、嗅觉的刺激，这有别于传统视觉刺激。有研究认为，气味对人们的消费行为有着显著的影响，人们会把气味与特定的经验或物品联想在一起。因此，味觉营销成为学术界和实业界关注的焦点。

- 淡淡的香味如同标签一样，让人们一闻就会想到特定的品牌，如泸州老窖 1573 的独特香味。
- 当你来到宜宾某面馆门口，一副对联映入眼帘，上联道：这情这味这道奇鲜；下联对：那人那城那碗燃面；横批：面面俱到。一到门口，翻炒的猪肉香味和辣椒香味扑鼻而来，其间还夹杂着宜宾独有的碱水面筋道爽滑的味道。吸引前来消费的人络绎不绝。
- 当你步入天府之国成都双流国际机场的候机厅时，最先引起你注意的就是独特的气味，这是一种叫作芙蓉香的城市香味。机场在定期候机厅中喷洒这种芳香剂，以加强天府之国成都在其最有价值顾客群中的品牌形象。这种区别于视觉及体验的感官新体验独树一帜，营销效果非常好。

有研究证明，人们对食品的味道评价极不稳定，相对于其他感觉，味觉是易受影响的和模糊不清的，迄今为止所发现人类能区分的味道只有酸、甜、苦、咸、鲜 5 种，每种食物的口感又由这 5 种味道混杂而成，使消费者对味道评价造成极大困难。越来越多的研究证实，味道并不单是依赖舌头上味蕾的感觉输入，它还极大地依赖视觉、嗅觉、触觉和听觉等其他感觉的输入。如果不看不闻仅靠味觉，人们甚至难以区分土豆和苹果。味道并不仅是一个生理学名词，它除了受到内部感觉线索（intrinsic cues）影响外，还要受到外部情境线索（extrinsic cues）影响。比如，品牌名称、成分信息、原产地信息、产品包装美感度和广告设计中各种感觉信息的运用等都会影响味觉感知（张全成等，2021）。

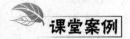

文如其人，酒如其品？
——生产者个性特征对产品味道感知的影响研究（部分摘录）

（资料来源：张全成，孙洪杰，陈璟，等. 文如其人，酒如其品？：生产者个性特征对产品味道感知的影响研究[J]. 管理评论，2017，29(7): 93-102.）

1. 研究背景

人类喜欢在自身主观和客观世界间建立各种联系，学者们多用交感思维（sympathetic magical thinking）理论解释内（外）部情境线索对味觉影响的现象，交感思维认为两事物接触时，事物的某些本质可以从一方传递到另一方，因此，人的某些特征可以传递到其拥有物。"由物及人"的认知传递已获得普遍证实。比如，相对于冷咖啡，研究助理让参与者握着一杯热咖啡会获得参与者更温暖的评价。"由人及物"的本质传递也早已被探讨，如人们讨厌与不喜欢的人有联系的事物，偏爱与喜欢的人有联系的事物，但其视角局限于主观道德判断，仅关注了喜好厌恶这一维度，而未探讨个性特征和物品属性感知间的相互匹配性。个性粗犷的人酿出的酒是否让人感觉更刺激，个性内敛的人酿的酒让人觉得更柔和？抑或生产者个人特质是否会影响人们对其制作物的属性感知？本研究将通过威士忌酒口味实验来解答上述疑问，其研究结论可以完善认知理论，并对企业家形象设计、品牌代言人选择、市场定位等营销策略提供参考建议。

2. 研究假设

假设1：在人们的认知中，描述味道的词语和人的个性特征间具有匹配关系。

假设2：食物生产者个性特征会影响消费者味道感知，导致与其个性特征相匹配的味道评价显著提高。

假设3：超常信仰会对生产者个性特征和味道感知间的触染效应起调节作用，相对于低超常信仰消费者，高超常信仰消费者更易出现触染效应。

假设4：消费者认为应该将食物产品定位于具有和该食物味道属性相匹配个性特征的群体。

3. 研究方法

3.1 词语描述匹配性检验

现实产品多由5种基本味道混杂而成，很难分辨出单独味道，于是人们便引申出很多形容词描述各种混合味道感受，本研究将使用这些词汇作为实验材料，检验它们和个性间的认知匹配关系。研究人员邀请成都某大学10名经常喝威士忌酒的学生参与者，要求他们根据消费经验详尽地列出所有能够描述威士忌味道的形容词，合并掉雷同词后，最后得到20个形容词。随后研究人员随机招募该校20名学生参与者，请他们阅读两个人物个性描述。根据艾森克人格维度，这两人一个具有"外倾+不稳定"个性特征，另一个具有"内倾+稳定"个性特征。其中A被描述为"性格刚烈暴躁、顽固倔强，做事喜欢风风火火、雷厉风行，在与人交往方面，他开朗豪爽、乐观主动，光明磊落又坦率"；B被描述"性格柔和稳重、开明细腻，做事和风细雨、不温不火，在与人交往方面，他温文尔雅、谨慎被动，性情平和又有思想"。阅读完后要求参与者逐一回答各词语是更适合描述A还是B，并形容贴切度在1~7分区间进行打分。调查结果（见表4-6）。通过二项分布检验，在20个测试词中有15个通过检验，说明人们用于描述味道的形容词与人的个性特征间确实具有匹配关系，假设1得到验证。

表 4-6　威士忌味道词语描述与人的个性特征间匹配度测试

二项分布检验比例 $p=0.5$（$n=20$）

选择/词语	芳香的	火辣的	浓郁的	甘苦的	圆滑的	刺激的	蜜香的	回味的	焦干的	药味的
人物A n（%）	0（0）	20（100）	11（55）	8（40）	2（10）	20（100）	0（0）	6（30）	16（80）	14（70）
人物B n（%）	20（100）	0（0）	9（45）	12（60）	18（90）	0（0）	20（100）	14（70）	4（20）	6（30）
选择差（%）	−100	100	10	−20	−80	100	−100	−40	60	40
p 值	0.000	0.000	0.824	0.503	0.000	0.000	0.000	0.115	0.012	0.115
贴切度	4.90	5.45	4.00	3.25	4.85	5.15	4.75	4.45	3.85	4.15
选择/词语	果香的	奶油的	苦涩的	醇厚的	鲜滑的	烟熏味的	柔和的	淡雅的	干燥的	丝甜的
人物A n（%）	1（5）	1（5）	14（70）	5（25）	1（5）	19（95）	0（0）	0（0）	19（95）	1（5）
人物B n（%）	19（95）	19（95）	6（30）	15（75）	19（95）	1（5）	20（100）	20（100）	1（5）	19（95）
选择差（%）	−90	−90	40	−50	−90	90	−100	−100	90	−90
p 值	0.000	0.000	0.115	0.041	0.000	0.000	0.000	0.000	0.000	0.000
贴切度	4.30	4.50	3.40	4.55	4.37	4.15	5.70	5.35	4.50	4.42

3.2 实验1：生产者个性特征对味道感知的触染效应

1）实验材料及实验样本选择

为验证生产者个性特征信息是否影响味道感知，我们选择部分前测词汇作为实验材料，并以威士忌酒作为实验产品，通过口味实验验证假设2和假设3。前测调查中要求参与者必须匹配形容词和人物，带有强迫性，选择结果只能反映方向而不能表达强度，因此，当词语匹配存在显著差异时，贴切度得分更能反映形容词的匹配程度好坏。在通过检验的形容当词中，对应人格特质两个不同方向，研究按贴切度得分从高到低各选4个作为实验材料。"芳香的""蜜香的"和"果香的"在选择和贴切度评分上都高度相关，研究保留了贴切度评分最高的"芳香的"，剔除了其他两个；由于"圆滑的"用于描述个性特征的情况更多于描述口味，因此也被剔除。最后选中的词汇，对应"内倾+稳定"个性特征的为"芳香的""柔和的""淡雅的"和"醇厚的"，简称为"固敛"形容词；对应"外倾+不稳定"个性特征的为"火辣的""刺激的""干燥的"和"烟熏味的"，简称为"躁放"形容词。

研究选择"占边"牌波本威士忌作为实验产品，大学生群体对此品牌不甚了解，可有效屏蔽品牌因素对实验的干扰。研究人员以"威士忌口味测试"为名，在成都某大学商学院随机招募来自不同班级的64名（男27人，女37人）学生参与者参加实验，参与者年龄在18~25岁之间。经审查，所有参与者对"占边"品牌均不了解，此前也均为未曾参加类似实验。研究中所使用超常信仰量表是由Shiah调整的中国版本，该量表具有较高内部一致性（Cronbach $\alpha=0.89$）。量表共26个题项，包括传统宗教信仰（4题）、特异功能（4题）、巫术魔法（4题）、迷信（3题）、灵性（4题）、奇特生活方式（3题）、先知（4题）7个构面。

2）实验过程

实验在一个可容纳30人左右的实验室里完成，期间由一名研究人员主持。参与者到达实验室后被随机安排在不同座位上，然后实验的主持人告知参与者此次测试是受某品牌委托，希望了解大学生群体对该品牌某款威士忌酒的口味感知评价。随后研究助理向每位参与者随机分发了两个不同版本的品牌介绍，并要求他们阅读4分钟。该介绍包括品牌简介、生产工艺和家族血统3个部分，两个版本中其他部分完全相同，只是在家族血统部分对产品生产创始人Jacob Beam的个性描述不同。一个版本中这样描述："早期的定居者性格柔和稳重、开明细腻，做事和风细雨、不温不火，与人交往方面温文尔雅、谨慎被动，性情平和而又有思想。不同于其他早期定居者，Jacob Beam性格刚烈暴躁、顽固倔强，做事喜欢风风火火、雷厉风行，在与人交往方面，他开朗豪爽、乐观主动，光明磊落而又坦率。"另一个版本中对早期定居者和Jacob Beam的个性描述词语做了调换，将前者描述为外倾不稳定个性，将后者描述为内倾稳定的个性。介绍材料阅读完成后，研究主持引导参与者完成了3次威士忌酒品尝，中间要求参与者间隔地使用纯净水清理口腔，随后要求参与者根据感受快速填写一份包含了8个味道形容词的7度口味量表。口味测试完成后实验主持要求参与者填写一份超常信仰量表，并告知他们这是一项无关学术研究，旨在了解当今大学生的超常信仰现状。整个实验持续20分钟，实验后每位参与者获得15元人民币作为报酬。为便于实验控制，64个参与者分两批完成实验，实验条件控制完全相同，事后数据检测发现不同批次实验未对参与者评分造成显著影响。

3）实验结果与假设检验

通过初步检测，研究剔除2名出现大面积题项缺失的参与者，最后62名参与者参与统计检验，有效率达96.9%。参与者口味维度评分的相关性分析见下表，从表中可知，各维度评分间存在部分相关关系，但"固敛"和"躁放"两类形容词中，同类形容词间相关系数均是正的，而不同类形容词间的相关系数是负的，这说明两类形容词确实具有不同的性质。统计发现如表4-7所示，接受不同个性特征信息的参与者在口味评价中存在差异，且评分差异方向一致。相对于"外倾+不稳定"个性特征（简称"粗犷组"），接受"内倾+稳定"个性特征信息的参与者（简称"儒雅组"）在"固敛"形容词上评分都要偏高（平均高0.47分），但在"躁放"形容词上的评分都要低（平均低0.58分），如图4-23所示。

表 4-7　参与者应答口味维度间相关性检验（pearson 相关系数）

	芳香的	柔和的	醇厚的	淡雅的	干燥的	烟熏味的	刺激的	火辣的
芳香的	1							
柔和的	0.351**	1						
醇厚的	0.212	0.337**	1					
淡雅的	0.399**	0.591**	0.234	1				
干燥的	−0.133	−0.187	−0.084	−0.331**	1			
烟熏味的	−0.124	−0.305*	−0.077	−0.389**	0.071	1		
刺激的	−0.084	−0.311*	0.088	−0.543**	0.153	0.347**	1	
火辣的	−0.099	−0.367**	−0.068	−0.505**	0.191	0.263*	0.695**	1

**. 在 0.01 水平（双侧）上显著相关；*. 在 0.05 水平（双侧）上显著相关

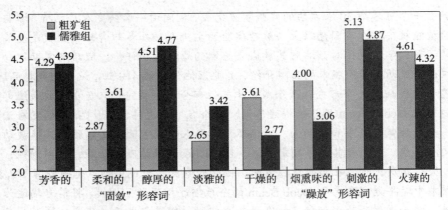

图 4-23　不同生产者个性特征对参与者口味评价的影响

均值差异检验结果显示，有 4 个口味评分在两组间存在显著差异。"固敛"口味形容词中"柔和的"和"淡雅的"通过假设检验；"躁放"口味形容词中"干燥的"和"烟熏味的"通过假设检验，假设 2 得到验证。详细统计结果如表 4-8 所示。

表 4-8　生产者个性特征对参与者口味评价影响的独立样本均值检验（$N = 62$）

		"固敛"形容词				"躁放"形容词			
		芳香的	柔和的	醇厚的	淡雅的	干燥的	烟熏味的	刺激的	火辣的
总计	均值	4.3387	3.2419	4.6452	3.0323	3.1935	3.5323	5.0000	4.4677
	标准差	1.63911	1.56483	1.43831	1.63935	1.73525	1.9562	1.54708	1.79907
粗犷组 $n=31$	均值	4.2903	2.8710	4.5161	2.6452	3.6129	4.0000	5.1290	4.6129
	标准差	1.73577	1.49982	1.52471	1.42708	1.80143	1.96638	1.45469	1.60577
儒雅组 $n=31$	均值	4.3871	3.6129	4.7742	3.4194	2.7742	3.0645	4.8710	4.3226
	标准差	1.56370	1.56370	1.35916	1.76587	1.58555	1.86074	1.64807	1.98976
两组均值差		−0.0968	−0.7419*	−0.2581	−0.7742*	0.8387*	0.9355*	0.258	0.2903
t 值		−0.231	−1.907	−0.703	−1.899	1.946	1.924	0.654	0.632
p 值		0.818	0.056	0.484	0.063	0.056	0.059	0.516	0.530

假设 3 认为超常信仰可能对个性特征和口味间触染效应起到了重要作用,为验证此假设,研究进一步分析超常信仰评分对两组参与者评分差异影响。研究将参与者按照超常信仰量表得分等比例划分为高中低 3 组,并取高分组和低分组进行假设检验,得到 41 个样本,各组间超常信仰得分分布,如表 4-9 所示。多因素方差分析显示,参与者超常信仰得分在高低分组存在显著差异($F = 191.447$, $p = 0.000$),在"粗犷组"和"儒雅组"间无区别($F = 0.003$, $p = 0.959$),两者也没有交互效应($F = 0.140$, $p = 0.710$)。

表 4-9　参与者组间超常信仰得分

平均得分	超常信仰得分		合计
	低分组	高分组	
粗犷组	62.08	118.56	86.29
儒雅组	63.78	117.27	93.20
合计	62.81	117.85	89.66

研究将"粗犷组"和"儒雅组"的口味评分差异作为触染效应值,对于"固敛"形容词,触染效应值为"儒雅组"得分减去"粗犷组"得分;对于"躁放"形容词则反之,超常信仰水平对触染效应的影响,如图 4-24 所示。从图 4-24 中可以看出,8 个口味评分中,高超常信仰组的触染效应均大于低超常信仰组。生产者个性特征差异导致高超常信仰参与者在各口味评分上平均相差 1.17 分,而低超常信仰参与者仅为 0.23 分。这说明交感效应可以有效解释个性特征描述对口味评分的影响。

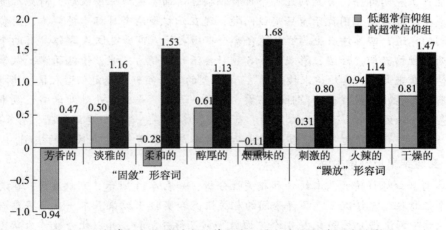

图 4-24　超常信仰水平对个性特征和口味评分间触染效应的影响

进一步对双因素方差分析发现,参与者对"芳香的""柔和的""烟熏味的"和"干燥的"的评分,在组别和超常信仰得分间出现了显著的交互作用,而其他 4 个交互作用则不显著。以"烟熏味的"评分的双因素方差为例,参与者接受的个性特征信息差异对评分具有显著的主效应,变量"超常信仰高低"虽然不具有主效应,却和变量"个性特征信息"有交互作用,假设 3 获得验证。具体统计信息如表 4-10 所示。研究并未发现诸如性别、年级、年龄等其他变量对上述结论存在显著性影响。

表 4-10 变量"烟熏味的"评分主体间效应检验

源	平方和	df	均方	F 值	p 值
校正模型	51.706	3	17.235	6.844	0.001
截距	462.789	1	462.789	183.781	0.000
个性特征信息 X_1	40.153	1	40.153	15.945	0.000
超常信仰高低 X_2	6.183	1	6.183	2.455	0.126
$X_1 \times X_2$	8.063	1	8.063	3.202	0.082
误差	93.172	37	2.518		
总计	596.000	41			
校正的总计	144.878	40			

a. R-squared = 0.357（调整的 R-squared = 0.305）

3.3 实验 2：味道感知与市场定位的匹配研究

1）实验材料、样本选择及实验过程

既然生产者个性特征信息会影响味道评价，那么，消费者是否可以认为不同味道的食品适用于不同个性的人食用？实验 2 旨在回答此问题。实验样本来自成都某大学商学院共 36 名（男 15 人，女 21 人）学生参与者，参与者年龄在 18～23 岁之间，参与者此前均为未曾参加类似实验，且了解市场定位的确切含义。实验 2 所选用的实验产品和口味量表和实验 1 均相同，实验过程也基本相同，不同的是，参与者阅读的威士忌介绍中只包括品牌简介和生产工艺两部分，并无创始人个性特征描述。回答完口味量表后，研究人员告知参与者该威士忌酒目前正困扰于市场定位问题，现在正权衡两个目标市场群体，请参与者根据品尝到的味道，回答该威士忌酒更适合哪个市场定位。市场定位 A 群体具有的个性特征被描述为"性格开朗、活泼，喜欢参加各种社会活动，精力充沛，情绪高涨，做事果断而武断，待人慷慨大方，喜欢追求控制感"，是典型的"外倾＋不稳定"型人格。市场定位 B 群体具有的个性特征被描述为"性格温柔、顺和，喜静，平时喜欢独处读书，做事细心周到、有条理，独处读书，做事细心周到、有条理，略有多愁善感，思维细腻，有节制"，是典型的"内倾＋稳定"型人格。实验完成后每位参与者获得 15 元人民币的报酬。

2）实验结果与假设检验

对参与者口味评价的基本统计和相关性分析，如表 4-11 所示，可以看出，在没有给出生产者个性特征信息情况下，各评分间的相关情况和实验 1 结果基本一致。将参与者所有 4 个"躁放"词汇得分总和减去 4 个"固敛"词汇得分总和，并以此分数作为新变量"总口味感知"（$\bar{X} = -0.6111$，$S = 6.10048$），该分数越高表示参与者对酒的烈度评价越高。以变量"总口味感知"的均值作为分界线将所有参与者划分为"高分组"和"低分组"，并和参与者的目标市场定位选择做交叉分析，如表 4-12 所示。从表中可看出，参与者报告的味道感知会影响他们的目标市场定位选择，在总口味感知的低得分组，有 44.4% 的人选择了"外倾＋不稳定"个性群体作为目标市场定位群体，而在高得分组显著提高到 83.3%（$\chi^2 = 5.900$，$p = 0.015$）。

表 4-11 实验 2 中参与者的口味评价基本统计和相关性分析

统计量/词汇		芳香的	柔和的	醇厚的	淡雅的	干燥的	烟熏味的	刺激的	火辣的
基本统计量	均值	4.4167	3.4722	4.8333	3.1667	3.3333	3.6944	4.9444	4.5278
	标准差	1.42177	1.34134	1.08233	1.25357	1.2873	1.63566	1.41309	1.36248
相关性分析	芳香的	1							
	柔和的	0.119	1						
	醇厚的	0.325	−0.062	1					
	淡雅的	0.505**	0.258	0.147	1				
	干燥的	−0.297	0.088	−0.369*	−0.319	1			
	烟熏味的	−0.189	−0.440**	0.019	−0.295	0.077	1		
	刺激的	−0.031	−0.302	−0.156	−0.349*	0.042	0.227	1	
	火辣的	−0.132	−0.375*	−0.094	−0.287	0.255	0.19	0.505**	1

**. 在 0.01 水平（双侧）上显著相关；*. 在 0.05 水平（双侧）上显著相关

表 4-12 不同口味感知参与者的目标市场定位选择

人数 n（%）		目标市场定位选择（n）		
		"外倾＋不稳定"	"内倾＋稳定"	合计
总口味感知	高分组	15（83.3）	3（16.7）	18（100）
	低分组	8（44.4）	10（55.6）	18（100）
合计/人		23	13	36

即测即练

自学自测　扫描此码

第5章 定位研究

本章首先回顾了品牌定位的含义,并阐述了品牌定位的重要性;紧接着又深入介绍了品牌形象、品牌渠道定位、品牌全球化定位及品牌至爱相关研究,并通过大量的研究案例对主要的研究内容与方法加以说明。

1. 掌握品牌定位的主要内容;
2. 掌握品牌形象的主要内容和研究方法;
3. 掌握品牌渠道定位的主要内容和研究方法;
4. 掌握品牌全球化定位的主要内容和研究方法;
5. 了解品牌至爱研究的相关内容。

1. 品牌定位的目的与重点解决问题;
2. 影响品牌形象的关键指标。

小罐茶和竹叶青:谁能破解茶品牌不过20亿元的魔咒

(资料来源:本案例由唐小飞教授编写)

【提要】在中国的茶叶行业里流传着两个公认的魔咒。一个魔咒是说中国7万家茶企一年的收益不敌国外一个立顿品牌;另一个魔咒是说20亿元就是中国茶叶品牌销售的天花板。如何打破这个魔咒和拆掉这个天花板可以说是中国茶叶行业创业者一直以来的梦想。十几年过去了,中国茶叶行业依靠民族之力终于打破了"7万家茶企不敌一个立顿"的魔咒。然而,"20亿元的天花板"依然立在茶叶行业的头顶上。但是,最近几年像小罐茶和竹叶青等一些茶叶品牌正在快速崛起,让我们看到了打破第二个魔咒,拆掉茶叶行业头顶上的这块天花板的希望。那么,如果就小罐茶和竹叶青这两个品牌来看,谁是最有可能成为拆掉20亿元这块天花板的品牌呢?理由是什么呢?

经常有人问这样一个问题，"7万家茶企不敌一个立顿"是不是有点夸张了？这应该不是真的吧？试想，我中华泱泱大国，而且是世界茶叶的发源地，怎么可能举一国之力还抵不过一个外国品牌呢？这不可能吧？如果是真的，那这也太憋屈了吧？但是，很不幸，这差不多就是真相。正如刘润在2022年发表的文章《中国茶，不需要成为立顿》中称："7万家茶企不敌一个立顿"这个魔咒最早源于2008年，新华社发表的一篇文章，当时，这条新闻在国内引起轩然大波。文章说，据统计，2008年中国7万家茶叶企业的总销售额约300亿元人民币，而联合利华下属的一家茶企"立顿"，年收入超过230亿元。自此之后，"7万家中国茶企不敌1个立顿"，这句话就像一个魔咒一样，被牢牢地扣在了中国茶行业的头上。

也许，你会问，那不是2008年的事情了吗？这都过去了十多年了，那现在中国茶行业的现状又如何呢？截至2022年的统计数据显示，2021年中国茶行业的销售总额从2008年的300亿元，增加到了今天的3000亿元。我们用了13年的时间使茶叶的销量翻了10倍。而联合利华旗下的立顿，年销售额依然停留在200亿元左右。3000亿元相比200亿元，这是碾压吧，中国茶企总算是打破了十多年前被扣在头顶上的那个魔咒，也算是一雪前耻了吧？但认真说来，并没有这么乐观，这毕竟是群殴。若论单打独斗，我国还没有一家茶叶品牌销售额可以突破百亿元的。在中国茶行业零售品牌目前排第一名的小罐茶，年销售额也就接近20亿元。竹叶青茶品牌年销售额约为13亿元。那么，为什么没有茶叶品牌能突破这个天花板呢？如果有，在小罐茶和竹叶青这两个品牌中，谁更有希望呢？

首先，回答第一个问题，为什么没有茶叶品牌能突破20亿元，至少至今还未曾有过。有专业人士分析认为，主要原因有两个：一是中国茶叶行业极为分散，排名前100的中国茶企的销量加在一起，仅能占到全行业规模的8%，也就约240亿元，相当于一个立顿。而在这排名靠前100的茶企中，第一名接近20亿元，其余99家茶企的平均销售额却在2.2亿元左右。二是与中国人的茶饮文化有关。中国人喜欢喝年份茶，茶的年份越久就越稀缺、越珍贵。而这种茶文化，使我们对中国茶叶价值的评价变得非标准化。因为非标准化，就给了许多茶企以次充好，以假充真的机会，导致整个行业出现了劣币驱逐良币的趋势。说白了，就是我们正在喝的"一泡号称存放了十几年的老茶"，却没有办法去判断这一杯茶，到底价值几何。也就是说，中国的茶文化导致了中国茶叶没有品牌的信任基础，根基不稳，所以极难做大。

其次，回答第二个问题，小罐茶和竹叶青这两个品牌中谁更有希望突破20亿这个天花板呢？

关于这个问题，可以从CIS品牌识别系统的3个视角来解答，包括品牌理念识别系统，品牌行为识别系统，品牌传播识别系统，如图5-1所示。

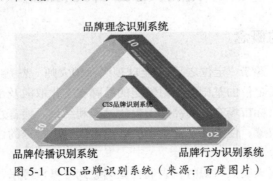

图5-1 CIS品牌识别系统（来源：百度图片）

第5章 定位研究

先来聊聊竹叶青茶：其品牌理念识别系统，就我个人认为是想定位于"中国高端绿茶"，为了实现这个定位，它在行为上主要突出了3点，一是突出只选取长在峨眉海拔600~1500米高山的明前鲜嫩茶芽，保证原料处于行业领先；二是突出领先于行业工艺的3%含水量，造就茶芽遇水直立、上下沉浮的美感；三是突出它制定了严格的38道加工工序、65项检测标准，采用除氧充氮、独立包装，从而形成了它的行为识别系统。也使品牌行为识别系统与品牌理念系统有较高的一致性。然而，在品牌传播系统端，个人认为是竹叶青茶的短板。比如，竹叶青要想做大销量，就要进行产品创新，并开拓更大的年轻市场。虽然，近期请了几位"流量明星"为其代言，但产品创新上的保守，使品牌很难通过代言人与消费者之间的桥梁产生品牌连接，流量转化的销量恐怕是竹篮打水一场空。包括，最近竹叶青联合东方歌舞团推出诗舞剧《只此青绿》，想要打造国风联姻典范，其转化效果可见一斑。也就是说，竹叶青品牌识别系统理念并未实现高度的一致性。

再来看看小罐茶：其品牌理念识别系统，就我个人认为是想定位于"唯有最好"，想做中国最好的茶叶品牌。为了实现这个定位，它在行为上主要突出了3点，一是让口感达到极致，推出了一个全新的标准"一罐一泡"；二是小罐茶使用铝制小罐，真空充氮，作为储存品质的保障，使储存时间更长；三是为了开瓶方便，小罐茶还专门研发出了18牛顿力度的铝罐撕膜。但其在行为识别系统上却存在一个致命的缺陷，那就是品质的保证，以及口感的一致性。很多喝茶的朋友告诉我说，一个包装里有8种口味的小罐茶，可能我们只喜欢其中一种，那其他7个小罐怎么办，难不成扔掉吗？最后，小罐茶在品牌传播识别理念系统上可圈可点，主要表现在：一是推出由8位中国制茶大师联手共同打造的中国好茶；二是请日本工业设计师神原秀夫为其设计包装；三是制茶大师戚国伟、黄山毛峰第49代传人谢四十、普洱茶终身成就大师邹炳良等大师讲述小罐茶的制茶经历；四是小罐茶在头等舱、董事长办公室、VIP贵宾室等应用场景的切换，使消费者对小罐茶有了更深的品牌视觉认知。

由此可见，这两个品牌作为中国茶行业里最优秀的品牌，都有望突破中国茶叶品牌20亿的天花板，但前提条件是它们都要修补好CIS系统里各自的短板。也就是说，竹叶青茶要在品牌传播上重新策划，找准品牌传播的真正发力点；而小罐茶要解决如何保证茶叶品质的提升，以及口感的一致性问题。

思考：小罐茶与竹叶青这两个品牌分别体现了怎样的品牌发展思路呢？

5.1 品牌定位研究概述

5.1.1 品牌定位的概念

品牌定位的理论来源于"定位之父""全球顶级营销大师"杰克·特劳特。品牌定位是企业在市场定位和产品定位的基础上，对特定的品牌在文化取向及个性差异上的商业性决策，它是建立一个与目标市场有关的品牌形象的过程和结果。换言之，即为某个特定品牌确定一个适当的市场位置，使商品在消费者的心中占领一个特殊的位置，当某种需要突然产生时就会联想到某个品牌。

比如，在炎热的夏天突然口渴时，人们会立刻想到"可口可乐"红白相间的包装和清凉爽口的口感。

比如，在人们需要更换手机时，多数中年人会立刻想到端庄稳重而不失高雅的国产手机品牌华为；而多数年轻人则会想到的是代表时尚黑科技的 vivo 和带有美颜功能的 OPPO。

一般认为，CIS 系统由 MI（理念识别 mind identity）、BI（行为识别 behavior identity）、VI（visual identity，视觉识别）3 个部分组成，也被称为大三位系统。MI 是品牌在长期培育过程中所形成的企业和消费者共同认可和遵守的价值准则和文化观念；BI 是品牌理念的行为表现，包括在理念指导下的品牌员工对内和对外的各种行为，以及企业品牌的各种生产经营行为，直接反映品牌的个性和特殊性；VI 是品牌理念的视觉化，是以标志图形、标准字体、标准色彩为核心展开的完整的、系统的视觉表达体系。另外，我们把品牌市场定位、品牌渠道定位和品牌传播定位称为品牌定位的小三位系统。关于小三位的基本概念在市场营销学中有详细的阐述，在此不再赘述。大三位系统和小三位系统共同形成品牌定位的六位一体。

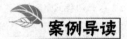

基于大三位和小三位六位一体化的品牌定位系统

（资料来源：本案例由唐小飞教授编写）

营销策划是《营销管理》的核心内容，营销策划的主要任务是要构建基于大三位和小三位六位一体化的品牌定位系统，这是营销执行的前提和基础。举例来说，世界著名汽车品牌梅赛德斯–奔驰，之所以数十年来都能保持行业领先地位，是因为其在大三位层面和小三位层面的策划，梅赛德斯–奔驰都竭力使这六大要素之间保持高度的一致性，如图 5-2 所示。

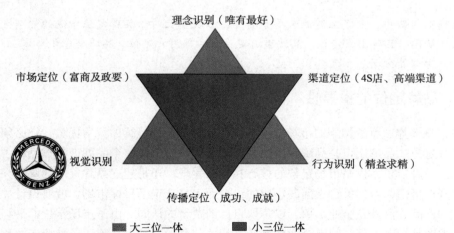

图 5-2　梅赛德斯–奔驰六位一体化品牌定位系统（来源：百度图片）

由表 5-1 可知，梅赛德斯–奔驰的品牌理念识别系统是"唯有最好"，这决定了品牌秉承和坚守的原则，也可以说是企业和用户共同认可和遵守的价值准则，是品牌可持续性的保障；梅赛德斯—奔驰的行为识别系统是"精益求精"，是为实现好目标、理想而设计的实践路径；梅赛德斯—奔驰的视觉识别系统的核心是品牌logo，是品牌个性和行为特征转化为艺术的视觉表达效果。同时，大三位系统的运行方式决定了小三位系统的运行方式。比如，梅赛德斯—奔驰的顾客定位是富商及政要，顾客定位告诉了品牌商哪些财富属于你；梅赛德斯—奔驰的渠道定位为这些顾客提供与其身份和地位相匹配的高品质4S店的体验服务，渠道定位告诉了品牌商财富的方向；梅赛德斯—奔驰的传播定位是指如何开展媒体营销与故事营销，尤其是关于梅赛德斯—奔驰的传承与历史，使品牌与用户之间建立起情感联系，传播定位告诉了品牌商怎么样才会让顾客愿意去喜爱和消费你的产品。

表 5-1 品牌定位的六要素

序号	定位	识别	作用
战略层面 三位一体化	品牌理念识别系统	唯有最好	企业和用户共同认可和遵守的价值准则
	品牌行为识别系统	精益求精	为实现目标、理想而设计的实践路径
	品牌视觉识别系统	低调奢华且精致	把品牌个性、特征转换为艺术化的视觉识别能力
战术层面 三位一体化	用户定位系统	富商及政要	告诉我们哪些财富属于你
	渠道定位系统	高品质的4S体验店	告诉我们财富的方向
	传播定位系统	媒体营销与故事营销	告诉怎么样才会让顾客去喜爱和消费你的产品

- 品牌理念系统：告诉我们战略方向和品牌使命；
- 品牌行为系统：为实现战略、使命而设计的实践路径；
- 品牌视觉系统：把品牌个性、特征转换为艺术化的视觉识别能力；
- 品牌用户系统：告诉我们财富的方向；
- 品牌渠道系统：告诉我们怎么得到这些财富；
- 品牌传播系统，告诉我们怎么才能建立起品牌与消费者之间的联系，并让他们喜爱我们。

在商业实践中，除了品牌的六要素之外，多数企业对于品牌定位系统的管理主要还集中在品牌认同、品牌形象定位、品牌渠道定位、品牌用户定位、品牌全球化与本土化定位、品牌资产管理等方面。

5.1.2 品牌定位的重要性

在信息爆炸、竞争加剧的市场背景下，企业为了获得持续的竞争优势，就必须创建独特的品牌定位。品牌定位是品牌理论中的一个重要概念，在整个品牌理论体系中占有重要的地位。品牌定位不仅是市场定位的核心和集中表现，还是建立品牌资产的基础，也是决定品牌资产增值与否的关键性问题。比如，企业一旦选定了目标市场，就要设计并塑造自己相应的产品、品牌及企业形象，以争取目标消费者的认同。由于市场定位的最终目标是为了实现产品销售，而品牌是企业传播产品相关信息的基础，品牌还是消费者选购产品的主要依据，因而品牌成为产品与消费者连接的桥梁，品牌定位也就成为市场定位的核心和集中表现。

然而，由于品牌管理相关理论刚提出不久，其理论成果远远不能满足指导企业品牌管理实践的需要。因此，开展对品牌管理的研究，特别是从品牌定位角度进行的研究尤为及时和重要，品牌定位的研究恰好符合这一研究趋势。

本节从消费者认知的视角出发，探讨消费者认知与品牌定位之间的关系，使企业从一个新的视角来寻求如何提升品牌价值。

5.1.3 品牌定位要解决的问题

（1）品牌发展的最终目标是什么？

比如，将竹叶青茶叶打造成中国绿茶的高端品牌。

（2）怎么做才能实现这个目标？

比如，竹叶青茶叶为了打造中国绿茶高端品牌坚持的"明前""高山""茶芽"三大标准。

（3）品牌发展的视觉形象是什么？

比如，每一片竹叶青茶芽都能竖立杯中，呈现茶舞的独特视觉盛宴。

（4）品牌是要销售给哪些人群？

比如，竹叶青茶叶的目标客户是30岁以上的中高端人群，有良好的教育，且收入水平与生活质量较高。

（5）品牌要如何才能吸引这些人群？

比如，竹叶青通过整合线上线下双渠道，不断提升品牌知名度、影响力与市场占有率。

（6）品牌要如何与消费者之间建立联系？

比如，竹叶青的线上渠道，通过赠饮问候、分享防疫知识等方式不断拉近与消费者之间的距离。

5.2 品牌形象定位研究

品牌形象是指企业或某个品牌在市场上、在社会公众心中所表现出的个性特征，它体现了公众特别是消费者对品牌的评价与认知。品牌形象与品牌不可分割，形象是品牌表现出来的特征，反映了品牌的实力与本质。品牌形象包括品名、包装、图案广告设计等。形象是品牌的根基，所以企业必须重视塑造品牌形象。

品牌形象是消费者对品牌的所有联想的集合体，它反映了品牌在消费者记忆中的图景。品牌联想的形成既是营销活动的结果，也是非营销活动的结果。消费者对品牌形成的联想既可以通过企业掌控的渠道获得，也可以通过非企业掌控的渠道获得。

品牌形象是主体与客体相互作用，主体在一定的知觉情境下，采用一定的知觉方式对客体进行感知。从心理学角度讲，形象是人们反映客体而产生的一种心理图式。肯尼思·博尔丁在他的著作《形象》里提出，一个象征性形象"是各种规则和结构组成的错综复杂的粗略概括或标志"。

品牌形象可以用量化的方法来考察。度量品牌形象的指标有：品牌知名度、品牌美誉度、品牌反映度、品牌注意度、品牌认知度、品牌美丽度、品牌传播度、品牌忠诚度和品牌追随度。其中常用度量指标为品牌知名度和品牌美誉度。

1. 品牌知名度

品牌知名度是指品牌被公众知晓的程度，是评价品牌形象的量化指标。考察知名度可以从3个不同角度进行，即公众知名度、行业知名度、目标受众知名度。

所谓品牌的公众知名度，是品牌在整个社会公众中的知晓率。

所谓行业知名度，是品牌在相关行业的知晓率或影响力。

所谓目标受众知名度，是品牌在目标顾客中的影响力。

2. 品牌美誉度

品牌美誉度是指品牌获得公众信任、支持和赞许的程度。对美誉度的考察也可从公众美誉度、行业美誉度、目标受众美誉度3个方面研究。品牌美誉度能够反映出品牌对社会影响的好坏。

3. 品牌反映度

品牌反映度指品牌引起公众感知的反映程度。主要指人们对品牌的瞬间反映。

4. 品牌注意度

品牌注意度指品牌引起公众注意的能力，主要指品牌在与公众接触时引人注目的程度。

5. 品牌认知度

品牌认知度指品牌被公众认识、再现的程度，某种意义上是指品牌特征、功能等被消费者了解的程度。

6. 品牌美丽度

品牌美丽度指品牌从视觉和心理上对人的冲击能否给人以美的享受。

7. 品牌传播度

品牌传播度是指品牌传播的穿透力，主要讨论品牌的传播影响程度。

8. 品牌忠诚度

品牌忠诚度主要指公众对品牌产品使用的选择程度。

9. 品牌追随度

品牌追随度主要指品牌使用者能否随品牌变迁而追随品牌，是比品牌忠诚度更进一步的要求。

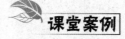

公司品牌形象对消费者购买意向的作用路径研究
——基于中国跨国公司的实证分析

（资料来源：韩慧林，邹统钎，庄飞鹏. 公司品牌形象对消费者购买意向的作用路径研究：基于中国跨国公司的实证分析[J]. 中央财经大学学报，2017(8): 9. ）

1. 研究背景

目前，随着生产工艺的日益规范化，产品同质化现象日益加重。面对这样的购物环境，消费者在产品购买决策过程中不再只是简单地关注价格、质量等产品的自身属性，开始更多地关注产品背后企业的整体实力，如美国"苹果公司"的产品，很多消费者甚至在不了解该公司提供的一系列产品如"iPhone""iPod"和"iPad"等真实属性的情况下就对它们产生很强的购买意愿，这在一定程度上说明了强势公司品牌形象的重要性。然而，目前中国企业的品牌现状却不容乐观。据统计，2021年我国共有100多家企业进入财富"世界500强"，排名世界第二，但在当年"全球最佳品牌100强"中，仅有"华为"一家企业入围，这在某种程度上说明了中国企业的品牌竞争力欠缺。

2. 研究问题

在中国企业"走出去"背景下，笔者针对中国跨国公司，构建了一个以公司品牌形象为前因，以自我一致性和品牌赞赏感为中介，以自我动机和产品熟悉度为调节，以购买意向为后向结果的概念模型，旨在研究公司品牌形象对消费者购买意向的作用路径。

3. 研究模型

品牌形象对消费者购买意向的研究模型，如图5-3所示。

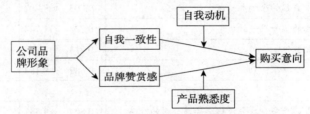

图 5-3　品牌形象对消费者购买意向的研究模型

4. 研究方法

4.1 数据收集

采用问卷调查的研究方法，数据收集采取现场随机发放和网上发放调查问卷两种方式。根据研究目的和样本的可获性，选取了4个有代表性的中国跨国公司作为研究对象：联想、海尔、华为和青岛啤酒，这4个公司在消费者的日常生活中接触频率较高。调查于2016年7月至11月期间陆续进行。调研共收回527份问卷，剔除不完整或有明显错误的样本，最终有效问卷459份，占全部回收问卷的87.10%，问卷回收的有效率较高。抽样控制的特征包括消费者的年龄、性别、受教育程度和收入4个方面。

4.2 变量测量

在测量变量时，本研究采用多题项测量的方法，量表中的题项采用李克特5级量表。其中，"1"表示"完全反对""5"表示"完全赞成"，且量表均源于国外代表性文献。公司品牌形象的测量参考了Brown和Dacin（1997）的量表。自我一致性的测量参考了Sirgy和Su（2000）的量表。购买意向的测量参考了Berens和Van（2004）的量表。自我动机划分为自我提升动机和自我确认动机两种，借鉴Escalas和Bettman（2003）的做法。本文将测试对象的性别、年龄、受教育程度和收入作为控制变量处理。

4.3 信度与效度检验

信度检验通过Cronbach's α系数值的高低进行判断，检验结果如表5-2所示。

效度检验包括内容效度和结构效度（结构效度又进一步分为收敛效度和区分效度）。检验结果详见下表。因此，在总体上本研究的问卷数据在信度和效度水平上能够满足需要。

表 5-2 测量条目的信度与效度检验结果

构念及测量条目	因子载荷	t 值	Cronbach's α	CR	AVE
公司品牌形象					
该公司是所处行业的领导者	0.718	10.550	0.860	0.864	0.515
该公司具有很强的研发能力	0.691	11.681			
该公司具有很强的成长能力	0.803	11.772			
该公司很重视节能减排	0.701	10.255			
该公司对当地社区具有很大帮助	0.682	11.647			
该公司积极参与社会公益	0.704	9.413			
自我品牌一致性					
该公司的品牌形象与我追求的形象一致	0.810	11.201	0.881	0.868	0.524
我期望自己被认为具有该公司的个性	0.698	10.365			
该公司的个性与我希望中自己的个性相一致	0.703	9.402			
该公司的形象与我对自己的认知很一致	0.728	11.744			
我与该公司的个性十分相似	0.713	11.225			
该公司的个性与我目前的个性很一致	0.682	8.182			
购买意向					
如果我打算购买这种类型的产品，我会考虑选择该公司的产品	0.804	9.531	0.815	0.834	0.626
我将来会购买该公司的产品	0.757	8.674			
如果有朋友打算购买此类产品，我会积极建议她（他）购买该公司的产品	0.812	8.003			

注：其中因子载荷为标准因子负载；CR 为组合信度；AVE 为平均变异数萃取量

5. 研究结论

借鉴 Baron 和 Kenny（1986）提出的层级回归模型分析法分 3 步检验自我一致性和品牌赞赏感的中介作用。在第三步中，如果自我一致性与品牌赞赏感的回归系数都显著，而自变量公司品牌形象的回归系数不显著，则说明自我一致性和品牌赞赏感起完全中介作用；如果自我一致性与品牌赞赏感及自变量公司品牌形象的回归系数都显著，并且公司品牌形象的回归系数显著减弱，则说明自我一致性与品牌赞赏感起部分中介作用。

从模型 1、模型 2 和模型 3 的回归结果，如表 5-3 所示可以看出，在控制了人口统计变量（性别、年龄、教育程度和收入）后，公司品牌形象对购买意向具有显著的正向影响（$\beta = 0.354$，$t = 3.65$）；与此同时，公司品牌形象对自我一致性和品牌赞赏感也具有显著的正向影响（$\beta = 0.271$，$t = 2.93$；$\beta = 0.254$，$t = 3.02$）。因此，假设 H1、H2 和 H5 得到了支持和验证。从模型 4 中介效应的检验结果可以看出，以购买意向为因变量，当把公司品牌形象、自我一致性与品牌赞赏感全部放进回归模型时，自我一致性和品牌赞赏感对购买意向具有显著的正向影响（$\beta = 0.179$，$t = 2.89$；$\beta = 0.284$，$t = 3.07$）。因此，假设 H3 和 H6 得到了验证。此外，自变量公司品牌形象的回归系数显著降低（$\beta = 0.216$，$t = 2.14$）。因此，根据 Baron 和 Kenny（1986）提出的中介变量检验程序，在公司品牌形象与购买意向的关系中，自我一致性和品牌赞赏感发挥了部分中介作用，假设 H4 和 H7 得到了支持和验证。

表 5-3　中介作用检验层级回归分析结果

变量	直接效应						中介效应	
	购买意向（模型1）		自我一致性（模型2）		品牌赞赏感（模型3）		购买意向（模型4）	
	系数	t值	系数	t值	系数	t值	系数	t值
性别	0.091	0.42	0.134	0.85	0.109	0.75	0.084	0.39
年龄	0.033	0.27	0.081	0.66	0.017	0.63	0.035	0.33
教育程度	0.008	0.66	0.019	1.87	0.032	1.94	0.007	0.54
收入	0.102*	1.84	0.002	0.21	0.009	0.31	0.105*	1.90
公司品牌形象	0.354***	3.65	0.271***	2.93	0.254***	3.02	0.216**	2.14
自我一致性							0.179**	2.89
品牌赞赏感							0.284***	3.07
样本量	459		459		459		459	
调整 R^2	0.24		0.19		0.21		0.32	
F值	5.34***		4.75***		4.99***		15.39***	

在确定了主效应和中介效应之后，本文同样使用层级回归模型检验自我动机和产品熟悉度的调节作用。将购买意向作为因变量，在模型 5 的基础上引入自我一致性与自我动机交叉乘积项、品牌赞赏感与产品熟悉度交叉乘积项进行回归，回归结果详见表 5-4。

表 5-4 中的数据显示，随着交互项的引入，调整后 R^2 逐步增大，这说明模型得到了更好的拟合。模型 5 的回归结果显示，自我一致性和自我动机两者的交互项对购买意向具有显著正向影响（$\beta = 0.156$，$t = 3.25$），这说明自我动机在自我一致性对购买意向的影响关系中存在调节作用。因此，假设 H8 得到了初步验证。此外，从模型 5 的回归结果还可以看出，品牌赞赏感和产品熟悉度两者的交互项对购买意向的影响并不显著（$\beta = -0.037$，$t = -0.76$），这说明产品熟悉度在品牌赞赏感对购买意向影响关系中不存在显著的调节作用。因此，假设 H9 初步没有得到验证。

表 5-4　自我动机和产品熟悉度调节作用检验层级回归分析结果

变量	主效应		调节效应	
	Y：购买意向（模型5）		Y：购买意向（模型6）	
	系数	t值	系数	t值
自我一致性	0.191***	3.07	0.098	1.58
自我动机	0.403***	3.66	0.278**	2.26
品牌赞赏感	0.277***	2.82	0.303***	2.96
产品熟悉度	0.105	0.93	0.079	0.67
自我一致性*自我动机			0.156***	3.25
品牌赞赏感*产品熟悉度			−0.037	−0.76
观测值	459		459	
调整 R^2	0.27		0.35	
F值	11.52		13.52***	

思考题：
（1）请讨论该研究形成的相关结论是什么？
（2）请阐述该研究在营销上的管理意义是什么？

5.3 品牌渠道定位研究

随着互联网的发展，原来的知识结构渠道定位已经成为品牌建设的组成部分。渠道定位最重要的3件事就是渠道分析、渠道选择、渠道布局。渠道类型主要包括品牌流通渠道、品牌自营渠道、品牌特通渠道、电商渠道、微商渠道及行业渠道等6种。

1. 品牌流通渠道

品牌流通渠道是指品牌从生产领域到达消费领域所经过的通道，包括品牌流通的途径、环节、形式等。从更深一层的意义上讲，品牌流通渠道实际上是由一个从事品牌交换活动，并共同推动品牌面向消费者运动的品牌所有者组合而成的组织序列。这里的每一个品牌所有者，都可以被称为流通渠道成员。由于每一次品牌买卖活动，都会形成一道导致品牌所有权变换的流通环节，因而流通渠道又是由一个个流通环节联结起来的，流通环节多则流通渠道长、流通环节少则流通渠道短。

2. 品牌自营渠道

品牌自营渠道，指的是厂家或者厂商联合设立的品牌专卖店、品牌专柜。这些渠道是厂家能够直接控制的，便于产品或者品牌的培育，也便于市场的控制。自营渠道具备以下几大优势：一是作为形象展示，特别是旗舰店的形象展示很有说服力和参考性，能有效展现出公司的实力，提供形象规范；二是抛开了中间环节，品牌直接面对消费者，可以直接赚取较高的营业利润；三是直面市场，有助于品牌获取最有效的市场信息，了解消费者的需求特点；四是具有直接控制权，便于操作管理，能完美体现、执行公司的营销理念；五是自营店能有效处理企业的库存品、特价产品。当然，缺点是自营渠道的投入成本高，伴随性风险也比较大。

3. 品牌特通渠道

品牌特通渠道，是一个市场营销学术语，是销售渠道的一种类型，即品牌或服务的特殊的销售渠道。比如，白酒行业正常的销售渠道是名烟名酒店、商业超市和酒店，但白酒的业务人员也能在各级单位做品牌团购，这里的品牌团购就是特通渠道。品牌特通渠道具有如下特点。

- 特通资源的代表性

很多公司在操作品牌或者市场时通常先操作一个基本市场，采取以点带面的方式，而现代通路和特通渠道又有典型的代表性，所以也就成为各个商家逐鹿的对象。因为上级政府部门给予不同的政策进行扶持，所以在价格等各个方面也必然会有优惠。

- 特通渠道的有效性

特通渠道对培育市场拉动消费，市场增量都有十分显著的作用，所以商家往往特事特办，分别制定陈列奖，进货返利，价格补贴等策略来刺激市场。

- 特通资源的竞争性

特通资源有很多优点，但特通资源的量是十分有限的，你占领一个，别人就会少一个。这样就造成了竞争的加剧，像KSF、百事可乐等品牌企业常常会做买断经营，通过签订协议客户等方式来占领终端资源，也有些市场跟随者常常采取压低价格的方式来争取一席之地。

- 特通资源的封闭性

特通一般分为开放式和封闭式，但多半特通为封闭特通，因为在一定程度上价格受流通市场的影响较小，如车站站台内的商店、厂矿、监狱、码头等地方。再加上这些单位的销量较大，因此商家也就给予了不同的价格。

- 特通操作的特殊性

特通一般分为两种不同的情况，即私营售点和单位售点，对私营售点来说，竞争的加剧必然要求价格和促销的跟进，而对单位来说，往往注重对关键负责人的关系投入，所以商家在通过代理商渠道操作时给予相应的补贴，特通与流通市场的差价也就必然产生了。

4. 电商渠道

电商渠道是一个非常特殊的渠道，它既是销售渠道，同时也是一个传播渠道。电商可以说是中国竞争最为激烈的渠道，为什么？因为电商是一个完全公开的市场，所有的竞争者都可以汇聚上来，超竞争的结果只可能是一个，就是无限地逼近盈亏平衡线，导致大多数参与者无法赚钱。近几年比较流行的电商模式，如淘宝、京东、拼多多等，他们的商业模式是一种 1 级渠道结构模式，也就是从卖家到买家，没有中间商。表面看，这种模式避免了一些传统商业模式的缺点，但也有其不足之处，因为电商的客户与客户之间没有信任关系的链接，所以电商的客户评价很容易被卖家通过好评返现的方式给买通，或者对竞争对手恶意进行差评，给消费者造成在分辨选择产品时的困难，这是电商天然存在的巨大缺陷。

5. 微商渠道

在微信朋友圈中，我们经常会看到一些人卖东西，有面膜、睫毛膏、护肤霜等，他们似乎每天都在做这样的事情，孜孜不倦。这便是微商活动的一种具体表现形式。有时候我们会怀疑，他们这样做能卖出去东西吗？会赚到钱吗？大量事实证明，答案是肯定的，主要原因在于微商商业模式的特殊性。拿微信举例来说，它是通过用户与用户之间的传播，而后形成一种几何倍数的增长，是一种"病毒式"的传播方式。显然，微信用户量的增长速度是惊人的，这也就决定了其作为微商主要载体的性质。与一些传统的商业模式相比，我们需更加清晰地了解微商的商业模式。在一些传统商业模式中，大多是一些金字塔模式：厂商→国代→省代→区域代→零售商→消费者。这是一个很长的过程，这种情况下，中间商层层剥利，产品的成本价格自然会提升，而且一旦在某个环节出现囤货积压的状况，厂商资金的回笼也会成为一个难题。

从目前的状态来看，微商销售渠道是一种网状结构，即从微商代理到亲友。也就是说，微商所对应的客户群一般都是自己的亲友或者朋友圈中的好友。彼此之间有一定的信任关系，同样也去除了中间商。换句话说，如果你是微商代理，你销售的产品有质量问题，你敢卖给你的朋友或者亲友吗？相信大多数人是不敢这样做的，这也就保证了商品的可靠性，这就是微商渠道的优势。

6. 行业渠道

行业渠道是行业与渠道的组合，意指某个行业的常规渠道。比如，服装行业渠道指的是与服装有关的渠道商、加盟店、分销商等。在一个竞争激烈的市场环境中，消费者永远是王道，如果你不了解消费者，你的产品就没法销售，因为你不了解消费者的需求点在哪里，所以很难找到产品与消费者的衔接点，也难以找到出路。

在这个基础上需要一个以行业为类别的销路通道去面对消费者，那就是行业渠道交易平台。如果你不能从产品自身的定位出发，把握好渠道定位，就很难找到符合实际市场需求的一面。因此，各个品牌都会通过不同行业的销售渠道来分销产品，无论是传统渠道还是网络销售渠道。在众多日化品牌中，走得非常成功的部分日化品牌，如雅诗兰黛、兰蔻、迪奥、资生堂、欧莱雅等外资品牌就是通过百货商场渠道销售，销量很好，主要得益于这些外资品牌一直坚持的高端市场定位。可以说，这些品牌是日化行业中的榜样，它们的成功是值得学习和借鉴的，它们读懂了市场渠道和消费者之间的定律，赢得了市场。

多渠道供应链消费者跨渠道行为与渠道合作

（资料来源：汪旻，张旭梅. 多渠道供应链消费者跨渠道行为与渠道合作[J]. 管理学报，2019(5): 10.）

1. 研究背景

随着电子商务的快速发展，越来越多的制造商为满足消费者的购物需求，在供应链下游传统零售渠道的基础上，开辟电子直销渠道，构建多渠道经营模式，向顾客提供商品或服务。与此同时，越来越多的消费者进行跨渠道购买，有资料显示：68%的消费者首先通过电子渠道查询产品信息，再到传统零售渠道体验商品、接受咨询服务，最后回到产品价格较低、送货上门的电子渠道购买。消费者在多渠道服务间搭便车，使传统零售商从供应链的主要渠道成员，退化为电子渠道的"被动体验店""免费试衣间"。传统零售商在与制造商电子直销渠道的合作中，如何优化资源配置，以响应多渠道消费者跨渠道行为，获取合作绩效的作用机制，以及是否存在渠道合作提升绩效的边界条件，是值得探讨的问题。

2. 研究假设

研究的概念模型如图5-4所示，研究假设如下。

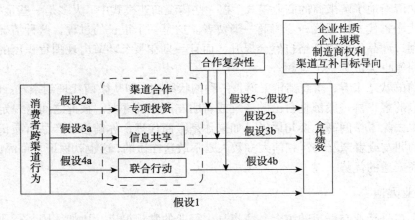

图5-4 多渠道供应链消费者跨渠道行为的研究模型

假设1：消费者跨渠道行为正向影响合作绩效。
假设2a：消费者跨渠道行为正向影响专项投资。
假设2b：专项投资正向影响合作绩效，并且正向中介消费者跨渠道行为与合作绩效之间的关系。
假设3a：消费者跨渠道行为正向影响信息共享。
假设3b：信息共享正向影响合作绩效，并且正向中介消费者跨渠道行为与合作绩效之间的关系。
假设4a：消费者跨渠道行为正向影响联合行动。
假设4b：联合行动正向影响合作绩效，并且正向中介消费者跨渠道行为与合作绩效之间的关系。
假设5：合作复杂性负向调节专项投资与合作绩效之间的关系。
假设6：合作复杂性正向调节信息共享与合作绩效之间的关系。
假设7：合作复杂性正向调节联合行动与合作绩效之间的关系。

3. 研究方法

通过在网上搜索制造商官网、直销网站、第三方平台（如天猫、京东及各类垂直电商平台）旗舰店，得到制造商发布的地区零售商名录，对这些传统零售商以上门调研、电话沟通后邮寄及电子邮件方式进行问卷调查，问卷覆盖14个省和直辖市。共发放问卷300份，回收263份，剔除不符合要求的问卷后，获得有效问卷221份。调查了日用品、服装、电子产品、食品等零售行业的传统零售企业，企业性质包括私营及民营（48.3%）、国有及国有控股（39.6%）、外资及合资（12.1%）。企业规模50人以下占15.4%，51～100人占29.9%，101～500人占25.3%，501人以上占29.4%。问卷填写人员主要来自企业销售部门中的高层管理人员及业务骨干，大专及本科以上学历的占84.4%，工龄5年以上的占86.8%，参与者都有较丰富的行业经验，较大限度地确保了问卷的填写质量。

4. 研究结果

主效应回归分析结果，如表5-5所示，中介作用分析结果，如表5-6所示。

表5-5 主效应回归分析结果

变量	专项投资 SI 模型1	信息共享 IS 模型2	联合行动 JA 模型3	合作绩效 CP		
				模型4	模型5	模型6
企业性质	−0.005	−0.089	0.114*	−0.051	−0.043	−0.050*
企业规模	0.115**	0.036	−0.036	0.063**	0.059**	0.039*
制造商权力 MP	0.051	0.111	−0.080	0.046	0.008	0.009
渠道互补目标导向 CO	0.308**	0.186	−0.098	0.318***	0.186**	0.139**
消费者跨渠道行为 CB	0.481***	0.313**	0.488***		0.321***	0.089
专项投资 SI*						0.183***
信息共享 IS*						0.127***
联合行动 JA*						0.177***

续表

变量	专项投资 SI 模型1	信息共享 IS 模型2	联合行动 JA 模型3	合作绩效 CP		
				模型4	模型5	模型6
合作复杂性 CCP*						−0.031
专项投资 SI×合作复杂性 CCP*						−0.062*
信息共享 IS×合作复杂性 CCP*						0.059+
联合行动 JA×合作复杂性 CCP						−0.012

注：***表示 $p<0.001$，下同

表 5-6 中介作用分析结果

分组	路径	主效应	第一阶段系数 a	第二阶段系数 b	直接效应 c'	系数乘积 $a \cdot b$	标准差 $a \cdot bSE$	中介效应95%置信区间		结论
								下限	上限	
全部	CB→SI→CP	0.321***	0.481***	0.184***	0.104+	0.088	0.031	0.033	0.151	部分中介
	CB→IS→CP	0.321***	0.313***	0.126***	0.104+	0.039	0,021	0.004	0.089	部分中介
	CB→JA→CP	0.321***	0.487***	0.182***	0.104+	0.089	0.028	0.030	0.123	部分中介
低合作复杂性	CB→SI→CP	0.329+	0.839**	0.276**	0.002	0.231	0.122	0.015	0.486	完全中介
	CB→IS→CP	0.329+	0.209	0.070	0.002	0.015	0.050	−0.067	0.137	不显著
	CB→JA→CP	0.329+	0.515	0.160+	0.002	0.082	0.100	−0.044	0.345	不显著
中等合作复杂性	CB→SI→CP	0.310***	0.401***	0.207***	0.129*	0.083	0.035	0.017	0.153	部分中介
	CB→IS→CP	0.310***	0.304*	0.104*	0.129*	0.032	0.022	0.002	0.085	部分中介
	CB→JA→CP	0.310***	0.428**	0.156**	0.129*	0.067	0.024	0.023	0.118	部分中介
高合作复杂性	CB→SI→CP	0.301	0.001	0.006	−0.032	0.002	0.059	−0.191	0.055	不显著
	CB→IS→CP	0.301	0.672+	0.192**	−0.032	0.129	0.098	−0.015	0.357	部分中介
	CB→JA→CP	0.301	0.865**	0.236**	−0.032	0.204	0.130	0.002	0.504	部分中介

思考：

- 表 5-5 呈现的结果说明了什么，请解释？
- 表 5-6 呈现的结果说明了什么，请解释？

案例导读

网络结构嵌入、关系型渠道治理与渠道关系质量

（资料来源：丰超，庄贵军，张闯，等. 网络结构嵌入、关系型渠道治理与渠道关系质量[J]. 管理学报，2018, 15(10): 8.）

1. 研究背景

据佳酿网报道，近年来，国内多个省份的分销商成员们纷纷进行"抱团"，建立分销商联合体，迫使制造商作出让步和妥协，以争取更多的市场话语权。一方面，分销商借助"抱团"之势，改变了过去的弱势地位，提升了自身的盈利水平；另一方面，制造商十分在意

分销商的这种联合行为，或主动，或被动地调整经营策略，试图改善与各个分销商之间的关系，以适应和面对分销商从个体到群体的转变。从该现象可以看出，在营销渠道中，制造商与分销商的互动关系不再局限于"一对一"形式，还有"一对多"的互动形式。对于制造商而言，如何与"抱团"的分销商群体进行合作是一个不小的挑战。

2. 研究假设

根据社会网络理论和现有的研究文献，网络结构嵌入的特点可以从网络密度、网络中心性、网络声誉、网络效率、网络规模、网络位置和网络稳定性等方面描述。其中，网络密度和网络中心性是反映网络结构嵌入特点的两个重要的基础性变量。网络密度是指网络中所有成员之间的实际联系数量与所有可能存在联系数量的比率。该比率越高，表明网络的密度就越大。一般而言，一个网络的密度增大，意味着该网络中各成员之间的联系更紧密，沟通效率更高，信息共享也更容易，分销网络模型如图 5-5 所示。如果分销商网络中的双向箭头连线越多，则该分销商网络的密度就越大，也就意味着分销商之间的"抱团"程度越高。而网络中心性则是指一个成员在网络中占据中心位置的程度，具体表现为该成员处于连接各种关系的位置及相对于其他成员的地位。根据社会网络理论，某成员网络中心性越高，说明该成员在网络中拥有的联系越多，控制资源和信息流动的能力越强，影响力越大。

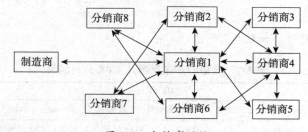

图 5-5 分销商网络

图 5-6 进一步地说明，分销商的网络结构对渠道关系质量的影响是由渠道治理模式来决定的。

假设 1a：一家分销商所在的分销网络密度越大，制造商越倾向于采用关系型渠道治理机制，与它共同制订计划；

假设 1b：一家分销商所在的分销网络密度越大，制造商越倾向于采用关系型渠道治理机制，与它共同解决问题。

假设 2a：一家分销商在分销网络中的中心性越大，制造商越倾向于采用关系型渠道治理机制，与它共同制订计划；

假设 2b：一家分销商在分销网络中的中心性越大，制造商越倾向于采用关系型渠道治理机制，与它共同解决问题。

假设 3a：制造商采用关系型渠道治理机制，即与分销商共同制订计划，正向影响制造商感知的渠道关系质量；

假设 3b：制造商采用关系型渠道治理机制，即与分销商共同解决问题，正向影响制造商感知的渠道关系质量。

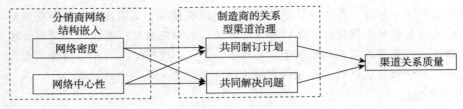

图 5-6　渠道关系质量的研究模型

3. 研究方法

3.1 数据收集与样本描述

以国内制造商销售部、市场部或渠道部的负责人为调查对象，委托一家专业的调查公司收集数据。鉴于此项目的数据收集需要调查对象深度介入，该公司有目的地确定了数据收集途径的几个城市选取样本。问卷调查累计发放问卷 351 份，收回有效问卷 288 份，有效问卷回收率达到 82.1%。在数据录入环节，所有数据均经过双录，即由不同的人分别录入同一份问卷，之后进行查错，确保数据录入准确。样本企业中，民营企业占 51.1%，非民营企业占 48.9%；企业销售规模低于（包含）0.50 亿元占 25.4%，超过 0.50 亿元，低于 3.00 亿元 56.9%，超过（包含）3.00 亿元占 17.7%；来自电气制造业占 8.0%，服装纺织行业占 11.1%，电子产品行业占 24.3%，食品饮料行业占 27.4%，其他行业占 29.2%。

3.2 变量测量

各变量的测量题项，如表 5-7 所示。

表 5-7　变量的测量题项及 CFA 分析结果

测量变量	题项内容	因子载荷[b]
网络密度[a] α = 0.903 AVE = 0.766 CR = 0.907	ND1 我们的分销商之间的交流（1 非常频繁；2 比较频繁；3 一般；4 比较少；5 非常少）	0.911
	ND2 我们的分销商之间一起讨论他们共同的问题（1 经常；2 比较经常；3 一般；4 比较少；5 很少）	0.888
	ND3 我们的分销商之间的关系（1 甚为密切；2 比较密切；3 一般；4 不太密切；5 不很团结）	0.824
网络中心性[a] α = 0.763 AVE = 0.523 CR = 0.767	NC1 该分销商在贵公司分销商群体中（1 根本不活跃；2 不怎么活跃；3 一般；4 比较少；5 非常少）	0.689
	NC2 该分销商对贵公司的销售渠道（1 根本不重要；2 不太重要；3 一般；4 比较重要；5 至关重要）	0.731
	NC3 此分销商是分销商群体中关键一员（1 根本不认同；2 不太认同；3 一般；4 比较认同；5 非常认同）	0.749
共同制订计划 α = 0.815 AVE = 0.543 CR = 0.824	JP1 我公司和该分销商经常共同讨论我公司下一阶段的产量问题	0.716
	JP2 我公司和该分销商经常共同计划我公司下一阶段的新产品开发	0.862
	JP3 我公司和该分销商经常共同计划我公司下一阶段所要生产的产品种类	0.767
	JP4 该分销商给我公司提供我们产品的销售预测	0.574
共同解决问题 α = 0.788 AVE = 0.495 CR = 0.795	JS1 该分销商经常和我公司一起处理我们关系交往中产生的问题	0.589
	JS2 我公司和该分销商经常相互帮助	0.665
	JS3 我公司和该分销商会共同承担责任来把某件事情做好	0.771
	JS4 我们双方都致力于进一步加强我们之间的关系	0.772

续表

测量变量	题项内容	因子载荷[b]
渠道关系质量 α = 0.809 AVE = 0.520 CR = 0.812	IR1 我公司和该分销商相互信任	0.756
	IR2 我公司认为该分销商值得信任	0.756
	IR3 我公司和该分销商都信守对彼此的承诺	0.730
	IR4 我公司和该分销商相互理解对方的价值观和目标	0.636

注：a 为语义差异量表，其余为李克特量表，从 1 = "极不同意"到 5 = "极为同意"赋值。b 为验证性因子分析（CFA）中题项的因子载荷

3.3 信效度检验

运用 SPSS 22.0 和 AMOS 20.0 对数据进行信效度分析，结果如表 5-8 所示。信度方面，探测性因子分析（EFA）的结果显示，所有变量的 Cronbach's α 系数值均高于 0.700；验证性因子分析（CFA）得到的各变量平均方差抽取量（AVE）均大于或接近于 0.500，组合信度（CR）均大于 0.700。这说明各变量的测量具有较高的信度。

效度方面，进行验证性因子分析（CFA），测量模型的拟合度较好（CMIN/DF = 1.997，RMSEA = 0.059，IFI = 0.946，CFI = 0.946，NFI = 0.898，GFI = 0.914）。除 JP4 和 JS1 的因子载荷略低于 0.600 外，其他的题项都大于 0.700，且各题项的因子载荷在 0.001 的水平上显著。另外，变量平均方差抽取量（AVE）大于或接近于 0.500。这说明各变量的题项拥有较高的收敛效度。此外，所有变量的方差膨胀因子（VIF）均小于 2.000，这说明回归模型的多重共线性问题并不严重。

表 5-8 变量的平均值、标准差及变量之间的相关系数

	均值	标准差	ND	NC	JP	JS	IR
网络密度（ND）	3.271	0.861	(0.875)				
网络中心性（NC）	3.804	0.666	0.114*	(0.723)			
共同制订计划（JP）	3.369	0.764	0.320	0.157***	(0.737)		
共同解决问题（JS）	3.714	0.636	0.365***	0.281***	0.461***	(0.704)	
渠道关系质量（IR）	3.853	0.621	0.403***	0.268***	0.431***	0.611***	(0.721)

注：*表示 $p < 0.100$，**表示 $p < 0.050$，***表示 $p < 0.010$（下同）；对角线括号内的数字是各变量平均方差抽取量（AVE）的平方根

4. 研究结果

为了检验假设 1 和假设 2，本研究以分销商的网络密度（ND）和网络中心性（NC）为自变量，分别以共同制订计划（JP）和共同解决问题（JS）为因变量，进行多元层次回归分析。在分析时，本研究控制了制造商企业的性质（3 个哑变量：民营企业=1，其他=0；外资企业=1，其他=0；股份制企业=1，其他=0）、制造商企业销售规模（1=小于 5 百万元，2 = 5 百万~24.99 百万元，3 = 25 百万~49.99 百万元，4 = 50 百万~99.99 百万元，5 = 100 百万~299.99 百万元，6 = 300 百万元及以上）、制造商与分销商合作时间（1 = 1 年以内，2 = 1~2 年以内，3 = 2~5 年以内，4 = 5 年及以上）。结果见表 5-9 的模型 1、模型 2。

观察表 5-9 中数据，两个模型的 F 值均显著大于 0.000（$p < 0.050$），说明模型中自变

量与因变量存在显著的线性关系。在模型 1 和模型 2 中，ND 的系数分别为 0.323（$p<0.010$）和 0.328（$p<0.010$），均显著大于 0.000。这与假设 1a 和假设 1b 的预测一致，说明分销商的网络密度对共同制订计划和共同解决问题均有显著的正向影响。因此，数据分析结果支持假设 1a 和假设 1b。NC 的系数分别为 0.133（$p<0.050$）和 0.150（$p<0.010$），也均显著大于 0.000。这说明网络中心性对共同制订计划和共同解决问题也有显著的正向影响，与假设 2a 和假设 2b 的预测一致，因此数据分析结果支持假设 2a 和假设 2b。

为了检验假设 3，本研究以 JP 和 JS 为自变量，IR 为因变量对数据进行回归分析，结果见表 5-9 中的模型 3。在模型 3 的结果中，JP 和 JS 的系数分别为 0.183（$p<0.010$）和 0.524（$p<0.010$），均显著为正，说明共同制订计划和共同解决问题均可以显著提高制造商感知的渠道关系质量。因此，假设 3a 和假设 3b 成立。

表 5-9　多元层次回归模型及其分析结果：标准系数

自变量	因变量				
	共同制订计划（JP）模型 1	共同解决问题（JS）模型 2	渠道关系质量（IR）		
			模型 3	模型 4	模型 5
网络密度（ND）	0.323***	0.328***		0.393***	0.198***
网络中心性（NC）	0.133**	0.150***		0.189***	0.103**
共同制订计划（JP）			0.183***		0.137***
共同解决问题（JS）			0.524***		0.459***
控制变量					
民营企业	−0.024	0.039	0.006	0.083	0.069
外资企业	0.080	−0.010	0.041	0.064	0.058
股份制企业	0.056	0.167**	0.032	0.150*	0.066
企业销售规模	−0.166**	0.087	−0.036	−0.043	−0.060
双方合作时长	−0.034	0.188***	0.012	0.085	0.004
R^2	0.144	0.260	0.404	0.231	0.444
Adj-R^2	0.123	0.242	0.389	0.211	0.426
F 值	6.752***	14.056***	27.136***	11.996***	24.647***

最后，用表 5-9 中模型 4 和模型 5 做一个事后检验。以 IR 为因变量，先放入 ND 和 NC，再放入 JP 和 JS，对数据进行多元层次回归分析。观察模型 4 和模型 5 的结果可以发现：在加入 JP 和 JS 之前，ND 和 NC 的系数为 0.393（$p<0.010$）和 0.189（$p<0.010$），说明分销商网络密度和网络中心性均对渠道关系质量有直接的正向影响；在加入 JP 和 JS 后，ND 和 NC 的系数虽然依旧显著为正，但是分别降为 0.198 和 0.103。再结合模型 3 中 JP 和 JS 的系数（0.183，$p<0.010$；0.524，$p<0.010$），根据 BARON 等检验中介变量的方法，可以推断：分销商网络密度和网络中心性均对渠道关系质量既有直接影响，又通过共同制订计划和共同解决问题有间接影响；而共同制订计划和共同解决问题对分销商网络密度和网络中心性的影响有部分的中介作用。

5.4 品牌全球化定位研究

全球化品牌并不是指战略或策略中对全球市场实行统一化策略或差异化策略，全球化的品牌战略是立足于全球市场发展自己的品牌，从而成为全球性知名品牌。即企业要有在全球范围内的战略眼光，凭借海外市场的力量，努力把企业做大，扩大影响面，成为世界知名品牌，它可以在不同国家市场实行不同的跨国战略。全球化品牌企业要有实时经济发展的辨识度及良好发展定位。

一般跨国公司或企业在全球市场的总体发展战略为"思考全球化，行动本土化"。即在全世界市场内有相同的基本定位，但可视当地具体情况进行战略重组。根据百度百科的汇总，其具体战略如下。

1. 诉求多元化

在面向全球市场的营销活动中，将全球策略细分成各个小区域范围内的策略，注重与当地文化的交流与沟通，这样，不仅易被当地消费者所接受，还使得全球化战略容易实施，如万宝路香烟，其广告主题根据各地市场环境，随机应变，在全球有20种不同配方以满足消费者口味。广告宣传的侧重点放在"美国销量第一"这一信息上，并以"万宝路给您一个多彩多姿、包罗万象的动感生活"为广告标准语。与之相似的是，中国青岛啤酒集团在开拓国际市场时，对于销往不同国家和地区的产品，在保持明显青岛啤酒特征的前提下，根据当地特色和风土人情，在包装的颜色、图案组合及产品规格等方面，尽量满足当地消费者需求，找到最好的最能引起消费者认同的包装形式。这样，包装的形式既具有了统一性，又具有了多样性。产品形象是品牌情感性利益的一个主要表现。在多元价值形态下，人们越来越重视感觉消费，注重将酒文化融入品牌的宣传和推广中，使人们的品位得到提升。给顾客的定位是畅饮青岛啤酒，领略世界级品牌所带来的超爽感觉是人生一大享受。目前，青岛啤酒已成为该行业内国内外知名度和美誉度最高的中国品牌之一。

2. 促销全球化

产品在全球推广过程中，由于科学技术的发展日新月异，新产品的不断出现，使得产品生命周期的速度降低，产品的差异化减少，消费者需求的共性增加。特别是在21世纪品牌营销虚拟化时代的到来，为扩张全球化品牌战略带来了机遇和挑战，它打破了传统的地域营销、广告促销和有形购物的概念，将品牌推广置入一个虚拟的没有国界的网络空间中。世界各地的线上客户可以直观、便捷地了解你的产品和服务。同时，企业还可以更为直接地从顾客那里获得信息反馈，把握第一手资料，调整发展战略。企业要积极抓住这一时代机遇，抢占线上市场，为今后的产品营销获得更大的空间。

3. 无国界化

生产基地的无国界化，人才的本土化和社会贡献的当地化，如可口可乐公司、宝洁公司等世界级的跨国公司在中国投资经营中，他们不仅拥有当地较高的市场份额，建立了品牌忠诚度和美誉度，而且十分注重使用当地资源、积极为社会作出贡献。他们聘用中国人才，提高中国原材料的本地化程度，为中国带来税收收入、解决就业问题、提高经营管理水平和造就人才方面都作出了一定的成绩，他们已成为中国经济发展中的重要力量。这种战略方式的不断深入，正是跨国公司全球品牌化经营的成功所在。

品牌全球化的成长道路是艰辛和持久的，只有企业成为国际化企业，拥有国际销售网络、一流的国际服务营销体系，才能为成为全球化品牌铺平道路。

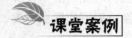

全球化与品牌传播的多元文化整合
——以汽车品牌广告诉求设计为例

（资料来源：吴东英. 全球化与品牌传播的多元文化整合：以汽车品牌广告诉求设计为例[J]. 西安交通大学学报：社会科学版，2014, 34(3): 6.）

1. 研究背景

近年来，人们对解决全球、跨国广告战略问题的关注，表现为"全球化"与"本土化"的争论，即在跨国广告与市场中应运用"标准化"还是"顾客化"策略的问题。国外学者奎尔奇和德什潘德认为，"全球化思考，本土化实践"是当今全球化市场与管理领域的一条公理。目前，只有少数学者在探讨中国广告中全球与本土、西方与东方、中国不同元素之间的相互重叠、糅合的模式。因此，本文旨在进一步考察作为全球和本土品牌传播的有力工具——中国广告，在文本建构中整合多元文化的特点。

2. 研究问题

H1：全球化诉求策略与本土化诉求策略在中国汽车网络广告中的总体分布和特点？
H2：中国广告语篇中有哪些全球化与本土化融合的模式？

3. 研究方法

3.1 研究设计

研究的主要目的是通过分析构成中国汽车网络广告的 3 个层面——价值观取向、语言选择和视觉效用，以此考察广告中全球化与本土化的融合模式。

研究将通过以下 3 个方面考察广告文本中全球化和本土化诉求策略：①价值观取向；②语言选择；③视觉效用。价值观取向方面的考察采用了张雁冰和霍伍德的文化价值测量框架。代表中国传统/本土价值取向的包括："家庭""健康""传统""爱国心""孝道""教育"；代表现代/全球价值取向的则包括："个人主义""现代性""美丽/年轻""快乐""成功""地位"和"物质主义"等。

在语言选择方面，若广告中使用英语将被视为全球化诉求策略。即使用跨国广告商在世界各地所运用的标准语。而在广告使用汉语/中文则为本土化诉求策略，因为汉语/中文是中国本土所使用的标准语。广告中英语与汉语的使用将通过以下两方面进行考察：①英语与汉语用于商标名称；②英语与汉语用于广告的标题或口号。

在视觉效用方面将透过以下两方面详细考察全球化与本土化的诉求策略：①西方与本土模特儿的采用，②西方与中国其他文化象征手段的使用。

编码者被要求为每个广告中最突出的诉求策略作记录和编码。每个广告中的全球化和本土化诉求策略的总数将会以它们在各方面的表现作为计算基础。假设一个广告显示出有相同数量的全球化的和本土化的诉求策略（就各分类方面而言），即代表全球化的与本土化的诉求策略均衡分配；若广告显示出较少数量的全球化诉求但较多的本土化诉求，即代表弱全球化但强本土化的融合模式。相反，当广告中全球化诉求的数量比本土化诉求多时，则代表强全球化但弱本土化的融合模式。

3.2 样本采集

研究样本的主要目标为汽车品牌广告。原因是随着经济的迅速发展，中国民众享有更高的可支配收入及更强的消费能力。从微观经济的角度来讲，中国的汽车制造业长久以来是本地保护贸易主义中的堡垒；但是大多数的中国消费者，无论是任何收入水平，都偏爱西方和外国品牌。因此，商家如何利用有效的诉求策略影响新中国消费者已经成为在中国本土及跨国公司汽车品牌传播的关键。

研究的汽车品牌广告取自3个中国的门户网站：即新浪、搜狐和Tom。这些门户网站是刊登汽车品牌广告的主要网站。从2004年8月至2005年1月6个月，本研究共收集了110个中国汽车网络广告作为研究样本，代表了当今中国不同汽车种类的企业及其汽车品牌广告的特点。我们根据产品来源分类，包括本地企业产品、合资企业产品和外国企业产品，如表5-10所示。

表 5-10　研究所收集广告的来源

广告产品来源	所收集到的广告数量及权重/%
本地企业产品	27（24.5）
合资企业产品	78（70.9）
外国企业产品	5（4.5）
广告总量	110

3.3 研究结果

价值观的使用，如表5-11所示，研究发现，中国汽车网络广告中使用全球化/现代化的价值观诉求比使用本土化/传统价值观的百分比稍高。

表5-11体现了广告中本土化语言和全球化语言的使用分布情况。与价值观的使用分布情况不同，中国汽车网络广告在语言方面使用本土化诉求策略的百分比比使用全球化策略的百分比较高，如表5-12所示。其中百分之百的汽车网络广告使用汉语标题或口号，显示在中国广告中使用汉语标题或口号已成为预期的惯例。但是，无论广告是属于合资企业产品（79.5%）、外国企业产品（60%），还是本地企业产品（59.3%），在广告品牌名称中使用英语的情况都十分普遍。

表 5-11　广告的价值观诉求策略

价值观诉求策略		本地产品数量及权重/%	合资企业产品数量及权重/%	外国产品数量及权重/%	总数
全球化/现代化价值观	现代性	16（59.3）	33（42.3）	4（80）	53
	快乐	8（29.6）	20（25.6）	0（0）	28
	成功	4（14.8）	17（21.8）	3（60）	24
	美丽	4（14.8）	17（21.8）	1（20）	22
	个人主义	0（0）	3（3.8）	0（0）	3
	小计	32	90	8	130

续表

价值观诉求策略		本地产品数量及权重/%	合资企业产品数量及权重/%	外国产品数量及权重/%	总数
本土化/传统价值观	爱国心	3（11.1）	8（10.3）	0（0）	11
	安全	2（7.4）	4（5.1）	0（0）	6
	家庭	0（0）	4（5.1）	0（0）	4
	传统	0（0）	5（6.4）	0（0）	5
	健康	0（0）	3（3.8）	1（20）	4
	小计	5	24	1	30

表 5-12　广告的语言诉求策略

语言诉求策略		本地产品数量及权重/%	合资企业产品数量及权重/%	外国产品数量及权重/%	总数
全球化语言诉求策略（英文）	品牌名称	16（59.3）	62（79.5）	3（60）	81（73.6）
	标题/口号	1（3.7）	15（19.2）	2（40）	18（16.4）
本土化语言诉求策略（汉语）	品牌名称	26（96.3）	60（76.9）	2（40）	88（80）
	标题/口号	27（100）	78（100）	5（100）	110（100）

表 5-13 描述了全球和本土诉求策略在视觉效用方面的分布情况。研究发现：35.5%的广告运用了全球化诉求策略，33.6%运用了本土化诉求策略，两者的总数量和百分比都差不多。然而，本地企业产品/品牌更倾向于使用较多的中国文化的象征手段（40.7%），外国企业产品/品牌则较多使用西方文化的象征手段（29.6%）。另外，广告中使用本地模特儿或名人的比例较使用西方模特儿或名人稍高，特别是在合资企业产品/品牌广告中更为明显。其中 16.7%的广告使用本地模特儿或名人，只有 1.3%的广告使用西方的模特儿或名人。此外，在视觉效用方面，我们也可以看到全球化诉求策略和本土化诉求策略在同一广告中糅合使用，如宝马广告使用了中国模特儿做品牌传播，但视觉背景是现代化的大厦和高速公路，以西方人喜爱的蓝、灰色作基调。

表 5-13　广告的视觉诉求策略

语言诉求策略		本地产品数量及权重/%	合资企业产品数量及权重/%	外国产品数量及权重/%	总数
全球化诉求策略	西方模特儿或名人	0（0）	1（1.3）	0（0）	1（0.9）
	西方文化象征	8（29.6）	27（34.6）	4（80）	39（35.5）
本土化诉求策略	中国模特儿或名人	0（0）	13（16.7）	0（0）	13（11.8）
	中国文化象征	11（40.7）	25（32.1）	1（20）	37（33.6）

3.4 全球化与本土化的融合模式

首先，"弱全球化但强本土化"的融合模式占最高比例。

其中 71%的合资企业产品品牌广告和 29%的本地产品品牌广告皆运用了这个模式，但在外国产品品牌广告中的分布却是零。"弱全球化但强本土化"的诉求策略融合模式如下所示。以价值观的使用为例。

本土化的诉求"爱国心"，全球化的诉求"成功/地位"；语言的选择：中文、英文；品牌名称：长丰汽车 Changfeng Motor；标题和口号：为雅典运动会中国军团助威 猎豹飞腾雅典竞猜 天天有奖；视觉效用：视觉背景为红色及象征力量的中国龙（长丰汽车品牌广告）。

全球化的诉求"现代性"；语言的选择：中文、英文；品牌名称：Buick Care 别克关怀；标题和口号：温情赛欧月收获三重惊喜！视觉效用：本土的模特儿为一对夫妇；中国文化的象征手段：三条大鱼，象征"有余"（别克赛欧汽车品牌广告）。

其次，"强全球化但弱本土化"也是一个在当今中国广告中较常见的融合模式。

我们观察到"强全球化但弱本土化"的融合模式最常用于外国企业产品品牌的广告，占了60%；只有29.6%的本地产品品牌广告和35.9%的合资企业产品品牌广告使用这个融合模式。"强全球化但弱本土化"融合模式如下所示。

价值观的使用：全球价值观"成功/地位"；语言的选择：中文、英文；品牌名称：VOLVO 沃尔沃；标题和口号：奔腾动力，让尊荣起飞 The New Volvo S80 VOLVO for life；视觉效用：现代化的高速公路和大厦（沃尔沃汽车品牌广告）。

语言诉求策略：在全球化方面，外国产品品牌广告所出现的频率（40%）比本地产品品牌广告（22.2%）和合资企业产品广告（23.1%）都高。

最后，"全球化与本土化诉求策略均衡分配"融合模式如下所示。

价值观的使用：全球价值观"成功"；语言的选择：中文、英文；品牌名称：BMW 宝马；标题和口号：恭候您体验全球300万名成功者的心路历程，这辆车已在您心中停泊了很久，现在更将和您一起驰骋未来；视觉效用：本地模特儿（宝马汽车品牌广告）。

5.4 品牌至爱研究

近年来，"品牌至爱"这个以消费者与品牌的情感关系为基础，将消费者对品牌最强烈的情感直接类比于心理学中的"爱"的新构念，开始引起营销学者和企业的热切关注。成功的品牌可以引起消费者深层次的情感共鸣，让消费者对品牌产生"爱的感觉"和高度的忠诚。

关于"爱"的研究最早出现在心理学领域，并取得了丰硕的成果，其中，Sternberg（1986）所提出的"爱"的三角理论得到了最广泛的认同和应用，他认为爱是激情、亲密和承诺的三角关系。基于 Sternberg（1986）的理论，Shimp 和 Madden（1988）构建出"消费者—客体之爱"模型，并指出消费者与客体（如品牌）关系的本质由喜爱、向往及决定或承诺三部分构成，并且三者之间是相互补充的。Ahuvia（2005）通过实证研究指出，"爱"不仅可以体现对他人的浪漫感觉，而且可以用来描述一个人对一件事物、一项活动甚至一个品牌的感知。尽管每个人对品牌喜爱的感觉各不相同，但是这些感觉都大大超越了单纯的喜好。

Whang 等人（2004）将对产品的爱划分为依附与利他、热情、勇敢、现实4个维度。Carroll 和 Ahuvia（2006）指出，品牌至爱包含着消费者对品牌的热情、依恋、积极评价、响应品牌的积极情绪，以及对品牌爱的宣言。Keh 等人（2007）基于人际之爱将品牌至爱划分为情感、激情、承诺3个维度。Albert 等人（2008）通过对法国消费者的研究，总结出品牌至爱的激情、关系持续性、自我一致性、梦想、记忆、愉悦、信任（满意）、独特性等11个维度。

大量的有关品牌至爱或相关概念的学术研究发现，品牌至爱与正面口碑和品牌忠诚密切相关，它能够提升消费者支付的价格溢价和原谅品牌失败的意愿。因此，品牌至爱是可以被认为是近年来新提出的营销构念，学术界和实务界对它的兴趣也在不断增长。

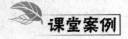

基于品牌至爱的品牌忠诚形成机制研究

（资料来源：朱振中，李晓丹，程钧谟，等. 基于品牌至爱的品牌忠诚形成机制研究[J]. 外国经济与管理，2014, 36(11): 12.）

1. 研究背景

品牌忠诚一直是品牌研究中的重要问题，也是企业追求的目标。随着服务经济和体验经济的发展，消费者对品牌体验和品牌认同日益俱增。同时，对品牌形成长期的积极情感和态度，已成为品牌忠诚形成和发展的前提和基础。案例从品牌至爱的视角出发，探讨了品牌体验和品牌认同对品牌忠诚的影响机制，并构造了以品牌至爱 3 个维度为中介的品牌忠诚形成机制理论模型，如图 5-7 所示。

2. 研究假设

H1：品牌体验对品牌至爱具有正向影响作用。
H2：品牌认同对品牌至爱具有正向影响作用。
H3：品牌至爱对品牌忠诚具有正向影响作用。

3. 研究模型

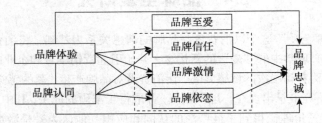

图 5-7　品牌至爱的品牌忠诚形成的研究模型

思考题：
（1）请为上述假设设计相应的研究方法。
（2）请用数据验证上述假设。

即测即练

第6章 广告研究

 本章提要

本章首先介绍了与广告研究有关的理论知识,其次重点介绍了广告文案测试的技术和方法,最后还对虚拟广告效果研究进行了论述,并且介绍了广告设计的伦理与原则。

 学习目的

1. 理解广告研究的相关理论知识;
2. 掌握广告文案效果研究技术;
3. 了解虚拟广告研究知识;
4. 熟悉广告设计的伦理与原则。

 重点与难点

1. 广告文案效果研究的应用;
2. 虚拟广告效果研究。

 案例导读

传统品牌五芳斋如何借助"国潮"之力破茧重生
(资料来源:本案例由李先伟研究助理编写)

2022年8月22日,一家粽子企业通过了证监会的审核,成为全球"粽子第一股"!

这家企业就是五芳斋,创立于1921年,是真正的百年老字号品牌。虽然在2004年就被认定为中国驰名商标,但一直以来发展缓慢,也并不被大家所熟知。但最近几年五芳斋成功地搭上"国潮"这辆快车,进入了快速发展期。

那么五芳斋是如何从一个普通的传统品牌晋升成为"国潮"品牌的呢?本文通过分析五芳斋的崛起之路,为大家揭示一个切实可行的品牌重塑模式。

开篇之前,先来看看什么叫国潮。国潮,是指带有中国特定元素的潮品。随着民族消费主义的崛起,越来越多的品牌商认识到了产品"国潮"化的重要性,巴不得所有产品都和"国潮"联系起来。

但显然，一个品牌想要成为国潮并不是那么容易，如前两年的小米手机虽然很火，但显然与国潮无缘；茅台和云南白药历史悠久，但也不能称为国潮。因此，一个品牌想要成为国潮显然面临巨大的挑战。对传统的老字号品牌来说，时间的沉淀是他们的先天优势，然而想要重新引爆潮流却存在巨大的障碍。

"五芳斋"的粽子企业成功地跨越了这个障碍，从一个传统品牌变成了大家追捧的国潮品牌，并因此成功通过了上市审核，即将成为全球"粽子第一股"。

五芳斋正是借助"国潮"之力，并运用了品牌理念、品牌行为和品牌视觉这样一个品牌重塑的"三位一体"模型而获得破茧重生的，如图6-1所示。

图6-1　五芳斋的品牌识别系统（CIS）重塑

第一步：通过"去老化"重塑品牌理念，改变品牌在用户心中的心智感觉。

提起"中华老字号"，你脑子中最有印记的是哪个字？无疑就是这个"老"字。虽然，老字号在老一辈的眼里代表几十年积淀下来的口碑，是味道、品质与信任感的代名词。但在新的主流年轻消费群体心中，老字号却代表着过时、代表着守旧、代表着界限……年轻人不会因为老而认同你，反而会因为老而离开你。当代年轻人更注重产品的社交属性，产品的好玩、有趣比品质更能吸引他们。显然，五芳斋也洞察到了这种消费趋势，并进行了极端的"去老化"动作。

五芳斋的去老化动作究竟有多极端？之前五芳斋的品牌推广主要都是围绕产品着手，着重突出产品的美味可口和高端品质。但2017年它做了一个重大决定，和环时互动公司进行合作推广品牌。

自此以后，五芳斋走上了一条自毁人设之路，它推出了一系列画风清奇、摸不着头脑、前言不搭后语的广告片。比如，2018年年初，五芳斋请了个女博士花了一天一夜数一颗粽子有多少粒米，然后录下来剪切给观众们看，最后得出一颗粽子有1984粒米。然后就没啦……大家都满怀期待地以为视频要说个什么所以然，结果，什么都没说，就单纯地数米。看完之后，很多观众都认为这极其无聊，如图6-2所示。

又如，2018年端午节的正牌广告文案是这样的："没什么能停住时间，最残酷的守卫不能，马里亚纳海沟的比目鱼不能。献给信徒的一首诗也不能。直到……糯好粽才好。"

图 6-2　五芳斋极端"去老化"广告（图片来源：知乎）

好了，请问你能听懂这说的是什么吗？听上去好像高深莫测，但其实毫无逻辑、牛头不对马嘴，于是引发了热议。

上面的这些操作，你看懂了五芳斋在干什么吗？表面看起来它好像在自残，但实际上这一招非常高明。它在彻底地年轻化甚至幼稚化。看了这些视频后有人还认为五芳斋是个老古董、老东西吗？显然不会。"老"字已经和它的品牌调性格格不入了，它已经逐步在消费者心目中植入了年轻新潮的心智。通过这种极端操作，五芳斋和年轻人打成了一片。

第二步，通过"伴手礼"重塑品牌行为，即扩大产品的使用场景。

首先，粽子一般是在什么时候买呢？那就是端午节，可这只是一年 365 天中的一天而已，那剩下的日子粽子怎么卖呢？该以什么名目去卖呢？这显然也是五芳斋面临的困局，而五芳斋怎么来重新构建新的消费行为呢？

答案就是从礼品着手，如图 6-3 所示，我们知道节日有固定时间，而送礼是随时的，因此五芳斋重点推出伴手礼盒装，里面包括粽子、青团、豆糕等，并取名叫 FANG 粽·满足礼礼盒，不仅名字响亮、外观精美、口感丰富，而且好玩，五芳斋在礼盒里提供半成品裹粽材料可以用来学习包粽子。这就拓宽了粽子的使用场景。原本只能吃，现在也能看、能玩了。

图 6-3　伴手礼活动图片（图片来源：百度图片）

第 6 章　广告研究

因此，现在我们能够看到五芳斋的产品在非端午节时段也有很好的销售量。

第三步：通过"时尚、好看"重塑品牌视觉，让产品更具有吸引力。

时尚最好的表达载体就是包装，五芳斋积极展开与迪士尼、漫威等巨头企业的合作，在产品包装上融入这些 IP 的核心元素并推出联名礼盒，以吸引年轻消费者的目光，如图 6-4 所示。近年来，五芳斋已与数十个国内外品牌达成合作，逐步向年轻化、时尚化、国际化转型升级。

图 6-4　五芳斋联名礼盒（图片来源：百度图片）

其次，从 2017 年开始，五芳斋尝试新零售的快闪店，举办了"有间国潮馆"等一系列活动，通过在互动区域采取全息投影等技术，让体验者真切感受到老字号与黑科技相结合的魅力，使企业文化更具象地呈现在大众面前。

五芳斋正是借助"国潮"之力，并运用了品牌理念、品牌行为和品牌视觉这样一个品牌重塑的"三位一体"模型而获得破茧重生的。

6.1　广告研究基础

6.1.1　广告研究的含义

随着市场竞争日趋激烈，各行各业都日益重视广告在塑造品牌过程中所发挥的作用，广告投入逐年上升。虽然，消费者每天都能看到成百上千个，甚至数以万计的广告信息，但能引起消费者兴趣的，并能记住的广告又有几个呢？

"广告"一词来源于拉丁文"Adventure"，其原意是吸引人注意、诱导和披露。广告这个词最早出现在 1655 年，在 1660 年出版商正式在报纸上使用这个词作为商业信息的标题。早期的广告主要应用于鞋匠、杂货商或铁匠等商店类型的名称或图形图像的标志。文艺复兴初期，随着印刷技术的进步刺激了读写能力的进步，并带来了海报、传单和报纸等印刷材料的激增。广告信息开始涉及出售的土地、逃亡者（奴隶和仆人）、运输（到达的船只、公共马车时刻表）和当地商人出售的货物。我国古代并没有"广告"一词，同许多外来词语一样，广告也是一个舶来品。然而，在我国古代的商业发展中就已经注意到了广告的作用，如通过口头叫卖、招幌等方式宣传自己的产品。

如今，广告成为一种付费的具有说服力的沟通载体，主要包括提供产品（商品、服务和创意）信息，并解释产品特性的客户需要和要求。广告一开始是单向传播——从广告商到目标受众。然而，数字媒体打开了一扇新的大门，使其成为一种有趣的、与品牌相关的双向和多渠道互动形式。比如，电商平台上的用户评论，品牌官方微博上的消费者诉求等信息。

关于广告，仍然存在着相当多的困惑。比如，有的企业认为，酒香不怕巷子深，根本没有必要打广告；有的企业只认同广告传递促销信息的作用，而认为广告媒体策略、创意表现、时机选择等内容都是纸上谈兵没有意义；有的企业虽然认同广告的作用，但不理解要达到同样的效果是否一定要花那么多钱或同样的花费换种广告形式是否可以实现更好的广告效果；有的企业希望了解现在的广告活动相较于以前是否有了进步，相对于其他竞争对手而言，我们广告的优劣所在，以及长期的广告活动积累形成的品牌态度到底如何等。

在广告传播中，信息的呈现方式和传播内容影响着消费者对于广告和产品的认知。在移动互联网时代，企业为了满足消费者的场景化需求和差异化诉求，针对同一产品会从不同的属性维度进行产品展示，实现与消费者的沟通，提升广告的说服效应。已有研究指出，广告信息的呈现方式会影响消费者对信息的加工方式和理解程度，进而影响消费者对广告和产品的态度。

如何解决这些困惑？答案只有一个，就是进行广告研究，对广告效果进行评估。

6.1.2 广告研究的目标

投入广告，首先要明白，这个广告要达到哪些广告目的，实现什么样的营销目标，比如：

（1）推出新的品牌。

（2）重申品牌现有的市场定位。

（3）扩大品牌知名度。

（4）改变消费者对品牌的态度，让非试用者愿意试用，让试用者再次尝试，让使用者继续使用，让流失者再次回来。

其次要实现这些目标，广告是通过什么途径达到的呢？

1. 品牌影响

当人们看到、听到或想到这个品牌时是否能自然地回忆起它的广告来呢？

那么，什么样的广告是有影响力的广告呢？可以从以下几个方面判断。

品牌联系——人们是否知道这是什么品牌的广告？

可欣赏性——人们是否喜欢看这个广告？

引人入胜——人们是否会被它深深吸引？

通俗易懂——人们能否看懂广告的内容？

2. 信息传递

广告能否准确地向消费者传递品牌信息？在西南财经大学城市品牌战略研究所测试过的所有广告中，发现有近三分之一的广告未能按照品牌战略要求传递信息。通常这是因为品牌信息未能和广告中引人入胜的部分有效结合。

3. 消费者反应

新颖而切合实际需要的信息很有可能使消费者马上作出反应，产生消费欲望，在其他条件不变的前提下，这会在销售业绩的提升中反映出来。然而，广告同时也能扩大知名度，并在人们脑海中建立起品牌和某些事物的联系。

6.1.3 广告对消费者的影响

广告是品牌与消费者沟通的重要形式，它是品牌影响消费者的重要因素。一则广告甚至可以直接改变消费者对品牌的态度。

广告是如何对消费者产生作用的，传统上可用 AIDA 模型来说明，如图 6-5 所示。

图 6-5　广告影响的 AIDA 模型

"注意"是前提因素，如果广告沟通的信息没有引起潜在顾客的注意，那就不可能达到沟通目的。广告界流行这样一句话：使人们注意到你的广告，就等于你的商品推销出去了一半。由于引起注意的因素不同，会形成两种不同的注意，即有意注意和无意注意。无意注意是指事先没有预定的目的，也不需要意志努力，不由自主地指向某一对象的注意。例如，消费者走在大街上，无意中看到某种商品觉得不错，引起了对该商品的注意。有意注意则相反，是指自觉的、有预定目的的、必要时还要付出意志努力的注意。例如，消费者在嘈杂的商店里专心选购某种商品，就属于有意注意。

引起消费者注意是广告成功的基础。在引起消费者注意之后，下一步就是要激发消费者进一步了解该产品内容的兴趣。例如，在人头马的这一系列广告之中，黑白的画面给人以怀旧的情调。在色彩运用上也是别出心裁。所有画面均有三点式的色彩点缀，把金黄色恰到好处地用在商标与产品形象上，如图 6-6 所示，进而引起消费者试用或使用的欲望。让这种欲望持续下去，最终决定采取实际的购买行动。

广告的最终目的是要诱发人们的购买行为，而人们购买行为的发生往往是和情感活动联系在一起的，情感活动越激烈，购买行为就越容易发生。因此，现代许多广告已经把诉

图 6-6　人头马广告

求的目光从产品转向消费者，以情感打动消费者。商品本身是没有情感的，但是把人们的情感因素与商品的好处有机地结合起来，就为没有情感的商品注入了情感因素。一种平淡无奇的商品，如果有了情感的介入，就会变得更能够打动人、感染人，激发人们购买欲望，使人们在情感的体验和心理的满足中潜移默化地接受商品。

6.1.4　广告与消费者相互关系的理论模型

对于广告与消费者的相互关系，很多研究者都提出了自己的理论模型，虽然他们提出的模型总有这样那样的局限性，但对于"广告是营销沟通的重要工具"这一观点却取得了共识，广告与消费者之间的沟通是复杂、多变、间接和迂回的。

下面我们介绍其中两个比较重要的模型。

1. 广告与品牌态度之间关系的模式

品牌态度是指消费者对品牌所持有的较长期的评价、感觉和行动倾向。心理学家认为品牌态度是由 3 个因素组成的：认知（判断）因素、感觉（感情）因素、行动因素，这 3 个因素是互相关联的，并且构成对品牌的整体态度。而态度的形成通常来自个人直接或间接的经验、他人的影响及与大众媒体的接触。广告作为一种说服工具，在品牌态度的形成和改变过程中起着重要的作用，它通过一定的诉求方式，引导消费者对某一品牌产生积极的态度和购买行为。

Mitchell 与 Olson 在 1981 年指出，消费者的品牌态度除了来自关于品牌属性的信念外，更受到消费者对广告态度的影响。他们认为：①在简单传统条件反应中，消费者对广告的"喜爱"会"自动地"（没有进行有意识的加工）转移到对品牌的喜爱上；②消费者把广告本身看作品牌的一个属性，所以关于广告的信念可能像品牌信念一样有助于品牌态度的形成。

Schiffman 与 Kanuk 于 1991 年提出一个关于广告与品牌态度之间关系的模式，如图 6-7 所示。

该模型清晰地表明了广告影响品牌态度的过程。消费者接触广告而形成了不同的感觉（情绪）和判断（认知）。这些感觉和判断依次影响消费者对广告的态度及关于品牌的信念，又构成了其对品牌的态度。

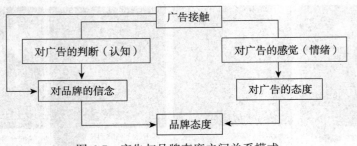

图 6-7　广告与品牌态度之间关系模式

从广告——品牌态度模式可以看出,广告可以通过两个方面来影响品牌态度,一是通过品牌信念的影响间接作用于品牌态度;二是通过形成对广告的态度直接影响品牌态度。

2. ELM 模型

广告是一门说服的艺术。心理学家 Petty 与 Cacioppo 于 1986 年提出了精细加工可能性模型(the elaboration likelihood model),简称 ELM 模型,如图 6-8 所示。

该模型把态度改变归纳为广告的两个基本的说服途径:中枢路径和边缘路径。中枢说服路径把态度改变看作消费者认真考虑综合信息的结果。具体地说,消费者在该过程中,主动考察广告的信息,搜集和检验有关体验,分析、判断广告商品的性能与证据,作出综合的评价。边缘说服路径认为消费者的态度改变不在于对态度本身的特性和证据的考虑,而是将对象同诸多线索联系起来,根据态度本身信息以外的线索形成态度,如通过信息来源渠道的可信度、广告的背景音乐或广告本身的制作水平,来判断品牌态度。

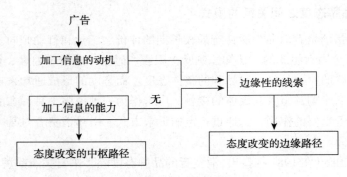

图 6-8　ELM 模型

ELM 模型认为,不同的说服路径的作用取决于对传播信息作精细加工的可能性高低。当消费者对产品的卷入程度高,他们愿意努力去理解、学习、评估态度对象本身的信息,对其进行精细加工的可能性就高,于是,中枢说服路径就起作用。例如,对于住房这样的商品,消费者的卷入程度非常高,因而进行精细加工的可能性就很高,于是对广告中关于住房的位置、面积、朝向、设计标准、价格等因素的信任和喜爱程度直接构成了对品牌的态度。当消费者对产品的卷入程度低,他们会做很少的信息搜寻,对其作精细加工的可能性很低,则边缘说服路径就起作用。广告说服既可以通过中枢路径或边缘路径,也可同时通过两种路径共同来影响对品牌的态度。

3. 广告策略

广告的策略相应地分为两大类：广告创意策略与广告表现策略。

• **广告创意策略**

广告创意策略是关于广告"说什么"的策略。当消费者对广告信息作精细加工的可能性高时，广告创意策略是影响品牌态度的主要因素。

常用的广告创意策略有下面几种。

独特的销售主张（unique selling proposition，USP）是 R.雷斯（Reeves）在 20 世纪 50 年代提出的一种有广泛影响的广告创意策略理论，其基本要点是以下几点。

（1）每一则广告必须向消费者说一个主张（proposition），必须让消费者明白，购买广告中的产品可以获得什么具体的利益。

（2）所强调的主张必须是竞争对手做不到的或无法提供的，必须说出其独特之处，在品牌和说辞方面是独一无二的。

（3）所强调的主张必须是强有力的，必须聚焦在一个点上，集中力量打动、感动和吸引消费者来购买相应的产品。

一方面，USP 广告着重宣传品牌的某一独特主张，强调品牌给消费者带来的利益，便于消费者对品牌的认知和记忆，如宝丽莱（Plaroid）相机的"一个步骤"的广告，通过品牌这一独特功能的强调，给消费者留下深刻印象。另一方面，USP 策略能激发消费者的购买欲望，因为它聚焦于一个区别于竞争对手并能打动消费者的利益点上，如美孚（Mobil）1 号机油声明可使同量的汽油跑更远的路程，而成为同类产品中的第一品牌，深受消费者青睐。高露洁的 Ribbon 品牌牙膏，开始强调牙膏能带状般地挤出，这是一个独特的主张，但对消费者没有什么实际的利益，因而无人问津。后来，它在广告中强调"使牙齿漂亮，口气芬芳"这一利益点而大受欢迎。

• **品牌形象论（brand image）**

20 世纪 60 年代由 D. 奥格威（Ogilvy）提出的品牌形象论是广告创意策略理论中的一个重要流派。品牌形象论的基本要点包括以下几点。

（1）随着同类产品的差异性减少，品牌之间的同质性增大，消费者选择品牌时所运用的理性思维就减少了，因此，描绘品牌的形象要比强调产品的具体功能特征要重要得多。

（2）消费者购买时所追求的是"实质利益＋心理利益"，对某些消费群来说，广告尤其应该重视运用品牌形象来满足其心理需求。

（3）塑造品牌形象是广告最主要的目标。广告就是要力图使品牌具有并维持一个高知名度的品牌形象。

（4）任何一个广告都是对品牌的长期投资。从长远的观点看，广告必须尽力去维护一个好的品牌形象，哪怕不惜牺牲追求短期效益。

• **品牌个性论（brand character）**

对品牌内涵的进一步挖掘，美国精信广告公司提出了"品牌性格哲学"，日本小林太三朗教授提出了"企业性格论",形成了广告创意策略中的另一种后起的、充满生命力的新策略流派——品牌个性论。该策略理论在回答广告"说什么"的问题时,认为广告不只是"说利益""说形象",而更重要的是"说个性"。品牌个性论的基本要点包括以下几点。

(1)在与消费者的沟通中,从标志到形象再到个性,"个性"是最高层面。品牌个性比品牌形象更深入一层,形象只是得到认同,个性却可以获得崇拜。

(2)为了更好地实现传播沟通效果,应该将品牌人性化,即思考"如果这个品牌是一个人,它应该是什么样子……"(找出其价值观、外观、行动、声音等特征)。

(3)塑造品牌个性应使之别具一格、令人心动、历久不衰,关键是用什么核心图案或主题文案能表现出品牌的特定个性。

(4)寻找选择能代表品牌个性的象征物往往很重要,这样可使消费者将对品牌的整体印象与某种具有象征意义的人、事、物联系起来,形成明确而生动的品牌形象,根植于脑海之中。

例如,七匹狼服装以"狼"为象征物;"花旗参"以"鹰"为象征物;京东电商以寓意吉祥的"牛方方"为象征物;骆驼牌香烟以"驼脸人身"为象征物等。

• 定位论(positioning)

20世纪70年代由艾·里斯(Ries)和特·劳特(Trout)提出的定位论,主张在广告策略中运用一种新的沟通方法,创造更有效的传播效果。广告定位论的基本主张是:

(1)广告的目标是使某一品牌、公司或产品在消费者心目中获得一个据点,一个认定的区域位置,或者说是占有一席之地。

(2)广告应将火力集中在一个狭窄的目标上,在消费者的心智上下功夫,创造出一个心理位置。

(3)应该运用广告创造出独有的位置,特别是"第一说法、第一事件、第一位置"。因为创造第一,才能在消费者心中产生难以忘怀的、不易混淆的优势效果。

(4)广告表现出的差异性,并不是指产品具体的特殊功能利益,而是要显示和展现出品牌之间的区别。

(5)这样的定位一旦建立,无论何时何地,只要消费者产生了相关的需求,就会自动地、首先想到广告中的这种品牌、这家公司或产品,达到"先入为主"的效果。

例如,千禾味业的品牌定位是"零添加的高品质健康调味品";元气森林将其品牌定位为无糖饮料,主打健康无糖理念,品类占位"无糖专门家";红旗轿车品牌定位为"中国式新高尚精致主义",在用户群体中产生持续共鸣。

4. 广告表现策略

广告表现策略是关于广告"怎么说"的策略,当广告解决了"说什么"的问题后,"怎么说"就变得非常重要。尤其是在精细加工可能性较低时,说服的边缘路径就起作用,因此,消费者对广告的态度直接影响到对品牌的态度。广告表现策略的方式有很多,如幽默广告、名人广告、恐怖广告、美的广告、比较广告等。

6.1.5　广告计划程序

广告计划的程序如图 6-9 所示。首先，根据市场营销活动及促销活动的计划确定广告诉求对象和拟定广告课题——课题计划；其次，根据广告课题制作广告作品——表现计划以及出稿日程——媒体计划；再次，将广告付诸实施——实施计划；最后，对广告活动进行事后评估——评估计划。

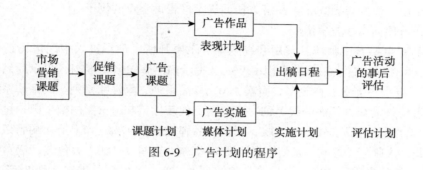

图 6-9　广告计划的程序

1. 确定广告诉求对象和广告课题

关于广告究竟应该对谁讲的问题，有两个名词分类：广告目标对象和广告诉求对象。广告目标对象是指产品目标市场中的产品使用者，但儿童用品及许多家庭用品的使用者并不一定是购买者或购买决策者。广告诉求对象是指产品购买者或购买决策者。目标对象倾向于把焦点集中在使用者身上，而诉求对象则倾向于考虑购买者和购买决策者。

明确了广告诉求对象之后，将有助于解决以下几项广告问题：采用哪种媒体形式？采用哪种类型的演员？采用哪种类型的发言人？

广告课题是广告策略内容的具体化。有了广告课题，广告作品和媒体计划才得以展开实施。广告课题可以分为长期和短期两种。长期课题的任务是塑造品牌形象；短期课题的任务是完成促销活动所制定的目标。广告课题一般是根据市场营销活动及促销活动的计划来确定的。

2. 制作广告作品

在广告计划中，一旦设定了广告课题，下一步就是制作广告作品。广告作品的内容的制作可分为：广告创意和创意表现两部分。

• 广告创意

所谓广告创意（亦称广告诉求）是指广告应该向广告诉求对象说些什么？任何一种产品都可以想出很多诉求内容，但一个广告不应当强调太多的内容，消费者一般只能从一个广告中记忆一个较强烈的诉求。如果诉求内容太多，不但会使消费者无法记忆，也难以相信。因此如果一个广告要让消费者记忆并使其相信，广告诉求一定要有一个焦点。例如，设计一个即溶麦片的广告，其诉求是"营养""味道"还是"方便性"，必须从中确定一个。

要确定诉求点，一方面要了解顾客的购买动机，他们需要什么？他们摒弃其他竞争品牌只购买我们的品牌，其主要动机是什么？什么因素会触动他们？另一方面还要了解广告产品有哪些特点？能够为消费者提供哪些利益？产品定位是什么？产品概念如何描述？

广告诉求点常常根据产品概念来确定。所谓创意评价就是要确定广告的诉求点。广告诉求点常用小组座谈会的方式进行评价，其方法是将各种诉求展示给被访者，然后根据被访者的反应来确认其中最有效的诉求点。这种测定除了能找出正确的诉求方向外，而且在座谈会中，往往会带给创作人员相当大的启示。有时为了慎重起见，还可以对采用座谈会确定出来的广告诉求进一步用问卷调查进行定量分析。

· 下面是一个关于某城市 A 品牌方便面确定广告诉求点的例子。

第一，方便面市场竞争激烈。

强势品牌主要有康师傅、美厨和统一等。①康师傅：最早进入中国市场；代表性口味——红烧牛肉味；过去一年的食用率 95%；提示前品牌知名度 55%，提示后品牌知名度 100%；产品有中华美食、料珍多、面霸 120、珍品系列、家常味系列、康师傅系列、福满多；品牌形象是大众方便面的代名词。②美厨：代表性口味——黑胡椒牛肉；过去一年的食用率 87%；提示前品牌知名度 20%，提示后品牌知名度 97%；产品有美厨特级、美厨；品牌形象是小康师傅（好吃、亲切、吃习惯）。③统一：统一 100（大包装、铝真空镀敷包装）；过去一年的食用率 62%；提示前品牌知名度 62%，提示后品牌知名度 88%；面质好、商品有高级感；品牌形象是大包装、高档化。

第二，当前消费者购买方便面的习惯。

（1）品牌转换率不高，是因为目前相当部分的消费者已形成一定的品牌使用习惯，只食用一个品牌占 23%，在 2~3 个熟悉的品牌间的转换率占 67%。

（2）更换品牌的原因主要在于：尝试新产品（58%）、试试新口味（63%）、促销优惠（38%）等因素，并非对已有产品的不满。

（3）方便面的形象：方便、好吃、吃习惯、大众化。

（4）目前颇受欢迎的产品发展趋势：通过加大包装（面、配料），提高产品档次（包装材料、配料），将已有的品牌及品牌形象有效延伸，以满足目前的消费需求，如康师傅的面霸 120，料珍多。统一 100 的来一桶。

第三，A 品牌商品潜力分析。

（1）商品特征。

口味：有西洋风味，与以往方便面相比，香味、口味不同，有都市感，浓度恰好；

包装：立型杯状，采用 PP 新材料，易揭开。包装的评价：时髦、新奇、欧美风格。

品牌名称评价：欢乐、好玩、愉快、幸运。

（2）消费者对商品的评价。喜欢包装 83%；看见包装后想吃 89%；包装评价后的购买意向 82%；吃过后的购买意向 87%。

第四，A 品牌的目标消费者。

（1）主要消费对象：高中生、15~18 岁男女性；第二消费对象：白领阶层、女大学生。

（2）目标消费者的生活方式。

a）休闲活动：网球、逛街、旱冰、阅读、电子游戏、音乐；

b）喜欢的杂志：《ELLE》《时尚》《读者》《How》《当代歌坛》《风采》

c）喜欢的生日礼物：鲜花、衣服、装饰品、香水、点歌、CD 片；

d）喜欢的食品：意大利面、比萨、肯德基、海鲜、蔬菜；
e）敬重的人：周恩来、父母；
f）海外旅行地点：英国、澳大利亚、加拿大、意大利、美国、法国、新加坡；
g）痛苦的事：考试；
h）不愉快的事：朋友关系发生危机；
i）喜欢的海外品牌：耐克、阿迪达斯、可口可乐、百事。

第五，A品牌的产品定位。

（1）是另类的方便面，如同麦当劳、肯德基、可口可乐一样，A品牌具有国际品牌的形象，并体现了一种海外文化。

（2）体现了新生代生活方式的品牌：有都市感、现代感、潮流感。

第六，A品牌的广告诉求。

通过A品牌新奇的商品特性，传递一种另类的方便面概念，进而体验一种崭新的生活方式。

• 创意表现

创意表现是确定广告应该如何去说的问题，通常需要回答下列一些问题。

消费者喜欢（习惯于）哪一种传播语言？有些广告片在国外是十分成功的，然而把它翻译成中文后，在中国放映，则效果甚差。原因就是由于文化背景的不同，外国人喜欢听的广告用语，对于中国人则不然。因此，在广告表现上，首先要弄清广告诉求对象爱用什么广告用语的问题。例如，对于表示彩色电视机的颜色质量，一般消费者的习惯用语是什么？这就需要通过调查，找出彩色电视机消费者，确定消费者喜欢使用哪些形容彩色电视画面的优美的语句。

找哪一类型知名度高的名人来做广告演员？例如，麦氏速溶咖啡为了决定请哪一位知名人士来做广告代言人，首先选出几位知名人士，然后做消费者调查，按诚实和可靠两个标准，请消费者对这几位知名人士进行评价，从中选出领先者。

找哪一类典型的消费者做广告演员？例如，雅芳化妆品，考虑请两人中哪一位拍广告影片。首先放两部影片给目标市场的女性观众欣赏，然后询问她们认为哪一位演员，看上去对化妆品较具权威感。根据愿意听从每一位演员劝告的百分比的高低，选出优胜者作为雅芳化妆品广告的演员。

决定使用哪一种背景音乐作为广告音乐陪衬？决定使用什么广告标题？

3. 媒体计划

为了达到广告课题的目的，广告作品必须通过某种媒体传达给广告诉求对象。所谓媒体计划就是选择广告所使用的媒体和媒体组合，拟订出稿日程方案的计划（见图6-10）。

4. 广告活动的事后评估

广告活动的事后评估包括广告事后测试和广告跟踪研究（见图6-11）。广告事后测试就是在广告播放一段时间之后对广告效果进行的测试。而广告跟踪研究就是使用标准问卷，以某一固定时间间隔定期连续地收集有关广告效果的数据，并将这些数据进行对比分析。广告事后测试是广告跟踪研究的最初部分，而跟踪研究就是以某一固定时间间隔定期做的广告事后测试。

项目	2009年					2010年			
	招商准备阶段		定位意向阶段			招商加温阶段		招商火爆阶段	开业准备阶段
	8月	9月	10月	11月	12月	1月	2月	3月	4月	5月
招商阶段目标	传递商业定位及主体业态信息，广泛收集有效厂商资料		接洽定位厂商，签署意向协议，厂商联谊会举办			主力店（重点品牌）签约仪式		大面积业态开始进场施工		
招商进度	30%					60%		90%		100%
推广策略	重新梳理项目形象和地位，进行项目价值体系的推广，并配合"探讨南通新生活方式"城市精英论坛活动及一系列的策场活动，进行全方位的推广				项目形象根植			项目形象深入，招商冲刺		项目形象受众期待开业
期望效果	以软新闻、专题报道、倒计时限踪，形象角标/报花等形式为主，逐步预热整个市场，激起广大消费者的期盼欲，并随着开业期的临近宣传行达到高潮				采取多媒介、立体化，密集覆盖的手段，树立品牌形象，为开业聚集人气			围绕开业，倾力围绕商品力（品牌宣传）、形象力（企业形象）和销售力（促销活动宣传）来展开，将未来××国际的崭新形象呈现给广大消费者		建立起良好的客情关系
广告主题诉求	招商广告人事广告	形象广告活动广告	形象广告活动广告	形象广告活动广告	形象广告活动广告	形象广告人事广告活动广告	形象广告人事广告活动广告	软性新闻报道引导广告	软性新闻报道引导广告	开幕广告
广告表现时段	每周一期	每周一期	每周一期	每周一期	每周一期	每周一期	每周一期	每周一期	每周一期	
媒体运用	招商手册，报纸、看板、公交车身	户外、报广、路演、短信广播、网络	户外、报广、电视、路演、短信广播、网络	户外、报广、电视、路演、短信广播、网络	户外、报广、电视、路演、短信广播、网络	户外、报广、电视、路演、短信广播、网络	户外、报广、电视、路演、短信广播、网络	户外、报广、电视、LED、短信广播、网络、星光传媒	户外、报广、电视、LED、短信广播、网络、星光传媒	户外、报广、电视、LED、短信广播、网络、星光传媒

图 6-10 广告媒体计划

续表

项目	2009年					2010年				
	招商准备阶段	定位厂商意向阶段				招商加温阶段		招商火爆阶段		开业准备阶段
	8月	9月	10月	11月	12月	1月	2月	3月	4月	5月
分阶段推广要点	提纲挈领,提性宣传,总结出项目的广告语和精神口号	针对四大业态特点,通过活动等形式分别给予展现	针对四大业态特点,通过活动等形式分别给予展现	针对四大业态特点,通过语动等形式分别给予展现	针对跨年事件,对社会各方表达谢意,以良好的社会形象展现	针对基层干部的引进广告	针对开业营运所有献身人员征齐之人事广告运作	对项目的系列新闻报道	对项目的系列新闻报道和进驻主力品牌介绍	1.逐渐密集性之广告与活动让消费大众感受与世界同步流行之购物中心即将登场之喜悦。2.开业前一周之密集广告之隆重开业、开店庆典活动,店内各项促销活动,告示活动点及参与方式
								第一篇:暗访××国际:《南通首家体验型、全客层、一站式的购物中心揭秘》 第二篇:专访××国际总经理:《让顾客更快乐,生活更精彩》 第三篇:寻望看到怎样的××国际购物中心》 第四篇:走访同街商家《××国际购物中心是你的对手吗?》 第五篇:探访政府要员《××国际购物中心》		

图6-10 广告媒体计划(续)

第6章 广告研究

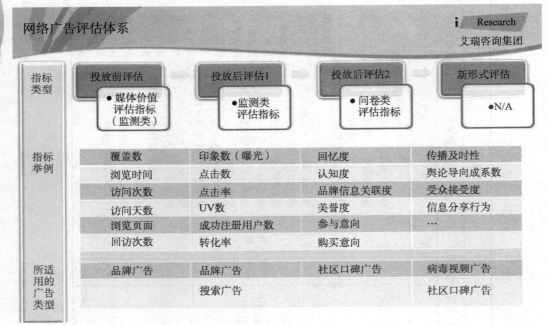

图 6-11 网络广告评估体系

课堂案例

剧情式视频广告中品牌——情节信息对受众传播意愿的影响

（资料来源：范钧，潘健军. 剧情式视频广告中品牌：情节信息对受众传播意愿的影响[J]. 营销科学学报，2016(2): 13.）

1. 研究背景

随着互联网的普及和移动互联时代的来临，剧情式视频广告作为品牌传播的有效载体，越来越受到企业的重视，并已得到广泛使用。与文字、图片、声音等其他类型的信息传播媒介相比，剧情式视频广告更易引人入胜。它能同时从听觉、视觉等多个方位感染受众，带给受众更丰富的感官和情感体验，并满足其临场感和关联感等需求，从而在企业品牌传播中发挥着更积极的作用。与此同时，剧情式视频广告还能以病毒营销传播方式，利用微信、微博等社会化媒体，通过智能手机等移动终端，在受众间进行即时分享和广泛传播，从而进一步扩大品牌影响力、提升品牌知名度。因此，在企业广告费用投入有限的前提下，如何通过合理、巧妙的品牌——情节信息设计，来打动受众并使其产生传播意愿，已成为剧情式视频广告充分发挥品牌传播效应的核心问题。

- 广告：vivo 快·乐着回家

春节前夕，各大品牌都会使出浑身解数借势推广品牌。在这些视频中，有走搞笑路线的，有走温情路线的，有卖情怀的，有赚眼泪的。

vivo 快·乐着回家，用视频描述了出生在一个没有英雄，没有兄弟姐妹的年代，我们这代人已经习惯了活在自己的小世界，视线也似乎越来越窄。视频从一个在外打拼事业的年轻人开始，唤醒你的记忆，从离家到回家，一点点成长的过程。故事虽然简单，但却处处充满回忆，让人看完不禁陷入沉思。

关于回家的主题其实也有不少营销案例，但是这次vivo独辟蹊径，从一个"快"字出发，表达了虽然曾经想要快一点走到下一站，但是当真正走出家门后，又会对童年的快乐无比思念。

现在大城市生活节奏快，在外打拼的年轻人感受尤为强烈。每天朝九晚五，为着自己的事业、学业奋斗。将要回家过年，心中不免泛起对亲人的思念，对小时候无忧无虑生活的向往。vivo紧抓年轻人这种心理，传递"有家，快才有意义"的理念，在情感上，引起所有人的共鸣，可谓是一次"走心"的视频营销。Vivo在多平台投放了这个视频，在腾讯视频、优酷、秒拍、美拍等平台都产生了良好的反响和转发，上线不到一周便已产生了将近2500万次播放。

- 广告：品牌贝勒发布的视频广告"触摸自己"（touch myself）。

作者：Great-Marketing

链接：https://www.zhihu.com/question/23782959/answer/519062170（资料来源：知乎）

10月是国际乳腺防治月。

小威是贝勒品牌的长期代言人。

贝勒这条广告为了推广其新款内衣，名为"克丽茜（The Chrissy）"。

这是一款乳腺癌术后内衣。

这个名字来自澳大利亚知名摇滚乐队Divinyls的前成员克丽茜·安弗利特（Chrissy Amphlett，1959年生，2013年因乳腺癌去世）。

贝勒声称：会把"克丽茜"内衣的全部收益捐给澳洲乳癌患者互助网（Breast Cancer Network Australia，BCNA）。

广告中的歌曲名为《我触摸我自己》（*I Touch Myself*），来自摇滚乐队Divinyls，于1990年11月首发，是一首很知名的歌曲。

小威唱的几句歌词是：

I love myself,
I want you to love me
When I feel down,
I want you above me
I search myself,
I want you to find me
I forget myself,
I want you to remind me
I don't want anybody else
When I think about you,
I touch myself
Ooh, I don't want anybody else
Oh no, oh no, oh no
Think I would die if you were to ignore me

创意方式：这条广告以"讲述"创意方式为基础，整合了"情绪渲染"的方式。在"讲述"方式方面,这条广告具体使用的是"宣讲"方式,但是没那么"强势"。同时,这条广告使用了直视、特写、贯穿始终的音乐(历史名曲,小威演唱)的手法,给我们建构了一种氛围。"情感渲染"的方式,直接削弱了"宣讲"色彩。使这条广告不会咄咄逼人,显得更加温情。这是整合使用不同创意方式的显著好处。

品牌含义:这条广告表现了贝勒品牌的象征含义。广告表现的含义,带有明显的公益性质。

产品属性:这条广告的基础是贝勒的无形属性。这种属性需要观看者自己在脑海里"赋予"贝勒。无形属性依赖于消费者,而不是具体的产品。

品牌形象:这条广告试图把贝勒的品牌建构为"照料者"的形象。这种品牌形象的关键含义是:照料其他人。

"触摸自己"总体界定如下:基于产品的无形属性,以"宣讲"式讲述方式为基础;辅助"情绪渲染"的方式,表现贝勒品牌的象征含义,试图把贝勒的品牌建构为"照料者"的形象。

2. 研究假设

H1:不同契合度下,剧情式视频广告情节饱满度对受众正面情绪唤起的影响存在差异。

H1a:在契合度较高的情况下,剧情式视频广告情节未删减相对于删减而言更易唤起受众的正面情绪。

H1b:在契合度较低的情况下,剧情式视频广告情节删减相对于未删减而言更易唤起受众的正面情绪。

H2:不同契合度下,剧情式视频广告中情节饱满度对受众品牌认同的影响存在差异。

H2a:在契合度较高的情况下,剧情式视频广告情节未删减相对于删减而言更易增强受众的品牌认同。

H2b:在契合度较低的情况下,剧情式视频广告情节删减相对于未删减而言更易增强受众的品牌认同。

H3:不同契合度下,剧情式视频广告中品牌信息呈现顺序对受众正面情绪唤起的影响存在差异。

H3a:在契合度较高的情况下,剧情式视频广告中品牌信息前置比后置更易唤起受众的正面情绪。

H3b:在契合度较低的情况下,剧情式视频广告中品牌信息后置比前置更易唤起受众的正面情绪。

H4:不同契合度下,剧情式视频广告中品牌信息呈现顺序对受众品牌认同的影响存在差异。

H4a:在契合度较高的情况下,剧情式视频广告中品牌信息前置比后置更易增强受众的品牌认同。

H4b:在契合度较低的情况下,剧情式视频广告中品牌信息后置比前置更易增强受众的品牌认同。

H5:正面情绪唤起正向影响受众品牌认同。

H6:正面情绪唤起正向影响受众传播意愿。

H7：品牌认同正向影响受众传播意愿。

3. 研究模型

本研究的概念模型如图 6-12 所示。

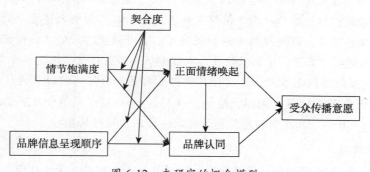

图 6-12 本研究的概念模型

4. 研究方法

正式实验分为两部分：实验一用于检验不同契合度下剧情式视频广告情节饱满度对受众传播意愿的影响，采用 2（情节饱满度：删减/未删减）×2（契合度：高/低）的组间实验设计；实验二用于检验不同契合度下剧情式视频广告品牌信息呈现顺序对受众传播意愿的影响，采用 2（信息呈现顺序：品牌信息前置/品牌信息后置）×2（契合度：高/低）的组间实验设计。

采用益达口香糖（实验一）和 2%矿泉水（实验二）系列剧情式视频广告作为正式实验材料。实验一中，我们在口香糖组的视频 1（契合度低）和视频 4（契合度高）基础上，进一步考虑情节饱满度因素，设计了视频 1 未删减、视频 1 删减、视频 4 未删减和视频 4 删减共 4 个视频。140 名被试参与了本次实验，并被随机分成 4 组（每组 35 人）。在确保网络条件良好的情况下，我们用手机分别向各组发送相应的视频，并要求被试在观看完视频后完成相应的问卷。实验二中，我们在矿泉水组的视频 5（契合度低）和视频 8（契合度高）基础上，进一步考虑品牌信息呈现顺序因素，设计了视频 5 前置、视频 5 后置、视频 8 前置和视频 8 后置共 4 个视频。140 名被试参与了本次实验，并被随机分成 4 组，实验过程与实验一相同。两次正式实验共发出 280 份问卷，回收 256 份问卷，剔除无效问卷后，共得到 240 份有效问卷。

本研究采用问卷调查形式来获取数据，问卷采用李克特 7 级量表形式，内容包括情节饱满度、品牌信息呈现顺序、契合度、正面情绪唤起、品牌认同、传播意愿及个人基本信息等。

5. 数据分析

5.1 操控检验

（1）情节饱满度的操控检验。实验一所用的益达口香糖剧情式视频广告，均以真实的网络版（即情节饱满的未删减版）视频广告为原型。其中视频 1 未删减和视频 4 未删减直接采用原型（视频 1 和视频 4），未做任何调整；视频 1 删减和视频 4 删减是在不影响品牌信息呈现的前提下，使用相关软件对视频 1 和视频 4 中的剧情进行编辑压缩而成。独立样本 t 检验结果表明，被试认为未删减版视频的情节更加饱满（低契合度下，$M_{未删减} = 4.57$，$M_{删减} = 2.37$，$p < 0.001$；高契合度下，$M_{未删减} = 4.67$，$M_{删减} = 2.48$，$p < 0.001$），说明情节饱满度得到了较好的操控。

（2）品牌信息呈现顺序的操控检验。实验二所用的 2%矿泉水剧情式视频广告，同样均以真实的网络版视频广告为原型（视频 5 和视频 8）。在不影响剧情展示的前提下使用相关软件将品牌信息前置，得到视频 $5_{前置}$ 和视频 $8_{前置}$，并设置相应的"该视频中品牌信息前置"问项；将品牌信息后置，得到视频 $5_{后置}$ 和视频 $8_{后置}$，并设置"该视频中品牌信息后置"问项。独立样本 t 检验结果表明，被试对品牌信息前置和后置两种情况的认知度不存在显著差异（低契合度下，$M_{前置} = 4.73$，$M_{后置} = 4.33$，$p = 0.31$；高契合度下，$M_{前置} = 4.53$，$M_{后置} = 4.42$，$p = 0.691$），说明品牌信息呈现顺序得到了较好的操控。

5.2 假设检验

（1）实验一相关假设检验。根据实验一所得数据，分别以正面情绪唤起、品牌认同为结果变量，进行 2（情节饱满度：删减/未删减）×2（契合度：高/低）的双因素方差分析。结果显示，如表 6-1 和表 6-2 所示，情节饱满度与契合度对正面情绪唤起、品牌认同均有显著的交互影响作用，假设 H1、H2 得到有效验证。具体而言，如图 6-13 和图 6-14 所示，在契合度较高的情况下，情节未删减组的被试表现出更高的正面情绪唤起（$M_{删减} = 2.71$，$M_{未删减} = 3.38$，$p < 0.001$）和品牌认同（$M_{删减} = 2.63$，$M_{未删减} 3.38$，$p < 0.001$）；在契合度较低的情况下，情节删减组的被试表现出更高的正面情绪唤起（$M_{删减} = 3.63$，$M_{未删减} = 2.12$，$p < 0.001$）和品牌认同（$M_{删减} = 3.57$，$M_{未删减} = 2.36$，$p < 0.001$），假设 H1a、H1b、H2a、H2b 得到有效验证。与此同时，正面情绪唤起（$F = 38.383$，$p < 0.001$）和品牌认同（$F = 25.276$，$p < 0.001$）对受众传播意愿均有显著的正向影响；在情节饱满度较低（$F = 76.776$，$p < 0.001$）和较高（$F = 105.728$，$p < 0.001$）两种情况下，正面情绪唤起对品牌认同均有正向影响，假设 H5、H6、H7 得到有效验证。

表 6-1　情节饱满度与契合度对正面情绪唤起的交互影响作用检验

变　量	自由度	均方	F 值	p 值
饱满度	1	5.348	24.005	0.000
契合度	1	0.833	3.740	0.056
饱满度×契合度	1	35.570	159.654	0.000
误差	116	0.223		

表 6-2　情节饱满度与契合度对品牌认同的交互影响作用检验

变　量	自由度	均方	F 值	p 值
饱满度	1	1.633	6.550	0.012
契合度	1	0.059	0.238	0.627
饱满度×契合度	1	28.681	115.020	0.000
误差	116	0.249		

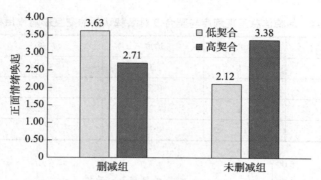

图6-13 不同契合度下情节饱满度对正面情绪唤起的影响

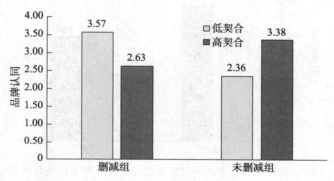

图6-14 不同契合度下情节饱满度对品牌认同的影响

（2）实验二相关假设检验。分别以正面情绪唤起、品牌认同为结果变量，进行 2（品牌信息呈现顺序：品牌信息前置/品牌信息后置）×2（契合度：高/低）的双因素方差分析。结果显示，如表6-3 和表6-4 所示，品牌信息呈现顺序与契合度对正面情绪唤起、品牌认同均有显著的交互影响作用，假设 H3、H4 得到有效验证。具体而言，如图6-15 和图6-16 所示，在契合度较高的情况下，品牌前置组的被试表现出更高的正面情绪唤起（$M_{前置}=3.84$，$M_{后置}=2.94$，$p<0.001$）和品牌认同（$M_{前置}=3.58$，$M_{后置}=3.10$，$p=0.003<0.01$）；在契合度较低的情况下，品牌后置组的被试表现出更高的正面情绪唤起（$M_{前置}=2.76$，$M_{后置}=3.66$，$p<0.001$），和品牌认同（$M_{前置}=3.11$，$M_{后置}=4.36$，$p<0.001$），假设 H3a、H3b、H4a、H4b 得到有效验证。与此同时，对实验二所得数据的分析结果显示，正面情绪唤起（$F=78.335$，$p<0.001$）和品牌认同（$F=80.077$，$p<0.001$）对受众传播意愿均有显著的正向影响；在品牌信息前置（$F=46.991$，$p<0.001$）和后置（$F=19.505$，$p<0.001$）两种情况下，正面情绪唤起对品牌认同均有显著的正向影响，假设 H5、H6、H7 再次得到有效验证。

表6-3 品牌信息呈现顺序与契合度对正面情绪唤起的交互影响作用检验

变量	自由度	均方	F 值	p 值
顺序	1	0.890	3.034	0.084
契合度	1	3.445	11.748	0.001
顺序×契合度	1	34.490	117.607	0.000
误差	116	0.293		

表 6-4　品牌信息呈现顺序与契合度对品牌认同的交互影响作用检验

变量	自由度	均方	F 值	p 值
顺序	1	1.337	3.534	0.063
契合度	1	0.533	1.410	0.238
顺序×契合度	1	14.237	37.629	0.000
误差	116	0.378		

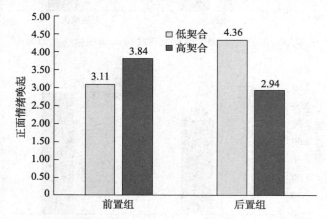

图 6-15　不同契合度下品牌信息呈现顺序对正面情绪唤起的影响

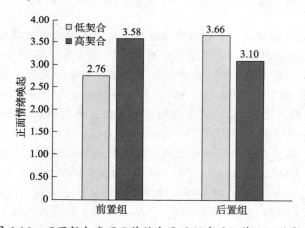

图 6-16　不同契合度下品牌信息呈现顺序对品牌认同的影响

6. 研究结论

（1）不同契合度下，剧情式视频广告情节饱满度对受众正面情绪唤起和品牌认同的影响存在显著差异。

（2）不同契合度下，剧情式视频广告中品牌信息呈现顺序对受众正面情绪唤起和品牌认同的影响存在显著差异。

（3）正面情绪唤起和品牌认同对受众传播意愿有显著正向影响。

6.2 广告文案效果研究

现代广告的艺术表现形式是多种多样的，但任何形式的广告都离不开语言文字这个最重要的载体。在目前运用最广泛的报纸、杂志、广播、电视、互联网等五大广告媒介上，文字、声音和图像是传递广告信息的重要工具。但文字的表现力和传播力比声音和图像更强，一切无法用可视形象表现的信息，都可用抽象的文字表达，因此，文字是传递广告信息的主要工具。可以说，在现代广告的创意中，广告文案的创意是核心。那么，什么是广告文案？什么是广告文案的创意呢？

6.2.1 广告文案与广告文案创意

1. 广告文案

广告文案是指广告艺术表现形式中的语言文字部分。

对于广告文案的概念有广义和狭义两种理解。从狭义上理解，广告文案是指有标题、正文、附文等完整结构形式的文字广告。从广义上理解，广告文案是指广告艺术形式中的语言文字部分。不管篇幅的长短，文字的多少，结构的完整与否，只要使用的是语言文字这个工具，就可以称为广告文案，如中国重型汽车进出口公司广告："重"。仅一个"重"字，但传达的广告信息却极为准确，广告效果也很好。这短到一个字的广告，也把它叫作广告文案。

广告文案概念一般是从广义上来理解的。从这个角度来分析，广告文案主要有以下 3 种形式。

• 规范式

规范式是指具有完整结构的广告文案，一般由标题、广告口号、正文 3 个要素构成，有的广告文案在正文后面还有附文。

• 灵活式

灵活式是指结构方式较为自由、灵活的广告文案。可以用一段文字，可以用一句话，也可以用一个字传递广告信息。

• 品牌、招牌式

品牌是指商品名称，招牌是指企业名称、店铺匾牌。品牌、招牌式广告文案是指表示商品名称和企业名称的语言文字。这种文案一般具有双重性，既是商品、企业、店铺的名称，又是起广告宣传作用的文字，因此，我们也把它称作广告文案。

2. 广告文案创意

广告文案创意是指广告文案撰写者根据广告战略、广告产品及广告企业特征，针对市场营销实际和消费者心理而对广告的语言文字表现的构思。简单地说，广告文案的创意就是对语言文字的创意。这种创意主要包括语言文字的义、形、音 3 个要素。

- 义

"义"就是广告语言文字所反映的意义。广告文案创意首先要准确地概括商品及企业的特征，反映广告主的意图，包含正确而深刻的内在含义。

- 形

"形"就是广告语言文字的表现形式，这种表现形式包括段落的组合、句式的选用、词语的搭配。例如，结构比较规范的广告文案一般由标题、口号、正文、附文构成，结构比较自由的段落则可长可短，句式多样。

- 音

"音"就是广告语言文字的语音。文字既能表意义，也能表声音。在广告文案中要巧妙地利用文字的声调、音韵、节奏等因素来增强广告语言的信息含量及音乐美感。

6.2.2 广告文案创意的要求

广告文案创意的要求是多方面的，概括起来就是 5 个字，即"准""深""新""趣""奇"。

- 准

所谓"准"就是广告文案的创意要准确地反映商品或企业的主要特点，挖掘出广告对象所包含的内在意义，如某热水瓶广告："热心永住"，这则广告准确地概括了热水瓶外冷内热的特点，说明产品保温性能好，同时又把热水瓶胆比喻为一颗"热心"使人感到温暖。

- 深

所谓"深"就是广告文案创意要包含深刻的内涵。广告文案创作在传播商品信息的同时不可避免地包含了创作者的某些主观因素。广告文案创作者常常将某种思想、理念、意义蕴含在广告文案之中，使这些思想、理念、意义要准确、深刻，有促进人生、指导人生的功能。

广告文案的创意要深刻，关键在于商品与企业相关联的价值观念、文化观念上深入开掘，使商业气息很浓的广告活动更富于人文价值，更富于时代性和民族性。

- 新

所谓"新"就是广告文案创意别出心裁，不落俗套，以新取胜。"新"的创意可以是多方面的，如信息新、角度新等都可以体现出创意的新颖。

- 趣

所谓"趣"就是广告文案创意要有情趣。广告文案可以用平实的手法传播信息，也可以用艺术的手法来体现高雅、幽默的情趣。有些商品本身含有某种情趣，在广告创意中我们要善于通过对广告内容的体会和对目标受众的分析来揭示出商品本身的情趣。

广告是一台生活情趣的创作机，在你不经意翻看杂志的时候，在你看累了肥皂剧想轻松一下的时候，广告以一种热情的姿态带给你几秒钟的惬意——而没有人会拒绝惬意。

比如，某则胸罩广告利用了人们经常翻阅的杂志，广告文案为："如果你想看到本胸罩的神奇效果，请挤压杂志。"当受众在翻阅杂志的时候，突然看到一则这样的广告，不禁开怀一笑，当受众甚至去按照广告文案挤压一下杂志的时候，受众发出的爽朗的笑声就是广告效果的最好证明。

• 奇

所谓"奇"就是广告文案创意要奇特、独到。在广告文案创意之中要"想人之所未想，道人之所未道"，创意就要有点"奇"。创意奇特的广告文案让人们乍一看觉得有点"离谱""离题"，但仔细一体会觉得"原来如此"，实在奇特，妙不可言。例如，台湾一家皮鞋店的皮鞋广告"一脚50元"。乍一看没明白，还以为卖脚呢！再一琢磨豁然开朗，原来一双鞋100元。于是笑自己真傻，这么简单的数学也不会了，之后就会久久难忘。

广告文案创意在"准""深""新""趣""奇"上都是完美佳作的广告少之又少，但不是没有，金羚洗衣机"脏系列"广告堪称楷模。在视觉传达上，这则系列广告运用反向思维反着走，一反到底，用绝对的脏，衬托出绝对的净，反而奇趣无穷。

6.2.3 广告文案创意的方法

新颖独到的创意来源于人的头脑对广告信息的提炼、取舍与表现，来源于广告文案创意的方法。广告文案创意的方法主要有两种。一种是直接创意法，另一种是间接创意法。

1. 直接创意法

直接创意法是指直接揭示广告主要内容，体现广告重点的创意方法。直接创意法主要包括直觉法、触动法、比较法等。

• 直觉法

直觉法是指凭直观感觉创意的方法，它是在了解与广告内容有关信息的基础上凭一般直观感觉确定广告文案主题的方法。这种方法较适宜于宣传产品及企业主要特征的广告。比如：

我们不生产水，我们只是大自然的搬运工（农夫山泉纯净水）

雪豹带您重归大自然！（雪豹牌皮装）

这两则广告创意紧扣品牌名称及产品个性，创意直接，特点鲜明。采用这种方法关键在于在广告调查中掌握产品、企业及消费者信息，从大量信息中提炼出最有传播价值的信息或传播效果最好的信息作为广告的主要内容。

采用这种方法创意时间短、见效快，创意明确，但要注意避免平庸化、一般化。创意来得快并不是一件坏事，有时好的创意就是偶然凭感觉得来的，但是使用这种创意方法时如果稍不注意就会使创意显得平淡无味，缺少个性，给人枯燥无味、似曾相识的感觉。

• 触动法

触动法是指创意者根据偶然事件触发引出灵感的一种创意方法。例如，"哪里有烟，哪里就有热情。"是《热情》杂志的广告片。一名女子在沐浴，一名男子在雨中步行，另有一名男子在美容美发厅里不安地等待……三个人在看到《热情》杂志以后，周身顿时烈火熊熊，烟雾缭绕，难以自拔。这是《热情》杂志的第一个电视广告。如果你看到哪里开始冒烟了，那一定就是《热情》杂志的触动让读者按捺不住内心的激动之情了。

• 比较法

比较法是通过对两种以上相对或相近的事物进行比较对照的一种创意方法。无论是广告巨匠还是艺术大师，都十分注重运用比较法。因为没有高山显不出平原，没有大海看不出河川。凡事一比，就有了鉴别。俗语说得好："不怕不识货，就怕货比货""不比不知道，一比吓一跳"。广告方案的创作如果善于运用比较手法就可以更鲜明地突出广告的主要信息，从而获得更好的传播效果。

广告文案创意中采用比较法可以将两种相近、相似或相对的产品放在一起比较，找出两种产品的相同与不同，同中求异或异中求同，以显示出广告产品独特的个性、功效，或企业优良的服务。

2. 间接创意法

间接创意法是指间接揭示广告内容，体现广告重点的创意方法。用间接法创意主要有暗示法、悬念法、寓情法。

• 暗示法

暗示法是指通过对有关的事物的表述和说明来暗示广告宣传目的的一种创意方法。这种方法的特点是"声东击西""围魏救赵"。其妙处在于针对消费动机中的矛盾冲突、采取暗示迂回的方式，让消费者自我化解冲突，避免产生感官上的刺激，这样更能发挥广告的宣传作用。例如，上海台尚食品的广告："台尚沙琪玛，保证不偷吃"，就是成功运用暗示法的广告，稚气的谎言泄露了对台尚食品喜爱和青睐，不经意间勾起了受众对美食的渴望，使消费者顺利接受产品。

广告与消费者讲道理，消费者会马上开启理性思考模式。如果通过故事暗示，品牌信息就会绕过消费者的理性，直达情感。故事提供了一个模拟的环境，可以很好地让消费者感同身受。故事通过娱乐让消费者学习了产品知识，记住了品牌。例如，滴滴微电影广告：女儿重病，这位司机却总是在最后一公里提前结束订单。故事讲述老拾的女儿患了重病，他起早贪黑地拉客。这时车龄超过规定年限，正当老拾一筹莫展之际，滴滴帮助了他。以后他总是在最后 1 公里提前结束订单。在广告中我们记住了乐观奋斗的老拾和背后给予帮助的滴滴。

暗示不能太曲折、太晦涩：如果让消费者颇费心思还是猜不透其中含义，就达不到宣传产品的目的了。创意要在避俗求新、敢于独到的同时，能让一般消费者理解和意会。

• 悬念法

悬念法是指通过设置悬念使人产生惊奇和疑惑，然后又兜底翻出消除人的疑虑的创意方法。采用这种方法创意可以用设问制造悬念。

例如，弹出式广告。

广告主题：暗恋表白完全手册，将暗恋进行到底。

广告词：平常日子里却不是谁都能有合适的时机向心爱的人儿表明心迹……带着丝丝牵挂，淡淡惆怅，含情脉脉的双眸，欲言又止的你……（推出悬念）。

不要紧，短信来帮助你。

如今有了网易短信暗恋表白，网易短信红娘为你牵线，不必爱他（她）在心口难开。

如何表白？具体操作方法：

把他（她）的手机号码发送到163×××，网易短信会给 3 次机会让他（她）猜猜你的手机号码，那你就知道他（她）心里是否有你了！

让我悄悄蒙上你的眼睛让你猜猜我是谁？既有浪漫含蓄的初恋羞涩，而又不失年轻恋人之间的顽皮与活泼。

当然广告的最后不忘提醒您：发送方（A）接收信息收费 1 元/条，接收方（B）接收信息免费。

看了这则广告，你仿佛面对的不是一则蛮不讲理、令人厌烦的弹出式广告，而是面对着一个热心快肠、善解人意的红娘在与你交心谈心，为你排忧解难。这样的广告当然受到欢迎了。

- 寓情法

寓情法是指给商品注入情感因素，侧重情感诉求的一种创意方法。广告文案创意要重视消费者的情感因素，善于"以情动人"。古代文学评论家刘勰说："登山则情满于山，观海则意溢于海。"做广告也是如此，商品本身不含情感因素，但广告创意可以给商品注入情感因素。从一些成功的广告作品来看，以日常生活的人性人情观念进行创作的广告最易打动人心。这些广告通过情感共鸣，使人们自然地导入对商品的认识，避免产生生硬推销的逆反心理。台湾广告界女才子王念慈，坚持"要打动人心，广告才有意义"的信念，因此她才写出了"我不认识你，但是我谢谢你""好东西要和朋友分享"等情真意切的广告词。

6.2.4　如何判断一个广告文案的效果

通常国外许多大的市场研究公司都会有一个标准数据库，这个数据库是根据以往做的许多广告文案测试的数值及这些广告投放市场后的实际效果统计出来的。当一个新的广告文案测试后，将所得各项测试指标的值与标准数据库中的对应值相比较，并以此来估计广告投放市场后的效果。但中国市场研究行业历史尚短，估计一般公司都不会有这种数据库，即使是已进入我国的国际著名市场研究公司，虽然它们有标准数据库，但这些标准值是否适合中国的实际情况，相信还需相当长时间的摸索。在这种情况下我们将如何根据广告文案测试的结果去判断投放后的效果呢？

比较法是广告效果测定的一种常见方法。

广告经济效果测定是对整个广告运作的一次全面检阅，它涉及广告对于产品的品牌提升和销售促进所起的作用究竟有多大，带来的经济效益究竟如何等方面，以使企业对发布的广告有一个清醒的认识，并根据测定的结果，调整广告策略，让企业的有限资源得到最大的利用。

我们以××食品饮料公司为例，如该食品饮料公司 2000 年投入的广告费总额为 4000 万元，总销售量为 15000 万罐；2001 年广告费增加到 6000 万元，总销售量增加到 34000 万罐，其中，售出价格为 1.5 元/罐，那么，需求的广告弹性系数为

$$Eg = (\Delta X/X_t) / (\Delta G/G_t) = \Delta X G_t / \Delta G X_t =$$
$$[(34000 - 15000) \times 4000] / [(6000 - 4000) \times 15000] = 2.53$$

其中：X_t 为上期（或广告前）需求量（或销售量），即 15000 万罐；

$\Delta X = X_t + 1 - X_t$，为本期（或广告后）与上期相比的需求增量（或销售增量），即 34000 - 15000 = 19000（万罐）；

G_t 为上期广告费，即 4000 万元；

$\Delta G = G_t + 1 - G_t$，为本期与上期相比的广告费增量，即 6000 - 4000 = 2000（万元）；

E_g 为需求的广告弹性系数,即 2.53。

需求的广告弹性系数越大,则市场对广告的反应越灵敏,广告效果越好,反之,广告效果差。另外,需求的广告弹性系数的本质意义为:每增加 1%的广告费,可增加销售量 2.53%。

我们仍以食品饮料公司 2000 年、2001 年广告投入与销售收入为例进行分析。

$$费用(C)=广告费(G)/销售量(额)(X)$$
$$C_{00}=G_t/X_t=4000/15000=0.26 元/罐$$
$$C_{01}=G_t+1/X_t+1=6000/34000=0.17 元/罐$$

计算结果表明,该食品饮料公司 2000 年、2001 年单位销售量所承担的广告费(每罐)分别为 0.26 元和 0.17 元,两组数据比较,2001 年的广告效果比之 2000 年略有提高。

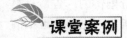
课堂案例

来杯丧茶:不同情感诉求广告对消费者产品偏好的影响

(资料来源:卢岳,雷希,郑敏霞,等. 来杯丧茶:不同情感诉求广告对消费产品偏好的影响[J]. 营销科学学报,2022, 2(2): 17.)

1. 研究背景

企业常常通过在广告中表达积极和温暖的情感,来提升消费者对广告的喜爱和产品购买量。例如,益达口香糖的广告语"关爱牙齿,更关心你"表达了对消费者的关怀;方太油烟机则推出创意广告《油烟情书》,指出"油烟是爱的印记,爱值得我们铭记"。然而,近年来,也有企业另辟蹊径,在其品牌定位、产品设计中注入消极元素,采取消极情感诉求策略。例如,以"丧"作为品牌个性的茶饮品牌"丧茶"。其宣传文案及茶品的名称充满"负能量",如"碌碌无为红茶""升职无望养乐多绿茶"等。类似地,日本咖啡品牌 UCC 以"每天来点负能量"为主题,推出了系列广告文案。这些烘托消极情感的广告非但没有引起消费者的反感,反而获得了一定的消费者青睐,并引发了更多的购买行为。

2. 研究假设

H1:不同现实—理想自我差异水平的消费者对情感诉求广告的偏好不同。

H1a:当现实—理想自我差异水平低时,相比于消极情感诉求广告,消费者对积极情感诉求广告中产品的购买意愿更高。

H1b:当现实—理想自我差异水平高时,相比于积极情感诉求广告,消费者对消极情感诉求广告中产品的购买意愿更高。

3. 研究方法与结果

实验 1 的目的在于验证 H1。实验 1 采取 2(现实—理想自我差异水平:高 VS 低)×2(情感诉求广告:消极 VS 积极)的被试间设计。实验一共招募某高校 170 名大学生作为被试,在剔除未通过注意力检测的 7 名被试后,得到有效被试 163 名,其中,女性有 85 名,被试的平均年龄为 21.60 岁。

3.1 实验材料及程序

对被试的现实—理想自我差异水平进行测量。首先，告知被试关于现实自我、理想自我的定义；随后，让被试写出 5 个最想拥有的特质，并在 7 点量表上分别评估：针对该特质，理想中想拥有的程度及现实中真实拥有的程度。其次，请不同的广告情感诉求的随机分组的被试分别阅读一则关于丧咖啡/乐咖啡（虚拟品牌）的广告图片及广告语，如图 6-17 所示。再次，采用 White 和 Dahl（2006）的量表中的以下题项记录被试的购买意愿："请问您在多大程度上愿意购买丧咖啡/乐咖啡？"（1＝非常不可能，7＝非常可能）随后与预实验相比较，测量被试对广告情感诉求的感知。最后，请被试记录性别、年龄等人口统计信息，领取实验报酬并离开。

图 6-17　虚拟品牌广告图片及广告语

3.2 实验结果

对广告情感诉求进行操纵检验。取 6 个积极情感诉求测项结果的均值作为广告情感诉求的积极程度（Cronbach's α = 0.91），取 6 个消极情感诉求测项结果的均值作为广告情感诉求的消极程度（Cronbach's α = 0.96）。进行配对样本 t 检验，发现：在丧咖啡组，被试感知到的广告情感诉求是消极的 [$M_{丧-积极}$ = 2.73，$M_{丧-消极}$ = 4.64，$t(78)$ = −9.24，p < 0.001，Cohen's d = 1.04]；在乐咖啡组，被试感知到的广告情感诉求是积极的 [$M_{乐-积极}$ = 4.42，$M_{乐-消极}$ = 2.03，$t(83)$ = 16.72，p < 0.001，Cohen's d = 1.82]。同时，方差分析的结果显示，相比于丧咖啡组的被试，乐咖啡组的被试感知到的广告情感诉求是更积极的 [$M_{乐-积极}$ = 4.42，$M_{丧-积极}$ = 2.73，$F(1, 159)$ = 113.40，p < 0.001]；相比于乐咖啡组的被试，丧咖啡组的被试感知到的广告情感诉求是更消极的 [$M_{丧-消极}$ = 4.64，$M_{乐-消极}$ = 2.03，$F(1, 159)$ = 226.92，p < 0.001]。因此，对广告情感诉求的操纵成功。

现实—理想自我差异的分组。根据现实—理想自我差异水平的高低，将被试分为两组。分别计算被试在 5 个特质上的差异水平：理想获得程度—现实拥有程度＝该特质的现实—理想差异水平，取 5 个分差的均值作为被试的现实—理想自我差异水平。以所有被试的现实—理想自我差异水平的均值（M = 3.18）作为分组依据，将被试分为现实—理想自我差异水平高组/低组。

购买意愿。以现实—理想自我差异水平、广告情感诉求为自变量，购买意愿为因变量，进行方差分析。现实—理想自我差异水平的主效应不显著 [$M_{现实-理想自我差异水平低}$ = 3.69，

$M_{现实-理想自我差异水平高} = 3.69$, $F(1, 159) = 0.04$, $p = 0.851$]; 广告情感诉求的主效应不显著 [$M_{丧咖啡} = 3.54$, $M_{乐咖啡} = 3.82$, $F(1, 159) = 1.72$, $p = 0.192$]; 广告情感诉求与现实—理想自我差异水平的交互效应显著 [$F(1, 159) = 43.70$, $p < 0.001$, $\eta^2 p = 0.22$]。

进一步的简单效应分析显示,如图6-18所示:当感知到现实—理想自我差异水平低时,相比于消极情感诉求广告中的产品,消费者对积极情感诉求广告中的产品的购买意愿更高 [$M_{丧咖啡} = 2.74$, $M_{乐咖啡} = 4.59$, $F(1,78) = 31.59$, $p < 0.001$, $\eta^2 p = 0.29$]; 当感知到的现实—理想自我差异水平高时,相比于积极情感诉求广告中的产品,消费者对消极情感诉求广告中的产品的购买意愿更高 [$M_{丧咖啡} = 4.33$, $M_{乐咖啡} = 3.09$, $F(1,81) = 13.97$, $p < 0.001$, $\eta^2 p = 0.15$]。因而,H1a和H1b得到了支持。

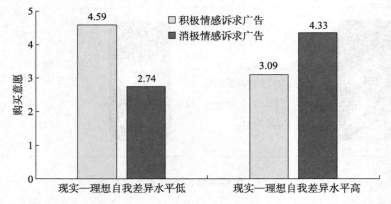

图6-18 情感诉求广告对购买意愿的影响:现实—理想自我差异水平的调节作用

实验1的结果表明,当消费者的现实—理想自我差异水平较低时,相比于消极情感诉求广告中的产品,消费者对积极情感诉求广告中的产品的态度更好、购买意愿更高;相反,现实—理想自我差异水平较高的消费者更偏好消极情感诉求广告中的产品。由此,验证了H1a和H1b。

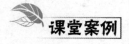

广告语言形象的概念化、测量与有效性

(资料来源:刘世雄,刘雁妮,周志民. 营销科学学报,2014.)

1. 研究背景

当今,全球化和本土化营销战略并行不悖之势愈演愈烈,受双语广告影响的消费者越来越普及,如何在多语言文化环境中制定有效的广告策略引起了学术界和企业界的广泛关注。例如,最近一项研究发现,西班牙语的消费者在网络购物时浏览英语网站比浏览西班牙语网站时感知的购物风险更小。

然而,纵观现有的广告语言文献相关研究多针对广告语言的语言材料、表达手段、组合方式等,如关于广告语音类型与产品类型的研究,从语言整体视角开展的研究鲜见于学术界。尽管文献检索结果显示目前还没有关于广告语言形象及其对广告说服力影响的系统研究，然而学者们关于语言在身份识别中的作用、语言来源地效应、第一语言与第二语言的比较研究等文献都隐含着一个共同指向：广告语言形象是影响广告说服力的一个重要潜变量。那么广告语言形象究竟是一个怎样的概念呢？它应当如何测量呢？它是否会影响消费者的广告态度或品牌态度？由于语言形象是由消费者的主观感知形成的，因而准确回答以上问题有利于企业针对目标消费者的心理偏好，评估和挑选语言形象相对更好的语言用于广告传播进而提高广告效果。例如，中国企业在中东国家开展广告传播活动时应采用中文还是英文，抑或是采用当地语言，怎样才可以获得更好的效果？基于现有理论研究和管理实践的需要。本文拟在广告语言相关研究的基础上提出并阐释广告语言形象这一重要概念，再通过定性和定量研究，构建广告语言形象的维度，并开发相应的测量量表，以期为广告语言领域的后续相关研究提供参考。

2. 研究假设

H1：消费者感知的广告语言形象正向影响其产品评价；

H2：消费者感知的广告语言形象正向影响其购买意愿。

3. 假设检验

研究设计广告实验来检验以上两个假设。实验采用3组无前测的准实验设计（组间设计），其中1组为控制组，2组为实验组。广告包括3个版本的广告：单纯的皮包图片广告；以法语呈现品牌名和广告语的皮包图片广告；以印度语呈现品牌名和广告语的皮包图片广告。法语版和印度语版广告除了广告语言种类不同之外其他的广告内容完全相同，包括语言的字体、字号、文字颜色及图文配置方式等相同（品牌名称用华文隶书一号字广告语用行楷小二号字，均为黑色字体）。广告图片从真实的皮包图片中挑选并经过Photoshop软件处理，图片中无品牌logo或品牌名。访问了15名大学本科生对图片的看法一致认为，皮包图片本身没有显示出产品的国家或民族特点。实验广告产品的品牌名称设计为"梵古帝"广告语为"非凡人物，非凡生活"。再邀请中国某公司驻法国和印度的分支机构中的当地营销人员对品牌名称和广告语的翻译进行了适当修改。我认为因变量产品评价由问题测项"该广告中的产品最可能的销售价格是……"来测量选项包括：1500元及以下、1501～3000元、3001～4500元、4501～6000元、6001～7510元、7501～9000元。实验中的因变量购买意向由问题测项"如果我打算购买一个包包，我购买广告中的品牌的可能性是……"来测量，选项包括：我肯定不会买（1分），我可能不会买（2分），我不确定是否会买（3分），我可能会买（4分），我肯定会买（5分）。分值越大表示购买的可能性越高。问卷还包括了19个测项构成的广告语言形象量表和被试人口统计特征题项，这一部分在被试者完成购买意向和产品评价测试后再填写。

本次实验共募集了360名志愿者参加实验，随机分组，每组120名被试。但在实验实施过程中有的被试由于各种原因未能参加实验，也有个别被试者没按要求填写实验问卷，最终收集的有效问卷是无广告语组（控制组）85份，法语广告组（实验组1）99份，印度语组（实验组2）110份。3组被试在教育程度、职业、收入、性别、年龄上没有显著差异。实验过程：告诉被试者将观看一版法语/印度语/纯图片广告，被试者看完一版平面广告后，自行填写一份调查问卷。

4. 数据分析

根据实验组的 209 个样本数据分析广告语言形象量表的内部一致性得到 Cronbach's α = 0.986，表明量表的信度很好。统计分析还发现广告语言形象总分与购买意向的相关系数为 0.498（$p<0.01$），广告语言形象总分与产品评估的相关系数为 0.647（$p<0.01$），这说明广告语言形象与购买意向、产品评估存在影响关系。再通过方差分析对比实验组 1 和实验组 2 的广告语言形象量表得分均值；得到以下结果 $M_{法语} = 3.68 > M_{印度语} = 2.47$，$F=158.14$，$p=0.00<0.05$，$SD_{法语}=0.80$，$SD_{印度语}=0.58$。这表明，被试对法语的总体感知形象明显高于印度语。以下还需分析讨论的问题是，当被试感知的两种语言形象有明显差异时，被试接受两种语言广告刺激后，产生的产品评价和购买意向也是否不同？

为简化研究采用四格表卡方检验测试假设 H1。由于预实验显示，广告产品图片采用不同广告语言时被试对品牌的认知有两极分化趋势。因此这里主要检验：评估广告产品价格在 800 元以上的被试在各组样本中所占的比例是否有差异。图 6-19 是评估产品价格在 800 元以上的被试在各组中所占的比例。根据卡方检验的适用条件，本研究中样本数 $n \geq 40$，并且实验中的最低理论频数（85/6）≥ 5，适宜使用 Pearson 卡方检验。首先，对比研究实验组 1 和实验组 2，得到统计结果：$\chi^2=72.32$，$df=1$，Asymp.Sig.（2-sided，双侧概率）= 0.000，按照双侧 $\alpha=0.05$ 的标准，应拒绝两组率相等的假设。所以可以认为法语版广告被试对广告产品的估价明显高于印度语版广告被试。其次，对比实验组 1 和控制组，得到统计结果：$\chi^2=73.37$，$df=1$，Asymp.Sig.（2-sided，双侧概率）= 0.000，按照双侧 $\alpha=0.05$ 的标准，应拒绝两组率相等的假设。所以可以认为法语组被试对广告产品的估价明显高于控制组被试。最后，对比实验组 2 和控制组，得到统计结果：$\chi^2=0.614$，$df=1$，Asymp.Sig.（2-sided，双侧概率）= 0.433，按照双侧 $\alpha=0.05$ 的标准，应接受两组率相等的假设。因此可以认为印度语组被试对广告产品的估价与控制组被试没有显著差异。再将实验组的广告语言形象量表得分与卡方检验的结果相结合来分析可以得出结论：当消费者对某种广告语言的形象感知水平较高时广告采用这种语言能显著提高消费者对产品的评价。由此，假设 H1 得到了实证支持。

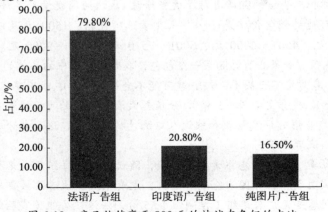

图 6-19　产品估值高于 800 元的被试在各组的占比

再根据收集的实验数据比较 3 组被试的购买意向，方差分析结果显示：法语组的购买意向明显高于印度语组（$M_{法语}=3.76>M_{印度语}=2.57$，$F=57.12$，$p=0.00<0.05$，$SD_{法语}=$

0.89，$SD_{印度语}$ = 1.31），法语组的购买意向也明显高于控制组（$M_{法语}$ = 3.76 > $M_{控制组}$ = 2.54，F = 54.67，p = 0.00 < 0.05，$SD_{法语}$ = 3.76，$SD_{控制组}$ = 1.32），但印度语组与控制组的购买意向没有显著差异（$M_{印度语}$ = 2.57 vs $M_{控制组}$ = 2.54，F = 0.03，0.87 > 0.05，$SD_{法语}$ = 0.89，$SD_{印度语}$ = 1.31）。把以上两个实验组的广告语言形象量表得分与购买意向分析结合起来，可以得出结论：当消费者对某种广告语言的形象感知水平较高时，广告采用这种语言能显著提高消费者的购买意向。假设H2成立。

6.3 虚拟广告效果研究

消费者每天接触大量的广告信息，这些广告信息无时无刻不在争夺消费者有限的注意力和认知资源。为了吸引消费者的关注，实现品牌差异化，越来越多的企业开始采用代言策略。与明星代言人相比，虚拟代言人以其专属性、可塑性、零绯闻和广告成本低等特点备受企业的青睐。品牌虚拟代言人是消费者获取品牌信息的重要来源之一，其不仅是一种品牌识别符号，还是品牌与消费者建立关系的重要途径。在现实生活中，虽然虚拟代言人的使用范围越来越广泛，但是能够吸引消费者并受到消费者喜爱的虚拟代言人却屈指可数。因此，如何设计出能够吸引消费者并让消费者喜爱的品牌虚拟代言人成了企业面临的一大难题。

《北京青年报》的作者陈斯（2022）认为，伴随CG、人工智能等技术的发展与进步，真实与虚拟的边界正在消失。虚拟人物已跳脱曾经的"二次元"，频繁地活跃在现实世界的演唱会、秀场、游戏、社交账号中。放眼全球，围绕"虚拟偶像"的热情正日益高涨。但也有业内人士提醒，虚拟人物还存在恐怖谷效应、知识产权、身份认同等问题，人们应当对其"声音"和"光环"保持警惕。完美偶像初音未来、前沿实验型的DOKU、时尚博主Imma、智能助手COH、行业专家华智冰……这些虚拟人物与真实人物一样，拥有着自己不同的身份和背景，他们可以有自己的社交账号发布日常生活，也可以以全息投影的方式登上娱乐综艺节目，在演唱会上大秀才艺，甚至可以开启实时直播和网友互动。任何一个虚拟人物的背后，都有一个运作的主体，还有一个幕后推手，其中包括品牌、零售商、个人创作者、娱乐公司、游戏公司、技术公司等。从2017年开始，虚拟人物合作风潮渐起，汽车、快速消费品、美妆、时尚等行业的合作广泛且逐步深入。相比真人，虚拟人物的优势在于具备高度可控性，并且给人们"有新意""打破次元""高科技"等印象。不过，一份《2021全球时尚虚拟人物研究报告》指出，虚拟人物在有些场景跟与真人相比难以分别，这一情形受到不少质疑。

第一是恐怖谷效应。这是一个关于人类对机器人和非人类物体的感觉的假设，在1970年由日本机器人专家森政弘提出。他认为："机器人与人类的相似程度达到一个特定程度的时候，人类对它们的反应便会突然变得极其负面和反感，哪怕机器人与人类只有一点点的差别，都会显得非常显眼刺目，从而产生僵硬恐怖的感觉，犹如面对行尸走肉。"

第二是知识产权等法律风险。如果虚拟人物在现实生活中拥有原型，可能会出现侵犯个人肖像权的潜在风险。使用虚拟人物进行广告传播还可能被指定为虚假营销，尤其是在美妆等品类。例如，虚拟人物推广口红进行试色就曾引起不小的风波。

第三是身份认同。外貌过于真实的虚拟人物使消费者难以区分，长此以往可能会损害人们的情感。例如，国外的虚拟博主 Lil Miquela 出道时曾"隐藏"自己虚拟人的身份，两年后遭遇黑客事件后自曝是虚拟人物，这惹得不少网友恼羞成怒。有些人严重怀疑自己的智商，更多人则难以接受模仿了两年穿搭风格的博主居然是个假人。

此外，因为虚拟人物在各方面人设完美，粉丝群体又相对年轻，不少学者认为会对青少年产生不良影响，因为这样不切实际的"幻想"在现实中根本无法达到。

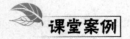

虚拟代言人的结构失调程度对品牌态度的影响机制研究

（资料来源：张宁，李观飞. 虚拟代言人的结构失调程度对品牌态度的影响机制研究[J]. 营销科学学报，2017(3): 19. ）

1. 研究背景

品牌虚拟代言人（以下简称虚拟代言人）又称品牌角色品牌卡通形象等，是企业为了促销产品或宣传品牌而创造的、反复出现的虚拟角色，是一种特殊的品牌象征符号，它能够向消费者象征性地传递品牌的属性和利益，是一种个性化的、拟人类的视觉图像。虚拟代言人不仅能够增强消费者对广告的关注度、对品牌的识别度和认同度，还能提高消费者对品牌的信任度，进而产生积极的品牌态度，提升品牌资产。国内外相关研究表明，虚拟代言人不仅能够增强广告的可信度、扩大品牌的知名度还能够提高消费者对品牌信息的回忆程度，增强消费者对品牌的识别能力，改善消费者对低卷入度产品的态度，进而增强消费者与品牌之间的关系等。但是，鲜有学者关注影响虚拟代言人形象特征的具体因素。本研究提出，虚拟代言人的物理特征（如虚拟代言人的外貌特征、结构等）能够影响消费者对虚拟代言人形象特征的感知，进而对消费者的品牌态度产生影响。

2. 研究假设

H1：对于头大身体小的虚拟代言人而言，虚拟代言人的可爱性与消费者的感官体验在虚拟代言人的结构失调程度与品牌态度之间具有连续中介效应。

H2a 对于头大身体小的虚拟代言人而言，虚拟代言人的结构失调程度对虚拟代言人的可爱性具有显著的正向影响。

H2b：虚拟代言人的可爱性对消费者的感官体验具有显著的正向影响。

H2c：消费者的感官体验对品牌态度具有显著的正向影响。

H3：对于头大身体小的虚拟代言人而言，产品卷入度对虚拟代言人的结构失调程度与品牌态度之间的关系具有调节作用。对于低卷入度产品，虚拟代言人的结构失调程度对品牌态度的影响存在显著差异；对于高涉入度产品，虚拟代言人的结构失调程度对品牌度影不存在显著差异。

3. 研究方法

实验一的目的是考察头大身体小的虚拟代言人的结构失调程度对品牌态度的直接影响及其边界，如图 6-20 所示。根据预实验结构所确定的相应实验材料，实验一采取虚拟代言人的结构失调程度：结构正常适度失调高度失调产品卷入度（高，低）的组间实验设计。另外，实验一主要涉及品牌态度、匹配度和产品卷入度3个构念。以上量表均采用李克特7点量表进行测量。

被试被随机分组进入相应的实验室，在实验过程中，我们首先向被试解释虚拟代言人及虚拟代言人的结构失调程度的定义；其次向被试展示虚拟代言人并介绍其所代言的产品类别；再次请被试对虚拟代言人所代言产品的品牌态度进行评价；最后对虚拟代言人的结构失调程度、产品卷入度、虚拟代言人与产品的匹配度等进行操控检验和对被试的统计信息进行测量。共有156名在校大学生参与了实验，剔除不完整问卷，我们最终得到有效问卷139份（被试年龄在18~23岁）。

结构正常　　　适度失调　　　严重失调

图 6-20　3 种不同结构的虚拟代言人

4. 数据分析

首先，我们对量表的信度和效度进行检验，并对"头大身体小"虚拟代言人的结构失调程度、产品卷入度及匹配度进行操控检验。结果表明，品牌态度、产品卷入度及匹配度的 α 值均大于 0.8、KMO 值均大于 0.7（测项如表 6-5 所示）。被试对虚拟代言人的结构失调程度的感知存在显著差异 $M_{结构正常} = 4.34$，$SD = 2.31$ vs $M_{适度失调} = 5.95$，$SD = 2.00$ vs $M_{高度失调} = 7.12$，$SD = 2.41$；$F(2, 136) = 19.58$，$p < 0.01$。手机（$M = 5.59$，$SD = 1.304$）和洗衣粉（$M = 3.22$，$SD = 1.49$）之间的卷入度存在显著差异 $[F(1, 137) = 99.92, p < 0.01]$；手机（$M = 3.00$，$SD = 1.08$）、洗衣粉（$M = 3.31$，$SD = 1.31$）与虚拟代言人之间匹配度不存在显著差异 $[F(1, 137) = 2.35, p > 0.05]$。

表 6-5　量表测项、来源及信效度

变量	测项	来源	信度效度
产品卷入度	我作手机这类产品的购买决策时会花费较多精力 我购买手机这类产品时会花较多时间，慎重选择 我购买手机这类产品时会经过仔细思考，认真比较 购买手机这类产品时，我会综合分析产品的相关信息	凌卓，2008	Crobach's α = 0.97 KMO = 0.85
匹配度	我认为这个虚拟代言人为手机这类产品代言是情理之中 我认为这个虚拟代言人为手机这类产品代言是恰当的 我认为这个虚拟代言人与手机这类产品具有相关性 我认为这个虚拟代言人与手机这类产品很匹配	Garretson and Niedrich, 2004	Crobach's α = 0.89 KMO = 0.75

续表

变量	测项	来源	信度效度
品牌态度	我认为×品牌应该是好的 我认为×品牌应该会让我满意 我认为×品牌应该会让我感到愉快	Mackenzie and Lutz, 1986	Crobach's α = 0.91 KMO = 0.75
可爱性	我觉得这个虚拟代言人很讨人喜欢 我觉得这个虚拟代言人很可爱 看到这个虚拟代言人时，我会感觉很愉快 我觉得这个虚拟代言人很有趣	Mize and Kinney, 2008	Crobach's α = 0.95 KMO = 0.81
感官体验	我认为×品牌应该会给我留下深刻的感官印象 我认为×品牌应该会在视觉、听觉等感官方面很有趣 我认为×品牌应该能够吸引我的注意	Schmitt, 1999	Crobach's α = 0.88 KMO = 0.71

引入调节变量产品卷入度后，我们进行双因素方差分析。结果显示，对于"头大身体小"的虚拟代人而言，虚拟代言人的构失调程度对品牌态度的主效应显著[$F(2,133) = 4.26$, $p < 0.05$]；产品卷入度对品牌态度的主效应不显著[$F(1,133) = 1.65$, $p > 0.05$]；产品卷入度与虚拟代言人的结构失调程度对品牌态度的交互作用显著[$F(2,133) = 3.41$, $p < 0.05$]。具体而言，对于高卷入度产品而言，虚拟代言人的结构失调程度对品牌态度的影响不存在显著差异[$F(2,70) = 0.05$, $p > 0.05$]，且虚拟代言人的三种调节程度的两两之间对品牌态度的影响存在显著差异（$M_{结构正常} = 3.48$, SD = 1.05 vs. $M_{适度失调} = 3.53$, SD = 1.18, $p > 0.1$；$M_{结构正常} = 3.48$, SD = 1.05 vs. $M_{高度失调} = 3.57$, SD = 0.68, $p > 0.1$；$M_{适度失调} = 3.53$, SD = 1.18 vs $M_{高度失调} = 3.57$, SD = 0.68, $p > 0.1$）；对于低卷入度产品而言，虚拟代言人的结构失调程度对品牌态度的影响存在显著差异[$F(2,63) = 8.37$, $p < 0.01$]。结构正常的虚拟代言人对品牌态度的影响（$M = 3.11$, SD = 0.86）与适度失调（$M = 3.88$, SD = 1.23）、高度失的虚拟言人对品牌态度的影响（$M = 4.22$, SD = 0.52）均存在显著差异（$p < 0.01$），但是，适度失调的虚拟代言人对品牌态度的影响与高度失调的虚拟代言人对品牌态度的影响不存在显著差异（$p > 0.1$）。H1和H3假设得到支持。

实验二的目的是验证虚拟代言人的可爱性与消费者的感官体验在"头大身体小"虚拟代言人的结构失调程度与品牌态度之间的连续中介效应。实验一的研究结果表明，对于低卷入度产品，"头大身体小"虚拟代言人的结构失调程度对品牌态度的影响存在显著差异。因此，在实验二中，我们选择洗衣粉及实验一设计的虚拟代言人作为实验材料，研究"头大身体小"虚拟代言人的结构失调程度对品牌态度的影响机制。基于实验一的实验设计，实验二加入虚拟代言人的可爱性和消费者的感官体验两个构念。实验流程与实验一相似，只是增加了对虚拟代言人可爱性和消费者感官体验的测量。招募深圳某高校106名大学生参加了实验，我们得到有效问卷101份（年龄在18~23岁；女性 = 67）。

数据分析虚拟代言人的结构失调程度、产品卷入度及匹配度的操控检验结果与实验一基本一致。虚拟代言人的可爱性及消费者感官体验的 α 值均大于0.8，KMO值均大于0.7。我们把"头大身体小"的虚拟代言人的结构失调程度作为自变量，可爱性与感官体验作为中介变量，品牌态度作为因变量，使用Process插件model 6进行分析。结果显示，如图6-21

所示，虚拟代言人的结构失调程度对可爱性具有显著的正向影响 $[\beta=0.38, t(98)=2.43, p<0.05]$，支持可爱性对感官体验具有显著的正向影响 $[\beta=0.58, t(96)=6.96, p<0.01]$，支持H2b；感官体验对品牌态度具有显著的正向影响 $[\beta=0.27, t(94)=3.53, p<0.01]$ 支持H2c。控制可爱性与感官体验后，"头大身体小"虚拟代言人的结构失调程度对品牌态度的主效应不显著 $[CI=-0.37-0.04, t(94)=-1.61, p>0.10]$，置信区间CI包含0，表示结果不显著（陈瑞等，2013）。这说明可爱性与感官体验在"头大身体小"的虚拟代言人的结构失调程度与品牌态度之间具有连续中介作用（CI：0.09～0.19），H2得到验证。

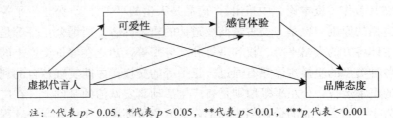

注：^代表 $p>0.05$，*代表 $p<0.05$，**代表 $p<0.01$，***代表 <0.001

图6-21 模型及数据分析结果

思考题：
（1）广告研究有哪些相关的理论知识？
（2）什么是广告文案测试技术？有什么作用？
（3）什么是广告媒体测试技术？有什么作用？

6.4 广告设计伦理与原则

广告伦理是指任何内容和形式的广告行为都必须遵循的道德准则和行为规范的总和。具体来说，是指广告参与者（包括广告主、广告制作者、广告发布者、消费者）在广告活动中所发生的人与人之间的行为规范和准则，其中最主要的是广告和消费者关系的行为准则与规范。广告伦理本质是广告道德问题，它服从于整个社会的伦理。

广告伦理是对广告和与广告活动有关的优良道德的制定及实现途径的研究，它包括两个层面的含义：一是建立在广告活动特征和基础上的优良道德的准则；二是与广告活动有关的优良道德的实现途径。前者是指在分析作为社会道德主体设立道德原因的同时，对与广告活动相关的行为进行分析，从而确立广告行为的伦理准则；后者则是探求如何使广告活动主体遵守所制定的道德准则，从而在广告活动中遵循优良的道德规范。广告设计伦理的原则包括以下几点。

1. 诚实守信原则

根据纪良纲的论述，所谓诚实守信是："要求各交换主体在交换活动中诚实经营，信守承诺、货真价实、童叟无欺。"从广告活动的角度来看，诚实守信原则即依据向消费者提供信息推动商品或劳务销售的原则，广告商通过大众媒介向消费者真实、准确地传达有关商品性能、质量、规格、品种、特点的信息。同时广告从业人员与广告主要诚信，讲信用、言行一致、信守承诺，在现有的广告传播环境下，人们认为对广告的真实性和广告经营活动的诚信缺乏有力的约束和关注。一项有关广告公信度的调查显示，"20 世纪 80 年代初期的广告公信度几乎是 100%，90 年代达到 80%，而现在广告的公信度据资料显示已经降至 39%，并且愈加朝着迷惑性强，难以判断的方向发展。"所以在广告经营活动中，要求广告主、广告代理商和发布广告的媒介组织在诚信经营、真实告知的前提下，谋取自身的正当利益。

2. 公正平等的原则

马克思在其著作《资本论》中指出，"商品是天生的平等派"。公正、平等、正义是商业活动所要遵循的原则，也是人类古老商业道德的重要内容。所谓公正平等是指在交易过程中，交换主体各方的人格平等、权利平等和义务平等，建立在等价交换上的利益均等。各个层次、各种类型的交换主体只有通过公正平等的交换，才能实现各自的利益，从而推动市场经济的正常运行。公正平等原则是在广告活动真实诚信的基础上，在广告活动的竞争态势下，为生产同类产品的企业创造一个公平的竞争环境。在行业竞争过程中，不能通过非正当的手段诋毁或贬低同类商品。公正平等的原则要求让所有的竞争者都能享受平等的竞争机会，并且获得与所付出相等价的利益回报，同时要求在广告传播过程中传授双方地位上的平等以及对广告评价的客观公正。

3. 维护公共利益的原则

广告不仅是一项与经济活动有关的传播行为，而且是能够产生一定社会效益的文化活动，通过传递与商品有关的信息，影响和渗透于人们的社会观念之中，从而在一定程度上改变人们的思想观念和行为方式。所以广告在追求自身的经济目的、实现利益最大化的同时，要维护社会的公共利益。这就要求"广告的传播要符合道德标准，符合个人利益和集体利益，从而最大限度地保护社会的公众利益"。要做到维护社会公共利益，一方面，广告运用自身的传播手段将与商品有关的有用信息传递给受众，达到信息的沟通，从而使消费者有了更明确的选择。通过广告活动创造流行和时尚，引领着人们朝着一种积极健康的方向发展。另一方面，广告从业人员要以身作则，要以是否符合社会公共利益作为标准和尺度，以维护公共利益为目的，要求在广告创意过程中，崇尚文明、健康，倡导积极的消费观，在广告发布上合理配置媒体资源，既关注广告传播的实际效果，又关注广告传播在社会文化传播方面能否起到积极的影响作用，努力营造文明、友好、健康的广告传播环境，促进整个行业的可持续发展。遵循广告伦理原则不仅对于我国经济社会的发展至关重要，对于和谐社会的构建也具有重要的现实意义，将促进精神文明的发展。

即测即练

自学自测 扫描此码

第7章 商业研究报告的主要内容

本章提要

了解商业研究报告的主要内容有助于我们形成系统性认知和全局性认知。商业研究报告的内容结构也可以不局限于本书提出的结构,但应该至少包括本书中提出的内容。

本章详细阐述了商业研究报告每一个部分的主要形式和内容,对于研究报告的撰写与设计提供了可以借鉴和参考的模式。

一份完整的商业研究报告,内容应该包括以下几部分。封面:项目名称、公司名称、报告日期;目录:报告的页码与内容结构;摘要:关于报告内容的简介;背景:商业研究报告的背景以及调研的意义;方法论:介绍如何完成商业研究,采取了哪些方法,样本数量多少;主要内容:报告的核心内容,根据数据得出的结论;建议:以及给出的建议;附录(参考资料、问卷、数据表)。

学习目的

1. 了解商业研究报告封面的内容与设计;
2. 了解商业研究报告目录的创意设计;
3. 了解商业研究报告附录包含的内容;
4. 了解商业研究报告摘要的撰写与要点;
5. 了解商业研究报告背景的撰写与要点;
6. 了解商业研究报告内容的撰写与要点;
7. 了解商业研究报告建议的撰写与要点。

重点与难点

1. 商业研究报告摘要的撰写;
2. 商业研究报告内容的撰写;
3. 商业研究报告内容的立意。

7.1 封面、目录和附录

7.1.1 封面设计

我们常说封面设计就是商业研究报告的一道"开胃菜"。因此,必须精心选材,做好封面设计。

1. 封面的内容

封面一般包括:项目名称、编制单位名称、编制日期等几项内容。同时,我们还可以另外添加一些内容:报告编制单位或报告负责人的二维码、报告编制单位的 logo、报告编制单位标语等。除以上内容外,不建议再添加其他信息。简单、明了是封面设计的首选。

2. 封面的排版

绝大多数人倾向的排版方式是纵向排版,这种排版方式比较符合人们的阅读习惯。文字大小根据版面设计调整。字体大小选择的一般原则是:项目名称最大、报告编制单位名称其次、报告编制日期最小。

当然,也可选择横向排版的方式,不过这对版面设计要求稍高一些,一般要专门设计。

3. 封面颜色

一是封面字体的颜色:常用的颜色有蓝色、黄色、红色、黑色和白色,这几种颜色无论是打印效果,还是放映 PPT 的效果,都非常具有表现力,同时也是最常见的选择。

二是封面背景的颜色:封面背景色要结合编制方案来选择,一般不是单一的颜色,都会选择与项目匹配的图片作为背景。

如图 7-1～图 7-3 所示,举例:

- 艾瑞数据研究中心的报告封面设计风格一般都会选择红色为基调,再搭配与编制项目相关的图形来设计封面,简单明了,贴合主题。
- 盼望智库撰写的《中国商业银行数字化转型调查研究报告》,封面设计选择蓝色为背景基调,强调银行数字化转型是一个新的蓝海市场。
- 某地产项目策划公司负责的《岳阳·天伦城项目商业策划报告》,其封面设计选择城市意向图、地产项目概念图等为背景基调,强调项目的设计理念和位置。

图 7-1　艾凯数据研究中心报告封面
(来源:艾凯,艾瑞的报告封面)

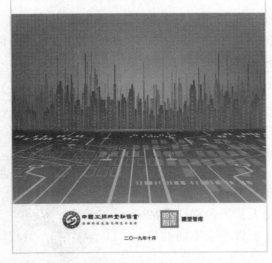

图 7-2　盼望智库研究报告封面（来源：百度图片）

图 7-3　《岳阳·天伦城项目商业策划报告》封面（来源：百度图片）

4. 封面与正文的搭配

如果说封面是"开胃菜"的话，那么正文就是"主菜"了，二者必定是相互关联的，

第 7 章　商业研究报告的主要内容

风格必须统一，以达到前后呼应的效果。但二者又是相互制约的，有主次关系，封面的色调可以尽量丰富，因为文字少，我们可以放大字体从而不影响阅读。但正文的色调要尽量单一、简单，不要喧宾夺主，尽量让阅读者的视觉可以停留在文字内容上面。

5. 封面的中心思想

封面的文字不宜过多，但又要让阅读者一目了然。这对我们选题命名就有较高的要求。封面主题一定要概括出整个商业研究报告的中心思想，也就是要告诉大家你整个商业研究的重点是什么，以达到吸引眼球的目的。

7.1.2 目录设计

目录在书籍、PPT、画册中经常见到。然而，对于商业研究报告而言，目录设计更是个人设计风格的一种体现。目录页通常设置在封面之后、正文内容之前，也就是商业研究报告能给他人留下最初印象的关键内容的组成部分，所以与众不同的目录设计必不可少。

1. 突出数字的创意目录

突出数字元素的目录设计是一种常见的方式，项目内容通过数字元素来体现，使项目内容一目了然。然后，再通过搭配一些线条起到修饰和区分的作用，如图7-4、图7-5所示。

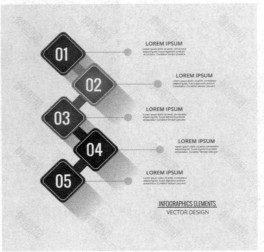

图7-4　突出数字的创意目录示例
（来源：百度图片）

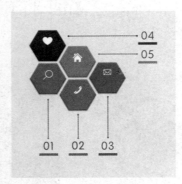

图7-5　突出数字的创意目录示例
（来源：百度图片）

2. 突出文字的创意目录

突出文字的创意目录设计，就是以文字为重点来叙述商业研究的主要内容。这种方式是一种少见的目录类型，却别具一格，如图7-6、图7-7所示。

图 7-6 突出文字的创意目录示例
（来源：百度图片）

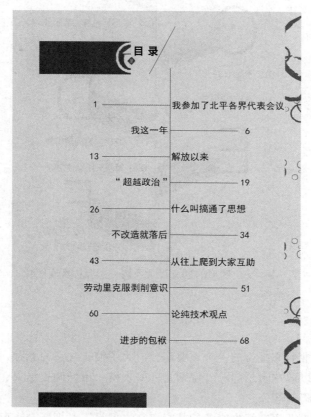

图 7-7 突出文字的创意目录示例（来源：百度图片）

3. 突出图形的创意目录

突出图形的创意目录设计，是用图形的方式来呈现商业研究的主要内容。比如，第一部分主要阐述的是 A 车型，就用 A 车型的真实界面作品来展示；第二部分主要阐述的是 B 车型，就用自己真实的 B 作品来展示。

商业研究方法与应用

目录页的呈现方式是有讲究的,客户从你的目录图文中,能够快速感知你的团队水平。高水准的商业研究报告其封面设计也会极为用心,他们一般会在目录设计中标明序号、主题目录名称和相应的图片,这样能加强客户对商业报告的总体印象,同时也方便阅读。

突出图形的创意目录示例如图 7-8 所示。

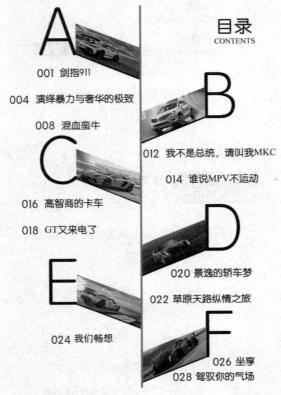

图 7-8 突出图形的创意目录示例(来源:百度图片)

7.1.3 附录

附录同样是商业研究报告的一个重要部分。为了使正文言简意赅,许多不能在正文中过多叙述的内容可以放在附录部分。特别是一些表格、市场调查结果、相关的辅助证明材料等,都应该放在附录部分。

虽然附录作为商业研究报告必备的补充资料,但是不必把所有东西都放入附录,只需放入那些能真正增加正文报告说服力的资料。

一般附录包括:

(1)重要合同;

(2)信誉证明;

(3)图片资料;

(4)分支机构表;

（5）市场调查结果；

（6）品牌创始人履历；

（7）产品和品牌信息；

（8）生产制造信息；

（9）推广宣传资料；

（10）重点项目和推进进度表。

7.2 摘　　要

一篇文章的摘要部分是全文中所要阐述问题的关键区域，商业研究报告也不例外。看完商业研究报告的摘要部分，必须让委托方（或投资者）能够对当前的项目有一个大致的了解，然后商业研究报告的正文部分再叙述具体的、细节的内容。

具体来说，一份商业研究报告的摘要至少要包括4方面的内容，一是简要阐述研究的主要目的或要解决的关键问题是什么；二是简要阐述研究采用的主要方法和研究的主要对象是什么；三是简要阐述研究的主要内容和主要完成了哪几项关键研究；四是研究的结论和结果是什么，这部分要特别突出新的见解和观点。

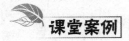

西南财经大学营销策划大赛"酱尊妙品"的摘要

（资料来源：本案例由侯登峰等编写）

本策划是为贵州仁怀市酱尊妙品酒业有限公司在酱香型白酒市场中寻找目标顾客及扩大此新品牌的知名度，以提高销量而制定的品牌推广营销策划方案。

我们结合二手数据和问卷调查结果，运用 SPSS 对数据进行深度的专业化分析，初步揭示了目标消费者的消费需求和心理预期。同时考虑到目前酒类市场竞争激烈，我们将酱尊妙品（弱势品牌、新产品）定义为市场补缺者，选择小众但极具潜力的利基市场。因此，本次策划品牌推广的主要目标顾客锁定在西南地区、具有较高的收入和社会地位，且对白酒有一定需求的30～50岁中青年男性。为了让尊酱妙品在众多酒类品牌中形成鲜明的品牌形象，本团队通过品牌差异化，创新性地提出了一个全新的品牌定位：尊酱妙品——品质酱香酒首选·享成功·常陪伴。

西南财经大学营销策划大赛"××生鲜"的摘要

（资料来源：本案例由王思卓等编写）

本案策划以泰国××集团进入中国新零售市场为背景，生鲜类食品为产品，以该品牌在产业中快速建立相对应的品牌影响力为目标而制定的特质化营销方案。

本团队认为:目前环境下的生鲜类新零售市场产品趋近于同质化,客户群体对于相关产品的选择,一方面依赖于产品的品牌形象与口碑宣传;另一方面则依赖于产品所举办的相关营销活动。因此本次的营销重点主要集中于:特质化品牌形象建立,产品服务的区分与品牌口碑的建立。

通过大量的市场调研和分析发现,在×××地区,20~30周岁的消费者群体对于生鲜产品有着较高的兴趣与消费能力,对产品的品牌形象和特色活动敏感度最高,同时依赖于网络评价等口碑评价方式,对于线上宣传的接受度较好。因此选择与目前××生鲜产品"保持初心,高品质,独特化,包容化"的品牌形象相吻合的群体,即20~30周岁,对生活方式有自身理解,自我态度的新时代年轻人作为本次营销的目标客户群体。由于该部分客户群体受到新时代文化影响较大,生活方式与思维方式与传统相比有较大差异,对于生鲜产品的要求发生了偏移。因此团队以"正当拾"系列活动为宣传方式,从"产品销售形式""产品组合形式""产品服务内容""产品购买体验"4个方面对产品品牌进行了符合该部分群体的特质化宣传;以"正优鲜""正华年""正有味"系列宣传为宣传逻辑,强化产品所具备的"新鲜,好味,优质"的产品形象。同时利用品牌社区头部粉丝群体的圈内口碑营销,进一步拓展对应的客户群体,巩固"负责任,有担当,与时俱进"的大企业品牌形象。

思考题:
(1)上述两份商业研究报告的摘要是否包含了4个方面的关键内容?
(2)上述两份商业研究报告的摘要在撰写上各有什么优点和不足?

7.3 研究背景

对于一份高质量的商业研究报告而言,创业者在创业之初就必须想清楚并在商业研究报告(或商业计划书)中写清楚,为什么这个时点要做这个项目,做这个项目的未来发展空间到底有多大,政治、经济、文化和技术环境等是否会对该项目产生影响等问题。即便是那种所谓的"站在风口上,猪都能飞起来"的好项目,也需要想清楚这些关键性问题。要想搞清楚这些问题,首先可以从宏观和微观两个层面上进行论述。

7.3.1 宏观背景

1. 行业趋势

初创企业之于其所处行业,犹如一艘小船之于大海。顺风顺水,则事半功倍;逆风逆水,则事倍功半;风高浪急,则船覆人翻。把握好行业大趋势,因势利导、顺势而为,方能在日趋激烈的竞争中存活下来。

每个行业的情况和特点都会有所不同,对行业趋势的把握大致可以从以下几个角度论述:行业特征简述、行业发展总体趋势、行业目前所处阶段、行业发展关键性事件、行业总体格局及细分领域、行业已开发及待开发市场规模、行业投资额和销售额等。这部分必须以大量的数据为支撑，可采用图表等可视化表现形式，客观、形象地展示行业的发展态势。

数据搜集的过程既是商业研究报告撰写准备的过程，也是创业者熟悉行业情况、找准切入点和时机的过程。行业数据主要可以从以下 8 种渠道去获取：

（1）国家统计局等政府网站公布的统计数据；
（2）各种平台上的行业报告、研报、专题研究；
（3）同行业上市公司的年报、公告等公开资料；
（4）同行业发债主体的募集说明书、评级报告等公开资料；
（5）专家学者的学术专著、论文；
（6）咨询行业协会、行业专家或行业资深人士；
（7）从行业上下游或相关企业着手，侧面了解部分行业数据；
（8）自行组织团队或外聘咨询公司对目标市场进行深入调研。

2. 政策支持

如果说行业趋势是水，那政策就是风。尤其是在中国，政策支持的行业不但可以享有各种税收优惠、政府补贴、专项资金，在融资上也有更大概率得到银行等金融机构或是其他投资人的资金。这里所提及的政策不仅仅只是专门针对行业的政策，只要是能够对企业所处行业或是企业所处地区产生正面或负面影响的政策、法律法规、政府会议纪要、通知公告等政府文件都应该引起注意。

一般来说，需要关注的国家、省、县/区、市的政策包括但不限于：政府的五年、十年或十五年近期、中期和远期规划、行业/区域的长期战略规划、国家和当地的产业扶持政策、税收优惠政策、专项补贴申报，以及行业相关制度法律、行业人才引进等政策。另外，涉及企业的设立、研发、经营、销售、税收、股东利润分配、投融资等相关的政策也需要关注。

政策方面的数据相较于行业数据更为容易找到，在政府公开网站或者行业新闻中一般都可以找到。但可能会比较琐碎分散，需要进行整合。也可以从一些已经归纳总结好的行业报告、研究报告等中去直接引用。政策支持力度变化与行业趋势变动是高度相关的，这两个部分在资料搜集的时候会有所交叉，所以在具体撰写商业研究报告时应根据实际情况进行选择。但值得注意的是，在政策的选择上只需要选择几个重要的，列出名字、发文机构和归纳核心要点，能表明政府对于行业发展是高度支持的即可。千万不要把所有的政策和文件全部抄录上去，这会既无重点，也显得不够专业。

3. 其他重要背景

能够对企业产生重大的正面影响或负面影响的变化或标志性事件，包括国内外经济形势、社会人口结构、消费者心理等重大变化等。比如，政府加大对行业基础设施的投入、知名投资机构投资该行业、行业龙头企业进一步扩大市场规模、行业出圈热点等标志性事件。

在实际撰写商业研究报告的过程中，需要结合企业及其所处行业实际情况，考虑商业研究报告的使用场景及表现形式，舍小放大，凸显关键性信息。

7.3.2 微观背景

1. 用户需求

主要是分析产品/服务能否满足用户需求,解决的是客户为什么要买企业的产品/服务的问题。企业商业模式的核心就是满足用户需求,为用户创造价值。这个需求可能是企业全新的产品、服务或商业模式所催生的,也可能是之前没有得到满足或者得到满足但仍有上升空间的。无论是何种需求,首先都要确定这种需求是真需求还是伪需求,这决定了客户最终是否愿意付费来购买企业提供的产品/服务。而这一需求在用户需求层次中的重要性,又决定了客户购买产品/服务的预算和频率。

对于用户需求的挖掘,既需要搜集各种现有数据,也需要实地探访用户/客户,与足够数量的用户/客户面对面交谈,掌握其真实需求。千万不要坐井观天,仅凭自己的想法主观臆断用户需求。判断需求真伪与强弱是商业模式形成闭环的关键,绝对值得花费足够多的时间去调研清楚。

2. 行业痛点

主要是分析产品/服务能否解决行业痛点,解决的是客户为什么不买本企业的而要买其他企业的产品/服务的问题。在这部分中,需要归纳出目前行业发展的痛点,列出行业现有的相同、相似或替代的产品/服务的特点和不足。初创企业要得到长足的发展,其产品/服务必须要能解决或部分解决行业痛点,才能够在市场竞争中获胜,才能够在后续的市场竞争中处于领先地位。

总体来说,行业痛点一般有以下几种。

一是不能解决用户需求的痛点。市场上没有相同、相似或替代的任何产品/服务可以满足用户需求。企业在此时进入该行业,能够迅速占领市场份额、占据垄断地位。

二是虽然现有的产品/服务能满足用户基本需求,但在用户群体、地域、价格、性能、质量、服务或个性化等方面仍存在扩大、提升、改善的空间。企业在此时进入该行业,其产品/服务必须进行差异化创新,补足现有市场的不足,方能在一片红海中开辟出属于自己的蓝海。

三是不能规模化生产的痛点。行业企业在商业模式上存在没有打通的环节,导致无法规模化生产或是成本降不下来、利润上不去等问题。企业在此时进入该行业,只有创新商业模式,打通关键环节,才能取得长足发展。

前面对于行业趋势、用户需求等方面的调研中,对行业目前的短板及痛点已经有所了解。然后要做的就是对比分析、归纳总结,以便后面引出本企业的产品/服务时,能更有力地论证产品/服务的核心竞争力所在。

3. 市场规模

前面主要阐述了为什么要在这个时点做这个项目的问题。对初创企业或者投资人来说,市场规模的大小也很重要。市场规模的大小关系到一个项目最多能做多大,关系到企业未来的发展空间,关系到企业能否保持长久的生命力。如果目前已有市场规模已经很大,一方面说明市场已经被其他竞争对手占领;另一方面说明未来可以发展的空间很小,此时初创企业不适合进入这个行业。如果市场规模总体很小或者缺乏延伸发展的市场空间，说明企业未来的发展空间受限，很难长期存活下去。

这里市场规模主要指的是企业所要专注的细分领域的市场规模，其中包括目前已有市场规模和未来存在的增长空间。必须以翔实的数据作为支撑，用客观数据说话。除此之外，也可以加入企业未来可以延伸发展的领域的市场规模，发掘企业未来更长远的发展空间。

"××生鲜"行业背景分析

（资料来源：本案例由王思卓等编写）

1. PEST分析

政治环境。国务院发布的《关于推进新零售发展（2018—2022）若干意见》提到，各区、县（市）要主动对接各类新零售龙头企业发展计划，在充分利用现有商业空间资源的基础上，预留布局空间。同时，在国务院常务会议中提出，要推进线上线下融合，利用数字技术更新传统服务的体验模式、交互模式、运营模式，支持生鲜零售新业态发展。此外，《国务院办公厅关于加快发展流通，促进商业消费的意见》中提到，将扩大农产品流通，加快农产品产地市场体系建设，拓宽绿色、生态产品线上线下销售渠道，丰富城乡市场供给，扩大鲜活农产品消费。与此同时，国务院《关于实施健康中国行动的意见》，倡导人们要健康生活。

经济环境。随着我国经济社会发展，人均收入水平不断提高，消费者的消费能力不断增强。2020年，全国居民人均可支配收入达到32 189元，比上年实际增长2.1%。按常住地划分，城镇居民人均可支配收入43 834元，比上年名义增长3.5%，扣除价格因素实际增长1.2%。农村居民人均可支配收入17 131元，比上年名义增长6.9%，扣除价格因素实际增长3.8%。另外，受超前消费等观念的推动，使得零售行业增长的速度也越来越大。

社会环境。①线上+线下新零售模式相较于线下购物，消费者更偏向于性价比较高的网络购物。在这样的经济大环境下，新零售开始成为零售业发展主旋律。在收入总额增加，增速上升的情况下，消费者对零售业发展会提出更高要求，这将直接推动新零售的普及和深入发展。线上线下零售从之前的割裂敌对走向最终的融合共赢，是大势所趋。②居民健康需求提高。2021年，中国内地总人口为140 005万人，巨大的人口数量给我国零售业的发展带来了庞大的消费群体和增长空间。第一，收入不低，经济自主，注重生存价值的独生子女、年轻人将成为消费主体；第二，老年人增加，促使社区食品生鲜零售的连锁店的发展，这将成为他们的首选。

技术环境。①新零售下的智慧物流技术不断成熟。如今，跨越速运所打造的铸剑系统，实现了系统与系统之间相辅相成，结合AI智能、云计算、大数据中心实现了场地使用率的提升、网点优化选址、路径规划、货量预测、智能机器人代替人工客服等，有利于新业务的开拓；再加上直营模式基因，强管控体系保证了服务和时效的统一性、稳定性。正因为智慧物流和速运的发展，给生鲜食品的新零售创造了可能性，尽可能地缩短运输时间。同时，冷链运输技术的提升也更好地保证了食品的新鲜。②新零售电商平台的发展。新零售电商平台,是企业实现O2O新零售电商平台的全过程信息化统一管理平台。通过会员、商品、订单、财务和仓储等管理系统,对线上线下多渠道业务统一管理,支持多样化营销和服务,提升产品销量,而大数据分析则帮助提升运营效率。

总体而言,××优鲜所在的生鲜零售行业在宏观环境较好的情况下,已完成了诸如无人工厂等新零售产业所必需的生产环节技术改革,但用户黏性不强,产品标准化程度过高,缺少网络营销的核心精神价值,自身品牌特色不明显,在市场已被大资本入驻的情况下不占优势。目前应该致力于自身品牌特色的培养,创造属于自己的专属消费人群。

2. 竞争分析

供应商的议价能力。 ××优鲜隶属于××集团推出的小业态品牌,其中以蛋类的高营养体现其高性价比吸引大量忠实的中老年群体;鸡胸肉作为爆品,又正巧符合当下青年人对健身的热衷;新鲜绿色的蔬食,迎合了爱美容的年轻女性。目标群众趋于多样性,覆盖领域愈发广阔。××集团给消费者以高品质、安全的形象映入消费者心中,其生鲜产业更是居于泰国的龙头地位。

同行业竞争者。 当前,国内消费愈来愈倾向于健康生活,国务院印发的《关于实施健康中国行动的意见》,阐述了饮食健康对于健康生活的巨大影响。结合国家对于互联网+大数据物流的布局,生鲜所需要的"新鲜"已经不是难题,市场潜力巨大。但是国内已有"盒马生鲜""顺丰优选"等多个互联网巨头入驻,为自身带来了挑战。当然,××优鲜致力于建设以全产业链为主的新零售模式,积极推进建设无人工厂和无人仓储系统,提升全产业链的透明度,符合当下年轻人对健康安全食品的要求,生鲜有效贴合了当下人群对自主体验氛围感的需求,具有较好的长期发展潜力。

替代品威胁。 ①购物中心占据了城市消费的绝大部分市场,已成为专营门店销售的替代品。以集合型超市为主的购物中心主要以价格优势和产品多样来性吸引购物人群。②农贸市场作为传统的生鲜销售市场,有着忠实的中老年消费群体,生鲜店对于中老年人的吸引力较弱,而年轻人对于生鲜的需求仍处于起始阶段,消费力不强,目前仅限于有特殊需求的年轻人群体和一二线城市。但是由于农广贸市场的较难管理性,并且农贸市场因其食品安全性原因,准入门槛较高,限制了农户的供应,因此生鲜店的发展前景可观。综上,农贸市场在下沉市场中对生鲜店的影响力极大,但是城镇化的发展又势必会给生鲜店带来更为广袤市场。

购买者的议价能力。 ××产品的新零售建设中线下销售略有建树,而线上运营模式尚未定型,网上定价销售能力较低,网络广告营销效应较差,不具备核心购买价值;线下销售同时也缺少核心竞争力,生鲜门店所提供的产品种类大致相同,差异化程度较低,消费者的黏性较弱,购买者的议价能力较强。

潜在进入者威胁。 随着人们消费水平的不断提升,生鲜产品的需求持续增长,生鲜已经成为日常生活中的高频必需产品,在零售消费市场中占据重要的地位。近年来,我国生鲜市场交易规模持续扩大,Ii Media Research公布的数据显示,2019年,我国生鲜市场的规模达2.04亿元,同比增长6.8%,但生鲜农产品网购行业的发展仍处于初级阶段。当前,越来越多的从业者和行业巨头想要加入其中,潜在进入者的威胁在进一步扩大。

3. SWOT分析

SWOT分析如图7-9所示。

Strengths	1. 百年品牌，形象良好，新零售的产业链建设趋于稳定 2. 全产业链，供应商供货稳定，自身生产过程透明可追溯 3. 社区零售能力强，符合生鲜日常购买 4. ××优鲜对自身企业的定位较为准确，具备较强的风险应对能力
Weakness	1. 产品标准化程度高，而消费者购物方式多样，××优鲜缺少消费者的认同，不利于扩展消费者群体 2. 自身品牌特色不明显，核心价值不突出，没有忠实的消费群体，黏性较低 3. 自身市场占比较低，被大企业的规模效应淹没 4. 未能完成较完善的线上App，线上广告营销较弱
Opportunity	1. 智慧物流和速运的发展，缩短了运输时间，降低了物流成本 2. 健康生活消费观念推动消费者选择比农贸市场更可靠的生鲜店，××优鲜全产业链使得食品的质量有保障 3. 国家对食品市场的管控要求加强，××生鲜行业具有国家宏观政策支持利好
Treats	1. 商品同质化严重，易被替代 2. 生鲜农产品门槛较低，越来越多的从业者想加入其中 3. ××优鲜自身特色不太明显，价格竞争不具优势

图7-9　SWOT分析

Strength。自1944年以来，××集团被《远东经济评论》先后6次评选为泰国百强企业之首，3次位居第二；2003年9月，××集团董事长被美国《财富》杂志评选为全球最具影响力的50位商界领袖；××集团自公司建立之初，从农作物种子的销售开始，逐步发展壮大，形成了由种子改良—种植业—饲料业—养殖业—农牧产品加工、食品销售、进出口贸易等组成的完整现代农牧产业链，成为世界现代农牧产业经营的典范；××优鲜店面主要集中于社区，而配送中心按一定辐射距离布局，有利于生鲜产品的运输和销售；××集团旗下的卜蜂莲花（生鲜超市代表）已经布局建设会员店，并与当下比较热门的O2O平台生活圈实现了战略合作，双方希望能在北京和上海的O2O市场实现一番作为。

Weakness。××优鲜在生鲜行业愈来愈趋向稳定化的态势下，较高的产品标准化，使产品缺乏个性化，这与年轻消费群体的个性化需求距离越来越远；××优鲜线下店面因其铺面和人工成本较高，不得已提高产品的价格，线下产品在消费者眼中逐渐贴上了"就是贵"的标签。××优鲜的小程序尚在建设中，无法享有物联网+互联网的时代红利，不具备线上的较高的定价能力和较低的边际成本，线上低成本、高流量的广告营销能力较弱。

Opportunity。互联网+运营模式的普及，使得物流行业物流网的建设更加简单高效，集成了TMS、VMS、数据中台系统、MAP、品控系统、内控系统等共计20多个大型管理系统。××优鲜在有效利用该类系统的条件下，可以有效降低运输时间和物流成本。

Treats。××优鲜的生鲜店虽然想立足于提高用户在店的体验感来吸引用户，但在生鲜业市场稳固的大趋势下，生鲜产品的不易创新性派生出了以新款单品吸引用户群体的可能，这种模式的出现成为该品牌新的威胁；由于短视频时代的来临，网购变得更有吸引力，这种模式的出现同样成为该品牌又一新的威胁。

4. 综合战略分析

SO战略。智慧物流结合自身社区型分布的门店，有利于发展四周辐散型销售业态，抓牢社区中的固定消费群体，不定期向较远地区销售生鲜，可以吸引潜在消费群体，扩大自身忠实群体用户量。由于店面在各小区都有分布,使得售后服务能得到更大的发展,用户的复购率也能得到更大的提高。自身全产业链给了××食品最好的质量保证,线下固定门店能给用户更好的食品安全感。

ST 战略。生鲜行业发展前景潜力巨大,先入住的企业能优先占据位置,给消费者宣传自身品牌特色,固定一部分消费者,提高挤占自身市场所需的成本,给后进入者提前设置障碍,稳固自身地位,但××优鲜全产业链的特色过于单调,线上营销能力较弱,无法将全产业链包装成更踏实有力的外化宣传,增加消费预期。

WO 战略。针对企业现存的线上销售的弱势,结合新零售发展的前沿,应紧跟时代发展的大趋势,将线下的销售占比逐渐减小,提高线上消费的比例,通过线上 App 的建设来降低边际成本,利用低成本的线上宣传发展规模经济。

WT 战略。经由全产业链衍生出来的销售特色并不明显,实体全产业链经营容易在网络的聚集效应冲击下丢失市场。

5. 市场现状

从产品角度分析,现阶段由于科技水平的提升,零售产业相关产品越发同质化,由产品质量所导向的传统营销思路已经不再适用于现阶段的环境。相对地,产品价格所占有的关注比重开始上升,即成本控制越低,规模化越好的产品越容易得到新兴消费者群体的偏爱。从消费者角度分析,目前的新零售市场竞争点的转型正在发生,由于技术进步所带来的消费者选择能力的提升导致该行业的核心竞争力由传统的"比质量,比价格",向新兴的"比服务,比文化"转移。在竞争转型的背景下,企业的文化能否引起消费者共鸣,企业的营销形式是否能吸引消费者成为决定新零售市场成败的关键因素。从企业角度进行分析,由于消费者可支配收入进一步提升,市场份额会扩大一定的空间。而由于大量竞争企业对于产品质量的同质化,企业对于文化与服务的提升相较于对产品本身性质的营销有更好的效果。进一步,由于"物联网+互联网"时代的到来,线上营销的营销效力与重要度会在后续进一步提升,成为相关企业竞争的焦点。建议公司从企业文化形象建设,线上渠道再完善,产品差异化提升这 3 个主要方面来设计营销方案。

思考题:上述商业研究报告展现了哪些重要的微观因素?他们如何通过材料去支撑论述的?

7.4 研究内容

商业研究的主要内容,主要围绕回答以下问题展开:

(1)我(或产品)是谁?我有什么优点和缺点,有什么独特的特点?

(2)我(或产品)来自哪里?我的原产地或技术来源?

(3)我(或产品)要去到哪里?我的目标市场在哪里?

(4)我(或产品)怎样去那里?我的渠道怎么构建?

(5)我(或产品)值多少钱?我的定价应该怎么设计?

(6)我(或产品)可以传递什么价值?除了功能价值外,我还有什么价值没有被提炼出来?

（7）我（或产品）怎么才能让消费者快速地知道我？我的品牌推广和促销活动怎么策划？

（8）我（或产品）怎么才能让消费者长久地喜欢我？我的品质如何更好地契合消费者的需求，如何做好产品迭代管理？

（9）我（或产品）可能面临哪些风险？我面临的竞争风险、消费者态度变动风险、财务风险等相应的规划是什么？

以上这些问题是商业研究报告中需要重点呈现出来的，只有明确上述问题，才能帮助委托方作出高效的决策。

即测即练

自学自测　　扫描此码

第8章 商业研究报告撰写的流程

商业研究报告撰写需具备的基础技能包括以下几点。

信息收集能力：明确信息收集的方向，善于使用信息采集工具；

逻辑分析能力：分析和提出问题的能力（有哪些核心问题）、解决问题的途径（推导结论、给出分解步骤）；

PPT 技能：基本版式（主题、配色、图片背景、标题、正文、配图）、图文排版、相对统一和美观的字体与大小；Excel 导入 PPT、Excel 转图示、Word 文件导入 PPT；简单的制图、修图能力；文件格式的相互转化（工具）；排版工具、插件等；

文字修饰能力：去口语化、提炼要点和关键词、简化长文案，文字凸显专业性和客观性。

8.1 报告准备过程

8.1.1 了解项目的基本情况和主要任务

基本情况：①工程项目包括坐落、位置、形态、工程与物业条件、建成情况、发展阶段；②新产品投放项目包括产品创新功能、产品期望价格、期望市场目标等；③品牌发展项目包括当前品牌影响力、品牌资产价值、品牌行业地位，以及期望品牌影响力、期望品牌行为地位等。

多数情况，基础条件是可以决定一个项目发展方向和成败的关键。比如，物业条件限制（层高不够、单层面积过小）项目发展，搞清楚基础情况才可以对项目下定论。

主要任务：研究报告的主要目的是要解决问题。不同的项目、不同的项目发展阶段、不同的业务需求导致我们要解决的问题不同，首先需要明确具体的任务（如项目定位报告、项目发展策略报告、项目招商报告、产品销售策略、品牌发展报告、竞品研究报告等），分析任务在于找到本次报告要解决的关键核心问题，有的项目定位报告是用来争取投资人的，而有的定位报告是要真正解决项目定位方向的问题的。

了解基本情况和主要任务，可结合过往经验，对要做的事情有一个轮廓和概念。比如，对于有经验的研究人员可以通过对标案例、对标报告找到可借鉴的解题思路。

8.1.2 收集项目资料和相关信息

全面收集项目资料和相关信息。包括项目的前世今生、发展趋势和演进逻辑。项目发展有其惯性，一些资料不一定会体现在项目上，但对于理解项目相当重要。例如，一个改造升级型项目，了解其为何停摆可对市场环境的认识更深入；了解其做过哪些方面的尝试，可从侧面论证新定位的可行性。

项目竞品的相关信息。要从两个层面去了解：其一是竞品自身的情况；其二是对竞品的评价，是要寻找能从侧面印证的有力证据。这里要特别注意信息是否有遗漏，因为某些潜在项目的威胁可能远远大于市场上已经存在的项目，而我们有时只会注意那些能看得到的项目。

市场口碑与消费者反应。受制于信息不对等，有时市场和消费者的反应是虚假的，这里对分辨信息的能力有一定要求，如是虚假信息则可以反向利用。最终要结合项目自身情况进行验证。

委托方需求与反馈。每个项目（任务）都有一个委托方，他的真实需求和反馈至关重要，但委托方对项目的目标带有主观性，常常与客观工作产生冲突，即工作可能无法满足其需求，或得不到满足其需要的答案。

针对项目的市场调研是全面收集项目信息的最重要工作内容。这也是为实现量变到质变的关键一步，尽可能收集项目相关信息是触发质变的最好方式。但是也要注意噪声信息的干扰，要坚定围绕主线任务做信息的筛选，建立项目的信息库。

8.1.3　思考和整合：建立解决问题的逻辑链条

如果有经验和灵感的完美结合，则很容易找到核心问题及其解决问题的思路；如果经验和灵感不足，则很可能没有找到核心问题的答案，这时就需要一些成熟的思考逻辑来引导和启发，常见的思考逻辑有以下 3 种。

正向：列出核心问题—问题分解—每个问题的答案（从信息库里去找）；

反向：关键信息节点列出—指向问题—给出结论；

侧向：市场与消费者＋对标案例—对照主线问题—结合项目情况—给出结论；

熟练掌握上述方法之后，可形成自己独特的思考路径。

如果问题仍未能解决，则需要进一步对信息进行补充和侦查。很可能在上一轮信息收集过程中有关键信息的缺失。也有另一种可能，就是固有思路和逻辑不能解决问题，则需要突破现有思考逻辑与认知范围，为问题建立一个新的假设，然后去论证新假设的可行性（可以说是一种创新的过程，最常使用的方法是跨界、模仿、重组、需求导向），论证新假设的过程同样可通过上述几方面来进行。

8.2　报告的撰写

首先要明确一点，撰写报告是为了营销你的观点，说服对方接受、按照你的解决方案解决问题。但是，报告不等于按照你的思考逻辑呈现一个文稿、PPT。因为报告的受众（你贩卖观点的目标）是委托方的某一个人或某一群人，其认知水平和信息掌握程度和你并不相同，这个过程是以你为主还是以对方为主？其主要决策依据是如何有利于通过研究报告（有时需要结合你的现场演讲、发散）营销你的核心观点。

（1）建立逻辑线。是指可以通过先提出问题，也可以先摆事实再提炼问题，或者通过一个案例或故事来引出问题,总之无定法、无成规。建议可参考麦肯锡等相关逻辑方法和问题解决路径,无经验时可多看同类报告并尝试模仿其内容呈现逻辑。

（2）确立美学风格。通过选择特定 PPT 主题、版式、配色等建立整个报告的美学风格（成熟的公司有其可识别的独特风格）；合适的主题、氛围能够起到更好的说服效果。

（3）分篇章。清晰展现报告的逻辑与构成；也可不分,自然道来,这主要取决于你报告的整体风格。

（4）填充内容。将信息库里的有需要的相关内容填充至各个板块,提炼关键词和关键节点（埋下伏笔或引子）。内容填充也有其风格,是非常丰满还是异常简洁？能用图展示的不用文字,能少文字的不多写一个字。

（5）随时调整。撰写报告的过程中随时调整报告的逻辑线和篇章。

（6）完成初稿。通读报告,检查逻辑线是否清晰,是否具有说服力,有无错别字、是否还需要优化或补充、删减的内容等。

（7）成稿。初稿完成后不妨先冷静一段时间（可以几小时到一天,时间允许不妨多等几天）,然后再来重新读报告,一定会有不一样的发现,随即可做进一步修改,完成最终的稿件。真正成稿可能经过几轮次的修改、审定,甚至颠覆,这是一个痛苦的过程,也是一个稿件脱胎换骨的过程。

如果报告需要现场展示,是否需要根据展示的需求（时长、展示逻辑等要求）进行相应调整,应该考虑在前或随时进行调整。

8.3　跟踪和反馈

无论报告（项目）中标、采用、实施与否,持续跟踪项目都很有必要。尤其对于未能实施或中标的项目,思考在另外的操作思路下会如何发展,这是有益的课题观察。比如,项目是否按照自己的思路和设想方向发展？你的预判有哪些发生了？真实的发展路径和你的认知有哪些偏差和出入,为什么？秉持客观的、学习的态度,学习成功或失败的经验,均有助于快速提升自己对项目和报告的认知。

即测即练

自学自测　扫描此码

第9章 商业研究报告撰写的能力要求

9.1 发现问题的敏锐眼光

商业研究报告，也可以理解为问题性调查报告或暴露性调查报告。这种报告的主要任务是通报情况、揭露问题、提出解决问题的思路。这就要求商业研究报告的作者应具备发现问题的敏锐眼光，能够在纷繁复杂的社会中发现值得关注的现象或问题。

敏锐的眼光来自高度的政治敏感性或市场敏感性。敏感性强的人，其鉴别能力、洞察能力都相对较强。他们往往能从改革和建设的实际出发，深刻揭示事物的本质和规律，使人看了能受到新的启迪。

例如，习近平总书记于 2020 年在与全国总工会新一届领导班子成员集体谈话时，提出了要培养更多大国工匠。为了抓住这个契机，××职业培训机构在职业技能培训这块业务上抢占先机，及时向有关主管部门递交了汇报材料，并得到了有关主管部门的支持。

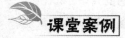

课堂案例

关于×联合会推进职业技能培训基地建设工作的汇报

（资料来源：本案例由唐小飞教授编写）

×××主管机构：

本单位主要从职业技能培训的视角，谈一谈我们对此次申报相关职业技能培训基地建设的几点想法。

第一，在普通高等院校内增加职业技能培训是一种趋势。

随着我国高校本科教育的普及化和规模化，每年向社会输送的大学毕业生数量远远超出了社会就业可以吸纳承载的数量。根据教育部发布的名单，截至 2020 年 6 月 30 日，全国高等学校共计 3005 所，其中本科院校 1258 所、高职（专科）院校 1482 所；成人高等学校 265 所（该名单未包含港澳台地区高等学校）。根据"中商产业研究院"的统计数据，2020 届全国高校毕业生约 840 万人（不含港、澳、台 758.5 万人），其中本科学历人数 395.7 万人，专科人数 363.8 万人（不含港、澳、台）。

一位参加招聘会的毕业生感叹，在招聘现场听到最多的一句话就是："博士您坐下，硕士你等下，本科你让一下。"等到本科生面试了，除了看你的出身以外，问得最多的一句就是："你会干什么？"这句话反映了大多数用人单位把本科生当成技校生来用。学历的含金量大幅缩水，本科生与大专生抢饭碗，大专生与中专生抢饭碗。

今年，我国各大高校和职业院校都通报了就业情况，就业形式十分严峻。一些职业院校率先提出，为了增强学生的就业率，更好地满足市场需求，准备将学生培养目标由学历教育改为 1+X 教育，即一个学历证书+X 个职业技能证，甚至一些学院已经开始探讨 1 门职业技能证书抵一个课程学分的制度改革。我们认为这既是一种趋势，也是一种对未来的预见，职业技能将成为本科学历教育的补充，市场对职业技能性工种的需求正在发生变化，发生的第一个变化就是对学历需求正在向上迁移。

在这里列举的案例，说明了一个问题，在高校大学生中增加职业技能培训，符合市场需求，符合社会发展的规律，对促进大学生就业具有重大的现实意义。

第二，在地方成立职业技能培训基地有利于满足多元化需求，能更好地提升高校参与技能培训的积极性。

一般来说，综合性大学设置的学科都比较齐全，涵盖哲、文、理、工、管、法、医、农林、经济、教育、艺术等学科门类，而且办学规模宏大。目前国内高校还出现了特色专科学院按综合性大学办，大学之间的兼并重组成为常态。这就决定了普通高校学科门类繁多，对职业技能等级证书的需求多元化。再有，高校学生越来越个性化，每个人的想法和需求都不同，这也要求职业技能等级证书的多样性。如果让学校与社会上的各种技能培训机构一一谈判是一件非常复杂的事情，增加了时间成本，也会抑制 1+X 计划的推进进度。因此，在地方成立综合性质的职业技能培训基地有利于满足多元化需求，能更好地提升高校参与技能的积极性。

第三，申报成立综合性职业技能培训基地，有利于获得当地政府的支持。

在××市就业局公告的职业技能补贴 123 个目录中，涉及行业协会主管证书的技能补贴的仅有十余项，还有近 130 项职业技能未列入补贴范围。职业等级技能培训只有下沉到地方，才能更好地促进其与各级政府协调相关补贴事宜，才更有利于获得当地政府的支持。当然，也只有列入了补贴目录的职业技能，才能更好地调动在校学生和社会就业人员的积极性。

第四，我们有长期的资源积累和经验积累来运作好培训基地。

以社会化合作模式推进技能等级培训基地建设是一种管理模式的创新，有利于调动各方资源群策群力，有利于更快地推进全社会职业等级技能能力的提升，扩大就业范围、增强国家整体实力。

首先，我们已经服务过的在校大学生人数约 30000 人，成人教育（含本科和专科）注册在校学生约 10000 人，按 25%的转化率计算，约有 10000 人次参加过职业技能等级培训。

其次，我们正在筹备"职业技能培训服务平台"，使线上线下相结合，终身技能学习管理，拓展了服务边界和服务周期。另外，平台以"要想增强企业核心竞争力，就要不断提高员工职业技能"为由，将平台打造成为职业技能等级培训转化的重要载体，构建企业员工技能学习、考试、就业转岗、再学习、再考试全生命周期的生态体系。初步估计，3~5 年的时间内，至少可以服务 10000 家企业，按 20%的转化率计算，最终可以转化 2000 家企业，预期可以转化 50000 名以上目标对象。

最后，依托长期与当地高校"校友会"合作形成的优势资源，有不少于 5000 名在地优秀毕业生在各类企业担任高管，通过校友会，以"为校友企业核心竞争力培育赋能"为使命，与校友企业共同建立"企业职业技能等级培训联合培养项目"，推进项目落地企业。保守预期年转化率为10000人次以上。

思考题：

（1）这份研究报告如何体现了撰写人发现问题的敏锐眼光？

（2）这份研究报告是否能够达到解决关键问题的目标？

9.2 深入调查的实干手段

问题性调查报告只有在调查工作深入扎实进行后，才能得出较为客观准确的结论，调查工作有赖于手段的多样性和有效性。调查通常采用座谈、走访、咨询、查证等手段，发挥不怕吃苦、排除万难的毅力，深入蹲基层，到现场得到第一手资料。

例如，考查组对驻乡干部考察时，就有领导提出："要看基层工作抓得实不实，就看他下乡工作时乡民家的狗叫不叫。"

例如，某国家企业拟与××直播培训学校合作。

第一种是开调查会。召集知情人、参与人或者有经验的人开调查会，了解情况，这是实地调查常用的一种方式。

第二种是专家调查法。通常是以函询调查的方式向领域内的专家提出问题和征求建议。

第三种是收集资料法。收集资料包括书籍、报纸、杂志，以及新媒体（关注量、粉丝量、停留时间、人均购买量、交易量、点赞量、评价情况、销售数据等）等方面。

第四种是实地取证。这种方法是最重要、最常用的方法，也是最基础的环节，离开了实地调查取证，容易得出错误与片面的结论。

实地调研时要注意的问题，包括以下几点。

1. 避免经验导向

经验导向是指决策者对决策对象的认识与分析，以及对决策方案的选择，完全凭借决策者在长期工作中所积累的经验和解决问题的惯用思维方式所进行的决策。

经验导向经常得出错误的决策。根本原因在于：第一，人的经验总是有限的；第二，人的认知、判断能力也是有局限性的。

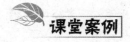

咨询中，他犯了经验导向错误

一位服装行业的客户打电话联系××公司项目负责人向其寻求咨询，由于项目负责人在外地，就让咨询师陈某某负责接待客户。陈某某之前在某服装公司工作过，对服装行业非常了解，听说和服装行业的客户面谈特别兴奋，陈某某感觉终于有了用武之地，于是使出全部才能，从公司品牌定位、产品库存、管理运营到终端导购的水平提升，滔滔不绝，讲了一个多小时，最后，客户以赶飞机时间为由离开。

咨询公司项目负责人出差回来后问他，客户到底有什么需求，他说："对方还没说就走了！"

思考题：

（1）陈某某这次接待要完成的主要任务是什么？

（2）陈某某在这次接待中都犯了哪些错误？陈某某应该如何正确地应对客户？

2. 跳出圈内看圈外

做咨询要"望闻问切"，要像医生一样注重全面诊断。正如上述案例所述，符合自己专业固然重要，但是服装行业的问题不一定要用服装行业的方法去解决，很多时候，圈内人比你更了解自己行业，但更希望从跨行业的角度去拓展自己的事业，因此应该跳出圈内看圈外。

比如，一是通过对行业的了解，判断客户到底有什么需求，因为客户暂时没有判断自己真实需求的能力，要不然也不会找咨询公司了；二是通过行业趋势判断客户处于什么发展阶段，会产生什么问题。有的时候客户只知道现象，却不知道问题的根源。

3. 耐心倾听、傻瓜式提问

细致全面地倾听是发现问题的根本。每个人都有预设的判断，"望闻问切"要从细微之处着手，80%用来倾听，20%用来提问。

傻瓜式提问，如虽然我们对这个行业有些了解，但贵公司能够经营这么多年，一定有很多成功的经验和独特的见解，能否说给我们听听，看看我们能否帮得上忙。

4. 沟通过程中不要内讧

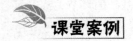
课堂案例

高效沟通：沟通中的内讧

（资料来源：陈赞. 高效沟通：沟通中的内讧[M]. 北京：当代世界出版社，2018.）

咨询公司品牌实战专家刘老师、渠道专家唐老师和终端专家方老师到客户公司洽谈业务。客户做床上用品加工生意，主要给假日、希尔顿、香格里拉等四星和五星级酒店供货，但自身一直打不开终端市场，没有建起中间商渠道。随着互联网发展，他们也想尝试互联网渠道，虽然有了 3000 多万元的销量，但实际利润较少，大部分利润都支付给了中间商和天猫等平台。

渠道专家唐老师说："网络销售的本质就是比价，所以低价竞争必死无疑。贵公司应该走的路线还是开终端门店，然后拓展全国市场。"

终端专家方老师说："终端门店建设是一个长期过程，像罗莱家纺、水星家纺等有 1000 多家门店，但建设好要花几年时间，那时可能早就没有市场了，何况现在很多实体店都在关门。"

从上面的案例可见：

第一，沟通过程中忌讳下定论。初步沟通不要给客户的任何行为下定论，一旦下定论可能使沟通变得很困难。比如，谈判技巧应该类似于"贵公司可以考虑3条路径：第一条是开店但周期长；第二条是产品区隔线上控制成本；第三条是进行异业联盟或同业联盟来快速拓展"。

第二，团队要配合。当持有不同观点时，也要委婉地说。比如，在这个基础上，我们还可以看看这条路的反面是不是可以给我们一些新的思路。

5. 要及时向客户索取资料

课堂案例

向客户索取资料的难点

（资料来源：柳白，高效沟通：向客户索取资料的难点[M]. 苏州：古吴轩出版社，2020.）

很多时候，在项目启动会结束后，就开始撰写报告。经常发现会议记录和纪要中的内容不是特别翔实，问委托方负责整理资料的人员，资料原件在哪里？

资源员说："什么原件，客户什么也没有给我啊！"

总监说："那你为什么不去要啊？"

资料员说："我向他们要了，但他们说他们已经介绍得很详细了，那些资料都过时了。"

总监说："客户说过时就过时啊，我们是医生，有没有'病'要我们看了才知道，你是怎么工作的呢？"

向客户索取资料最有效的方法就是发正式公函公开向客户索取资料。正式公函一般根据研究目的来确定，通常包括以下几个方面重要内容，如图9-1所示。

关于鸿×公司——永×项目组需提供资料清单沟通函

致永×集团股份有限公司：
以下就永×项目作业需要贵公司提供资料一事向贵方做事先报备，以便贵方做相应的安排。
一、企业相关资料
（1）企业发展历程、企业文化、企业愿景等（企业宣传手册）。
（2）永×集团的发展战略规划（部门内部文件及外部咨询报告）。
（3）永×集团的业务知识架构、人员编制、部门、岗位职责。
（4）永×集团的绩效考核的整体流程，绩效指标的确定办法、考核办法、考核周期。
（5）永×集团销售、研发、生产三个部门系统流程。
二、行业相关资料
（1）永×集团目前拥有的行业内竞争对手的资料，包括竞争品牌的店面图片、销售政策、专卖店梳理、核心市场、销量规模、产品手册、市场推广活动信息等。
（2）永×集团过往的国内市场资料（经销商及合作伙伴的访谈记录、国内市场营销规划）。
（3）永×产品相关的应用行业研究资料，包括市场容量、发展趋势、市场分布、企业类型等。
三、产品资料
（1）历年产品规格表（产品手册、景点介绍、宣传资料、演示道具等）。
（2）产品资质证书和检验书。
（3）产品核心技术介绍。
（4）产品的研发流程和周期。
四、提交方式
（1）所有数据资料以电子版形式提供给项目组。
（2）所有印刷资料现场提供给项目组。
五、提交时间要求
（1）所有资料希望能在2018年4月13日前提供给项目组。
（2）如果有的资料因为时间原因无法提交，请提前沟通。
六、承诺声明
（1）以上资料对我们项目的开展非常重要，希望贵公司能尽量全部提供。我们会严格恪守合同中的规定为贵公司保守商业秘密。贵公司认为确实不方便提供的请提前沟通。
（2）以上资料并不是项目作业需要的全部，若在进行内部访谈中需其他资料，我们会及时补充。
（3）如没有，请在项目清单上列明项目，并说明。

鸿×咨询永×题目组
2017年6月24日

图9-1 咨询项目沟通清单（来源：百度图片）

9.3 分析问题的抽象思维能力

如何从繁复的事实材料中抽象归纳问题的实质,需要我们从历史角度出发,用发展的观点分析问题,在研究的深度上力求突破,才能从中挖掘出带有规律性、具有普遍意义的东西,撰写出调研精品。

这里强调两点:

一是要有发展的观点。事物是不断发展变化的,调查时要做到全方位、多视角,对调查对象的正面和反面、历史情况和现状、部分和整体都要辩证地分析,这样作出的调查结论才周密深刻,没有片面性。

二是站在全局的高度。调查报告是把感性的东西理性化,表面的东西实质化,清除视觉上的盲区,揭示出事物的本质和规律。

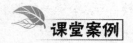

×集团的战略发展规划

(资料来源:本案例由唐小飞教授和王昌梅博士编写)

×集团公司下辖 11 个子公司或业务版块。截至 2022 年年底,该集团公司总资产约 60 亿元,营业收入约 15 亿元,利润总额 1.2 亿元。其中,百优水务公司,截至 2022 年年底实现营业收入 3.5 亿元,较 2016 年增长 82%;利润总额 8500 万元,较 2016 年增长 220%;资产总计 39 亿元,较 2016 年增长 260%;兴兴燃气公司,截至 2022 年年底,实现投资收益 1.5 亿元,利润总额 7000 万元;快达公交公司,截至 2022 年年底,总资产达 8 亿元。2022 年,主营业务收入达 1.9 亿元;顺民保安公司,2022 年实现营业收入 2.6 亿元,实现净利润 0.42 亿元;蓝海电力公司,2022 年实现营业收入 3.8 亿元,利润总额 0.65 亿元。

"十四五"时期,×集团公司要实现跳跃式发展,如何优化现有的 11 个子公司的业务版块呢?西南财经大学城市品牌战略研究专家在经过与集团领导沟通,召开现场会,实地走访各子公司业务负责人和项目核心人员,调研公司战略规划、年终计划、财务报表等资料后,为该集团提出了构建"一条城市生命保障线"、布局"两个新型城市战略性支点"、开拓"三种新兴经济"、打造"两个创新支撑平台",建设"新时期城市综合运营服务商"的发展战略规划,如图 9-2 所示。

思考题:这篇案例如何体现分析问题的概括与抽象思维能力?

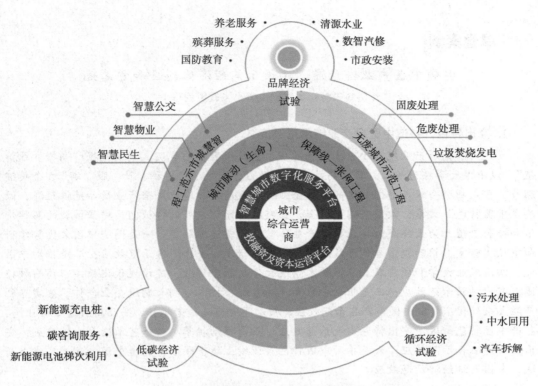

图 9-2 ×集团公司的发展战略规划图

9.4 建议措施的切实可行性

商业研究报告的目的在于让企业决策者了解真实情况，同时也为领导实施科学决策提供重要的参考依据。写作的难点不在于把思想观点变成文字，而在于形成有价值的思想观点，提出有创意的办法措施。

把握问题的典型性。研究报告在写法上，要善于将揭示调查事物中所蕴含的共性与其鲜明生动的个性结合起来。共性是调查对象的价值内核，反映的是调查对象内部稳定的联系。而个性则是调查对象独特外衣，它显示的是调查对象具有典型化的特征。只有将共性规律与鲜明个性结合起来，才能使问题性调查报告中提出的措施具有较高的可操作性。

把握问题的纵深度。只有思考问题或现象的深层原因，才能把握这种问题或现象是怎么发生的，直接原因是什么，间接原因是什么，什么人或部门要承担什么责任，这些行为导致了怎样的后果等一系列问题。只有对事物产生的前因后果，对事物背后的复杂因素进行深入剖析，才能找到问题的症结，有针对性地提出切实可行的对策措施。

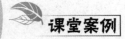

引领中医产业链经济，建设示范经济体验区和首选地

（资料来源：本案例由唐小飞教授编写）

1. 突出特色，打造中医全产业链示范经济

立足天府街道产业空间小、土地资源少、项目个数少的现实，不断挖掘"高校资源价值"。以中医大资源为核心，其他高校资源为助力，围绕"研、种、产、服、游"5个关键环节，重点招引全球或全国知名的品牌企业进驻天府，打造中医全产业链示范性经济，做足"中医特色"文章，做成全国中医全产业链经济闭环发展的样板间，增强区域的品牌价值和社会价值，为最终成为特色中医产业体验区、首选地赋能。一是围绕中医大优势学科和重点实验室，推动校企合作开展现代化中医药研发，突出研发示范效应；二是推动中医大、四川农业大学和成都农业职业技术学院大学生联合创业，建设现代化精品中药材种植园，突出种植示范效应；三是推动中医大产品专利、技术专利与制造企业合作，落实专利产品成果转化，突出中医药产品示范效应；四是高规格改造老场镇，高品质引进中医业态，打造中医特色街区，突出特色街区示范效应；五是推动柏萃·白居艺术康养小镇建成，突出医养游融合示范效应；六是推动中医特色产业线上线下融合，打造中医特色产品线上商城，突出网络经济示范效应。

2. 聚焦端头，打造中医产业链经济

按照"引进发展前景好、带动系数较高、附加价值大的中医产业细分业态"的总体思路，聚焦端头经济。依托环中医大知识经济圈资源载体和中医大各类研究中心与重点实验室，不断聚集中医研发企业。重点引进，一是创新药物研发企业；二是取得国家中医药重大科技专项技术的企业；三是在中药基因组学、中药活性成分筛选、中药药理学及安全性评价等方面拥有现代中药核心技术的企业；四是在中药药剂研发、养生药剂研发、高端医疗器械研发、中医药日用品研发和中医药化妆品研发等方面拥有有竞争力的企业。

3. 把握重点，打造中医产业链价值经济

按照"抢抓疫后健康产业崛起机遇，以医疗服务实现价值链"的产业发展思路。围绕传统产业转型升级的市场需求，大力发展现代中医服务经济，提供多层次、全链条的中医医疗健康服务，着重发展中医医疗咨询服务、中医医疗康复服务、中医医疗养生服务、中医医疗美容服务、人才与教育培训服务等。助推"到温江、享健康"高端医养服务品牌形成，将天府街道打造成为"医养服务"品牌的排头兵、示范地。一是把握新时代文化消费领域的需求变化，注重服务经济与体验经济的融合，注重服务经济体验未来化和场景化，为××街道传统服务经济赋予新的生存价值与发展空间，将天府街道打造成为中医特色产业体验经济示范之城。重点打造中医理疗特色一条街、中医膳食特色一条街、中医文化产品特色一条街、中医诊疗和健康管理服务特色一条街等特色街区。二是按照建市场、活流通、兴产业、促发展的思路，依托××农贸市场，建成中医药材和产品集散地、价格形成地。重点推动集散地运营机构与中医健康产业研究院，以及四川省中药资源系统研究与开发利用重点实验室——省部共建国家重点实验室培育基地、西南道地药材省部共建协同创新中心、中药材标准化教育部重点实验室、西部中药材综合开发利用教育部工程研究中心、中药品种质量鉴定实验室等创新平台有机合作，构建集散地生态链，突出产业链价值经济的示范效应。

4. 强化联盟，打造"中医+"协同经济

充分利用街道丰富的高校资源，推动校地协同创新合作。深化打造"中医+"模式，将中医理念与高校资源、高校技术充分对接，做大中医健康服务环节，做强中医文创产业，补齐中医产业金融短板。依托西南财经大学的金融学优势，打造"中医+金融"特色产业，推动中医健康金融细分领域落地天府；依托西南财经大学工商管理学科优势和中医大专业优势，鼓励打造"中医+创业"培训，推动创新与创业蔚然兴起；依托成都中医药大学、四川农业大学，打造"中医+种植"示范产业，助推当地农民和大学生合作开展中医种植；依托四川理工技师学校和成都师范学院，打造"中医+就业"职业等级技能培训，更多地培养与中医产业有关的大国工匠，拓宽辖区居民就业渠道；依托成都中医药大学、四川农业大学和成都农业职业技术学院，打造"中医+文创"特色产业，助力大学生积极融入中医文化创意。

思考题：这篇案例是如何实现其可行性的？你觉得哪些建议比较好？哪些不好？

9.5 语言表达准确恳切

语言是思想的衣裳，且具有鲜明的"外显性"。由于商业研究报告以揭示问题、改进工作为目的，因此在语言表达上与其他类型的报告相比有更高的要求。它的语言依附于具体、完整、确凿的事实，一般不需要演绎和推进。这种类型的研究报告政治性、原则性强，必须秉持对人、对事高度负责的态度进行写作，要求结构严密、语言表达准确恳切。

在撰写商业研究报告时，应使用概念成熟的专业用语，非专业用语应力求准确易懂。特别是反映事物的典型语言，应在研究报告中选用。如果盲目追求用词新颖，把简单的事物用复杂的词语来表达，把简单的道理说得云山雾罩、玄而又玄，用词概念模糊不清，就会让读者难以了解研究报告想传达的信息。

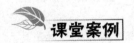

"雪山之下、天府水城"概念性规划构想

（资料来源：本案例由唐小飞教授编写）

"塑造新空间、构建新优势，加快呈现公园城市美好图景"是成都市委、市政府对未来公园社区的总体构想。以天府蓝网规划为契机，将温江江安河黑蛇子片区打造成为聚焦"开放式、复合型、低密度、高智能、空间美、自然美、人文美"强大而包容的高品质生活宜居地示范性社区，建成具有"雪山之下、天府水城"印象的都市田园水岸综合体。

1. 项目基本情况

项目位于×区东部，在三个行政区交汇处。项目面积约2000余亩（1亩=666.67平方米),已覆盖城市规划,多为农村居民用地、允许建设区及有条件建设的园地,无基本农田。

项目生态本底良好,南临××河,东面及北面为二道河,紧靠环城生态区,位于××河与环城生态区交会之地。

周边产业发展成熟,5千米范围内拥有8个规划或在建交通引导发展的城市综合体(TOD)、10个生活消费节点、2个市级产业集聚区;南北两侧为地铁4号线、13号线两轨横向交通,光华8线和××大道两横结构性主干道。

2. 项目定位

1)总体定位

(1)区域联动层面:多区衔接发展示范性社区项目;

(2)功能形态层面:高品质生活宜居地示范性社区项目;

(3)上位规划层面:体现公园城市理念的未来社区示范性项目。

2)功能定位

片区开发坚持差异化功能定位:"城市社区、天府水城"在成都辖区内尚属首定。

片区开发坚持复合型功能定位:本项将"集商旅服务、活力健康、艺术共享、生态康养、品质居住"等功能融为一体的都市田园水岸综合体。主要包括如下功能模块:低碳环保住宅群落;集中式与分布式高端智慧商业;豪华酒店与连锁酒店;高规格医院、学校;高端休闲影院、剧院和健身中心;水世界游乐园和行船旅游中心等。

片区开发坚持目标客户需求导向定位:本项目将以改善需求型的中高端客户为主,兼顾少量刚需客户。

3. 规划设计理念

建成具有"一个城市标志、两条滨水文化走廊、三条海绵示范水廊、四条城市展示界面、五个特色岛屿、十里画帘岸、百园水上城"等特色功能的社区项目。

将"文脉""水脉""人脉"三大意境全面融入项目规划中。

规划设计围绕"文脉"展开。武侯祠、杜甫草堂、非遗博物馆、鱼凫遗址、都江堰形成的"天府文轴",成了一条追溯成都历史的文化长廊,汇聚了成都70%的文博旅游资源,而黑坨子片区位于"天府文轴"的中心位置。因此,项目规划设计要将"文脉"资源融入各大功能模块,使居民"望得见绿色、看得见文化、记得住乡愁"。让"窗含西岭千秋雪"余音缭绕,以"文脉"提升项目价值。

规划设计围绕"水脉"展开。"水"是天府之国的资源短板,是成都人心中的"魅"灵。而黑坨子片区是成都少有的丰水区域,片区整体呈现"水岸环抱,三湾四曲"的优美生态格局。如何围绕"水"这个稀缺资源,做好"街河萦绕、文化并行"这篇文章是提升黑坨子片区商业价值的关键。本规划依托自然条件,提出"水网相通、街河并行、水城一体、文水和谐"的设计理念,将片区打造成为滨水十里画帘,形成"人在画中走,画在水中流"的最美天府水城。让"门泊东吴万里船"情境重现,有效促进项目商业价值和区域价值的提升。

规划设计围绕"人脉"展开。将未来社区建设作为"人脉"资源聚合的载体。注重公共空间的互动性设计,营造交往、交融、交心人文氛围,构建"远亲不如近邻"的未来邻里型社区;注重公共空间与健身项目融合,让健身管理触手可及,构建"预防为主"和"治疗为辅"的未来健康型社区；构建能满足"基础教育"和"终身学习"需求的未来教育型社区；打造具有多元协同能源供应、降本增效智慧节能、健康舒适环境体验的"循环无废"未来低碳型社区；打造打破时间、空间和距离限制的未来生活型社区；构建党建引领的"政府导治、居民自治、平台数治"未来智慧治理型社区。有效提升目标客户对项目的价值预期。

4. 项目建议

一是鉴于市级蓝网拟由成都环境集团牵头实施，××政府与××集团友好合作的历史，建议××政府在与××集团签署的合作框架协议中，明确包含××蓝网项目。之后，再将合作框架协议转化为连片开发协议。

二是对整个区域进行深度研究，土地收储和拆迁提前，策划和招商同步，先造势、再招商，提升土地价值，增强招商能力和融资能力。商业引入采用定制化模式，先招后建，打破先建设后招商的传统思维。

三是平衡投入资金。公益性项目的投建管运投入依托3个渠道解决。①由合资公司配合××政府争取上级政府各类支持资金，用于项目建设。②由合资公司包装项目，依托××集团的融资优势进行债务融资，解决项目建设的主要资金投入问题。××政府则以片区土地出让收益分批分次地偿还本息和合理利润。③出让区域内各类特许经营权给合资公司，用特许经营权收益覆盖××片区建成后的运维费用。另外，片区内经营性项目则由社会投资主体按照总体规划、建设和运维的要求投资兴建，自负盈亏。鼓励合资公司与国内知名地产公司和商业管理机构参与××片区的商业物业和住宅物业的开发与运营。

思考题：请评价这个案例的总体构思？有什么好的建议？

9.6　合理的取舍材料

即使面对的是经过统计与理论进行分析所得的系统完整的"研究资料"，在组织研究报告时仍需精心选择，不必要的材料不用写入报告，要注意取舍。我们可以参考如下原则：

（1）选取与主题有关的材料，去掉无关的、关系不大的、次要的、非本质的材料，使主题集中、鲜明、突出；

（2）注意材料点与面的结合，材料不仅要支持报告中某个观点，还要相互支持，形成面上的"大气"；

（3）在现有有用的材料中，要比较、鉴别、精选材料，选择最好的材料来支持自己的意见，使每个材料能以一当十。

即测即练

自学自测　扫描此码

参 考 文 献

[1] 崔洪成. 移动健身 App 使用意愿研究：基于技术准备度与技术接受模型（TRAM）[J]. 中国体育科技，2022.

[2] 龚永志，唐小飞，张恩忠. 社会规范和法规政策作用下的加密货币交易行为研究[J]. Humanities and Social Sciences Communications, Springer nature, 2022.

[3] 丰超，庄贵军，张闯，等. 网络结构嵌入、关系型渠道治理与渠道关系质量[J]. 管理学报，2018.

[4] 范钧，潘健军. 剧情式视频广告中品牌情结信息对受众传播意愿的影响[J]. 营销科学学报，2016.

[5] 风笑天. 独生子女：媒介负面形象的建构与实证[J]. 社会学研究，2010.

[6] 郭锐，陶岚. "蛇吞象"式民族品牌跨国并购后的品牌战略研究：跨文化视角[J]. 中国软科学，2013.

[7] 韩慧林，邹统钎，庄飞鹏. 公司品牌形象对消费者购买意向的作用路径研究：基于中国跨国公司的实证分析[J]. 中南财经政法大学学报，2017.

[8] 黄超. 收入、资产与当代城乡居民的地位认同[J]. 社会学研究，2020.

[9] 李东进，刘建新，马明龙，等. 微信红包，消费者抢还是不抢：基于参与动机与心理抗拒中介模型的解释[J]. 营销科学学报，2016.

[10] 刘世雄，刘雁妮，周志民. 广告语言形象的概念化、测量与有效性[J]. 营销科学学报，2014.

[11] 卢岳，雷希，郑敏霞，等. 来杯丧茶：不同情感诉求广告对消费者产品偏好的影响[J]. 营销科学学报，2022.

[12] 唐小飞，周磐，苏浩玄. 在线印象管理视角：创新动机与创新绩效研究[J]. 科研管理，2020.

[13] 唐小飞，周庭锐，陈淑青，等. DB忠诚模型预测厂商绩效的实证研究[J]. 科研管理，2007.

[14] 唐小飞，周庭锐，贾建民. 赢回策略对消费者购买行为影响的实证研究[J]. 南开管理评论，2009.

[15] 唐小飞. 关于×联合会推进职业技能培训基地建设工作的汇报[J]. 西南财经大学城市品牌战略研究所，2021.

[16] 唐小飞. ×集团的战略发展规划[J]. 西南财经大学城市品牌战略研究所，2023.

[17] 唐小飞. 引领中医产业链经济，建设示范经济体验区和首选地发展战略规划[J]. 西南财经大学城市品牌战略研究所，2022.

[18] 唐小飞. 市场研究：方法与应用[M]. 北京：机械工业出版社，2013.

[19] 汪旻，张旭梅. 多渠道供应链消费者跨渠道行为与渠道合作[J]. 管理学报，2019.

[20] 吴水龙，金甜甜，袁永娜，等. 什么使我看起来更绿：环保产品的包装特征对消费者绿色购买意向的影响[J].营销科学学报，2022.

[21] 吴东英. 全球化与品牌传播的多元文化整合：以汽车品牌广告诉求设计为例[J].西安交通大学学报（社会科学版），2014.

[22] 许志炜，黄静，刘洪亮. 基于九型人格模型的品牌个性量表研究[J]. 营销科学学报，2015.

[23] 曾伏鹅. 消费者非伦理行为形成过程：理论建构与机理探讨[J]. 营销科学学报，2006.

[24] 朱振中，李晓丹，程钧谟. 基于品牌至爱的品牌忠诚形成机制研究[J]. 外国经济与管理，2014.

[25] 张全成，孙洪杰，陈璟，等. 文如其人，酒如其品？：生产者个性特征对产品味道感知的影响研究[J]. 管理评论，2017.

[26] 张宁，李观飞. 虚拟代言人的结构失调程度对品牌态度的影响机制研究[J]. 营销科学学报，2017.

教师服务

感谢您选用清华大学出版社的教材！为了更好地服务教学，我们为授课教师提供本书的教学辅助资源，以及本学科重点教材信息。请您扫码获取。

教辅获取

本书教辅资源，授课教师扫码获取

样书赠送

企业管理类重点教材，教师扫码获取样书

 清华大学出版社

E-mail: tupfuwu@163.com
电话：010-83470332 / 83470142
地址：北京市海淀区双清路学研大厦 B 座 509

网址：https://www.tup.com.cn/
传真：8610-83470107
邮编：100084